中国房地产估价师与房地产经纪人学会

地址：北京市海淀区首体南路 9 号主语国际 7 号楼 11 层

邮编：100048

电话：（010）88083151

传真：（010）88083156

网址：http://www.cirea.org.cn

http://www.agents.org.cn

全国房地产经纪人职业资格考试用书

房地产经纪职业导论
（第二版）

中国房地产估价师与房地产经纪人学会　编写

张永岳　崔　裴　主编

中国建筑工业出版社

图书在版编目(CIP)数据

房地产经纪职业导论/中国房地产估价师与房地产经纪人学会
编写. —2 版. —北京：中国建筑工业出版社，2018.5
全国房地产经纪人职业资格考试用书
ISBN 978-7-112-22139-4

Ⅰ.①房…　Ⅱ.①中…　Ⅲ.①房地产业-经纪人-中国-资格考
试-自学参考资料　Ⅳ.①F299.233.55

中国版本图书馆 CIP 数据核字(2018)第 084902 号

本书是全国房地产经纪人职业资格考试用书的《房地产经纪职业导论（第二版）》分册，依据 2018 年最新大纲编写。共分为九章，第一章为房地产经纪概述，第二章为房地产经纪专业人员，第三章为房地产经纪机构的设立与内部组织，第四章为房地产经纪机构的企业管理，第五章为房地产经纪门店与售楼处管理，第六章为房地产经纪业务，第七章为房地产经纪服务合同，第八章为房地产经纪执业规范，第九章为房地产经纪行业管理。

本书可供房地产经纪人员复习应考以及日常工作指导之用。

责任编辑：向建国　封　毅　张瀛天
责任校对：刘梦然

全国房地产经纪人职业资格考试用书
房地产经纪职业导论（第二版）
中国房地产估价师与房地产经纪人学会　编写

*

中国建筑工业出版社出版、发行（北京海淀三里河路 9 号）
各地新华书店、建筑书店经销
北京红光制版公司制版
北京建筑工业印刷厂印刷

*

开本：787×960 毫米　1/16　印张：18¼　字数：343 千字
2018 年 5 月第二版　　2019 年 8 月第十二次印刷
定价：**42.00 元**
ISBN 978-7-112-22139-4
（32021）

目　　录

第一章 房地产经纪概述

房地产经纪活动是一种重要的经纪活动，有其显著的特性。本章阐述房地产经纪的含义、分类、特点与作用，介绍房地产经纪的产生与历史沿革、发展现状，并从现代服务业发展和房地产业发展对房地产经纪行业影响的角度，分析房地产经纪行业未来发展的趋势。

第一节 房地产经纪的含义与分类

一、房地产经纪的含义

（一）经纪的含义

经纪是指自然人、法人和其他经济组织通过居间、代理、行纪等服务方式，促成委托人与他人的交易，并向委托人收取佣金的中介服务活动。经纪是商品经济发展到一定阶段而出现的经济活动。这种中介服务活动可以提高交易效率、降低交易成本，从而促进商品交易，是一种有偿的经济活动。

一般而言，经纪服务最主要的方式有居间、代理、行纪三种。

居间是指经纪人向委托人报告订立合同的机会或者提供订立合同的媒介服务，撮合交易成功并向委托人收取佣金的经济行为。居间是经纪活动中最原始的一种方式，相对于代理，其特点是经纪人在成功撮合交易之前与委托人之间一般没有明确的法律关系。

代理是指经纪人在受托权限内，以委托人的名义与第三方进行交易，并由委托人承担相应法律责任的经济行为。经纪活动中的代理，是一种商事代理活动，即代理人根据与被代理人达成的合同，按照合同规定的范围、程度、时间从事商品交易活动的行为。代理活动中产生的权利和责任由委托人承担，经纪人只收取委托人的佣金。

行纪是指经纪人受委托人的委托，以自己的名义与第三方进行交易，并承担规定的法律责任的经济行为。行纪主要有以下两个特征：一是经委托人同意，或双方事先约定，经纪人可以以低于（或高于）委托人指定的价格买进（或卖出），并因此增加自己的报酬；二是除非委托人不同意，对具有市场定价的商品，经纪人自己可以作为买受人或出卖人。从形式上看，行纪与自营很相似，但是除经纪人自己买受委托物的情况外，大多数情况下经纪人都并未取得交易商品的所有权，他是依据委托人的委托而进行活动。即使经纪人在行纪业务中可以介入买卖，但不因介入买卖而改变中介本质。从事行纪活动的经纪人拥有的权利较大，承担的责任也较重。在通常情况下，经纪人与委托人之间有长期固定的合作关系。行纪的适用范围较小，一般仅用于动产的代销等贸易活动。

按经纪活动服务市场不同，可将经纪分为：房地产经纪、保险经纪、证券经纪、期货经纪、演艺经纪、体育经纪、农产品经纪等。每一种经纪活动都是一种专业化的服务活动，需要经纪人充分了解其所在的专业市场或行业的信息，掌握其所要求的专业知识和技能。

（二）房地产经纪的含义

房地产经纪，是指房地产经纪机构和房地产经纪人员为促成房地产交易，向委托人提供房地产居间、代理等服务并收取佣金的行为。

房地产经纪属于房地产中介服务活动，又称为"房地产经纪服务"。与其他房地产中介服务（房地产估价、房地产咨询）不同的是，房地产经纪旨在促成委托人与第三方进行房地产交易，没有委托人交易相对方的房地产中介服务不属于房地产经纪活动。

房地产经纪服务的委托人，即提出房地产经纪服务需要的单位或个人，是房地产经纪服务的需求者，主要包括房地产出卖人、出租人、购买人和承租人。

与其他经纪活动一样，房地产经纪是一种专业服务，因此，从事房地产经纪活动的主体具有特殊性。从世界主要国家的情况看，从事房地产经纪活动的机构需要具备相应的资质或条件，从事房地产经纪活动的人员需要经过专业学习和训练并通过考试取得执业资格。在我国，根据《房地产经纪管理办法》，房地产经纪活动的主体特指经工商部门注册并在建设（房地产）管理部门备案的房地产经纪机构和取得房地产经纪专业人员职业资格并经登记的房地产经纪人员。

在现实工作中，为了更好地为委托人服务，房地产经纪机构和房地产经纪人员除了向委托人提供房地产交易相关信息、实地看房、代拟房地产交易合同、协助委托人与他人订立房地产交易合同等基本的房地产经纪服务外，还常常向委托人提供代办贷款、代办不动产登记等房地产经纪延伸服务（也称其他服务）。

房地产经纪是一种市场化的有偿服务，房地产经纪机构可以依据有关法律法规、房地产经纪服务合同和其他服务合同，向房地产经纪服务的委托人收取房地产经纪服务费（即佣金）和其他服务的服务费。

房地产经纪活动的客体包括各种类型的房地产，不仅包括二手房，还包括新建商品房；不仅包括住宅，还包括商业用房、写字楼、工业用房等非住宅；不仅包括房屋，还包括房地产开发用地、房地产开发项目等。目前，二手住房和新建商品住房是房地产经纪活动的主要客体。

（三）相关概念辨析

1. 经纪与中介

"中介"一词有多种不同层面的含义。从最广义的层面（也即哲学层面）解释，它是表征不同事物或同一事物内部不同要素之间的间接联系的哲学概念（《辞海》，1999 年 9 月第 1 版）。其次，现实生活中人们使用"中介"一词，往往泛指各种人类活动中的"居中介绍或撮合"。再次，从经济含义上来理解，"中介"主要是指市场经济活动中众多为直接或间接促进市场交易而进行的经济活动的总称。《中介服务收费管理办法》（计价格〔1999〕2255 号）第三条对中介机构的概念界定，即是在经济含义层面的界定。

如果某种交易标的（如大多数日常生活用品）的信息易于识别，交易的主体易于集中，交易程序比较简单，那么，这项交易无须中介服务，由买方和卖方直接沟通、谈判即可达成。但是，如果一种交易标的的信息不易识别，交易的主体相对分散，交易程序比较复杂，则需要接受过专门训练的人员来促成该交易，这个时候，中介服务就有必要出现了。也正是基于这一点，中介服务根据其发挥作用的方向和途径可以分为下列三大类：

第一类，为交易的顺利进行提供关于交易标的品质、技术或其他综合信息的活动。这实际上是解决交易标的不易"识别"的问题。房地产估价属于此类，房地产咨询也具有这方面的功能。

第二类，为交易的顺利进行提供关于买方或卖方信息（即交易主体信息）的活动。这实际上是解决交易对象不易集中、不易被发现的问题。房地产咨询属于此类。

第三类，直接代理交易的一方完成交易具体程序的活动。这实际上是解决在以上两种情况存在的前提下，如果交易程序又相对复杂的时候所存在的问题。房地产经纪属于此类。

在市场经济发育尚未成熟的阶段，现实经济生活中还存在一种介于第二类和第三类之间的活动，即中介服务的提供方为促进交易的顺利进行，提供关于买方或卖方的信息并撮合双方成交，但又不作为任何一方的代理人，这类活动就是居间活动。例如房地产居间。

"经纪"，《辞海》解释为：指"经纪人"，旧时也称"捐客"、"牙商"，替买卖双方说合而获得佣金者。经纪是"中介"中的一种特定活动，其活动成果以是否成交来体现，因此，其服务收入的基本形式是佣金。佣金数额是按交易成交额的某一比率来计算的。除了在某些特定经纪业务中这一比率由国家规定外，在大多数经纪业务中，这一比率是由经纪服务委托人与受托人协商而定并写入经纪服务合同中的（但仍须符合有关法律法规）。委托人支付佣金的义务以经纪合同所约定的交易达成为前提。除法律法规另有规定外，经纪人通常是在完成经纪服务后才能收取佣金。可见，佣金是经纪服务委托人对经纪服务提供方所付出的劳动时间、花费的资金和承担的风险的总回报。

佣金不同于其他单纯提供信息的中介服务机构所收取的信息费（或称咨询费）。信息费是卖出信息商品的销售收入，无论信息以何种介质为载体，也无论信息有何种用途，只要所售出的信息在质量上符合信息买卖双方事先达成的协议所规定的标准，即可收取信息费。而佣金是对经纪人提供的经纪服务的报酬，这种服务是经纪人为了满足委托人与第三方达成交易的具体目的。只有当这一目的实现了，一项经纪业务才算最终完成，此时经纪机构才能向委托方收取佣金。因此，两者经济性质不同。

可见，一项活动是不是经纪活动，从它所获得报酬的形式就可以识别。如果某种活动的报酬形式是佣金，那么这种活动就是经纪活动，如果某种活动的报酬形式不是佣金，则该种活动就不是经纪活动。

2. 经纪与代理、居间

在《大英百科全书》中，"经纪人"（Broker）被解释为"a business agent who is completely independent of his principal"即"完全独立于其委托人的职业代理人"。

在《美国传统词典》中，"经纪人"（Broker）意为"One that acts as an a-gent for others, as in negotiating contracts, purchases, or sales in return for a fee or commission"，即"作为他人的代理人，代理他人进行谈判签约、购买或销售以获取费用或佣金的人"。

由此可以看出，现代西方的经纪人（Brokers）实际上就是一个代理人，代理是西方国家经纪活动的主要方式。

代理可分为民法上的代理和商法上的代理两类。在我国，关于民法上的代理，应根据《民法通则》的有关规定来理解。《民法通则》第六十三条规定："公民、法人可以通过代理人实施民事法律行为。""代理人在代理权限内，以被代理人的名义实施民事法律行为。被代理人对代理人的代理行为，承担民事责任。"可见，民法上的代理是一个涉及范围很广的民事行为。关于商法上的代理，根据主要发达国家的有关法律，可以理解为：代理人根据与被代理人达成的某种合同关系，在合同规定的领域、程度、时间范围内，代理人以被代理人的名义所从事的商务活动。经纪活动中的代理，属于商法上的代理，特指代理人在代理合同所限定的代理权限内，以被代理人的名义，实施商品交易并向被代理人收取佣金的行为。

从西方市场经济发展的历史看，早期还存在着一种不同于代理的经纪活动——居间。在居间活动中，经纪人不作为任何一方的代理人，而仅仅向交易一方或双方提供交易信息并撮合双方成交。目前在中国，居间仍是一种主要的经纪活动方式。

3. 经纪与行纪、经销、包销

经纪作为一种中介活动，它与经销活动有着本质的区别。经纪活动仅仅是为交易提供服务，经纪活动的主体对交易标的没有所有权；经销活动的主体却直接参与交易，对交易标的具有所有权。因此，经纪活动的主体获得的是作为经纪服务报酬的佣金，而经销活动的主体获得的却是买进价格和卖出价格之间的差额。

行纪是一种极其特殊的活动，它的性质介于经纪活动和经销活动之间。一方面，从行纪主体同交易标的之间的关系来看，它同经纪活动颇为相似：行纪主体不拥有交易标的；另一方面，从报酬形式和交易主体的"名义"来看，它同经销又颇为相似：行纪主体所获得的报酬是买入价格与卖出价格之差，并且以自己的名义进行交易。但行纪与经销有所不同的是：行纪主体并不拥有交易标的。既然行纪主体可以享受差额同时又不必拥有标的，那么，标的所有者就面临风险，因此行纪主体需要向标的所有者支付一定的保证金，同时，行纪主体在交易的过程中，在交易条件、程序等方面还要受到标的所有者的限制。

在一定的条件下，作为介于经纪行为和经销行为之间的行纪，可以采取更靠近经纪的形式，不仅不转移交易标的所有权，而且以交易标的所有者的名义进行销售，但是中介服务提供方的报酬采用"佣金＋差价"的形式，如中国房地产领域出现的"包销"。

关于经纪、行纪、经销以及包销之间的区别，参见表1-1。

经纪、行纪、经销以及包销几个概念的区别　　　　　　　　　表1-1

概念	同交易标的之间关系	报酬的形式	活动主体同交易主体之间的关系
经纪	不占有交易标的	佣金	以交易标的的所有者的名义进行活动
行纪	不占有交易标的	差价	以自己的名义进行活动，但行为受到一定的限制

续表

经销	占有交易标的	差价	以自己的名义进行活动
行纪的特殊形式（包销）	不占有交易标的	佣金＋差价	以交易标的的所有者的名义进行活动

二、房地产经纪的分类

按经纪活动方式分类，经纪可分为居间、代理和行纪。其中，行纪主要出现在普通商品的贸易领域，其主要法律依据是《中华人民共和国合同法》（1999年3月15日，中华人民共和国第九届全国人民代表大会第二次会议通过，中华人民共和国主席令第15号，以下简称《合同法》）。

行纪并不适用于房地产。因此，就房地产经纪而言，按服务方式分类，主要分为房地产居间与房地产代理两大类。

（一）房地产居间

房地产居间是指房地产经纪机构及房地产经纪人员按照房地产经纪服务合同约定，向委托人报告订立房地产交易合同的机会或者提供订立房地产交易合同的媒介服务，并向委托人收取佣金的经纪行为。房地产居间是起源最早的房地产经纪方式。

从理论上讲，居间可分为指示居间和媒介居间，指示居间即居间人向委托人报告订约的机会，媒介居间则是居间人根据委托人的要求将交易目的相近或相符的双方委托人以媒妁方式促成交易的行为。在房地产居间活动的实际运作中，这两种方式并不是完全独立的，而是相互结合。房地产经纪机构和房地产经纪人员不仅向委托人提供房地产的交易信息，包括交易的数量、交易行情、交易方式等，使委托人能够选择符合自己交易目的的房地产，而且为委托人提供订立房地产交易合同的媒介服务。

房地产经纪机构和房地产经纪人员可以接受房地产交易中的一方或同时接受房地产交易双方的委托，向一方或双方委托人提供居间服务。但无论是接受一方还是双方的委托，在房地产居间活动中，房地产经纪机构和房地产经纪人员始终都是中间人，因此既不能以一方的名义，也不能以自己的名义或为委托人的利益而充当与第三人订立合同的当事人。房地产经纪人只能按照委托人的指示和要求从事居间活动。

（二）房地产代理

房地产代理是指房地产经纪机构及房地产经纪人员按照房地产经纪服务合同约定，以委托人的名义与第三人进行房地产交易，并向委托人收取佣金的经纪行为。

房地产代理与房地产居间在法律性质上有明显的差异。各国法律都没有有关代理人可以同时接受双方委托人的委托代理业务的解释。因此，在房地产代理业务中，房地产经纪机构只能接受一方委托人的委托代理事务，同时也只能向一方收取佣金。根据委托人在房地产交易中的角色——买方（包括承租方）或卖方（包括出租方），房地产代理实质上可分为买方代理和卖方代理。因此，在房地产代理服务中，房地产经纪机构与委托人之间的法律关系更清晰。也正是因为如此，在房地产经纪的发展历史中，房地产代理逐步取代了起源更早的房地产居间，而成为许多发达国家的主流房地产经纪方式。必须注意的是，在现实生活中，一些委托人甚至房地产经纪从业人员常常误用"代理"一词，将房地产经纪机构为交易相对两方提供的居间服务误称为双向代理。这是一种缺乏法律常识的表现。

根据代理产生的根据，民事代理可分为法定代理、指定代理和委托代理。房地产代理是以房地产经纪服务委托人确定委托代理权限和房地产经纪机构接受授权的房地产经纪服务合同而产生的，属于委托代理。因此，房地产经纪机构及其人员的代理行为受房地产经纪服务合同规定的代理权限限制，合同未规定的内容，代理人无权处理。

房地产经纪机构代理客户与第三方进行房地产交易的行为，不同于一般的民事代理，而是一种商事代理行为。尽管目前我国的民商法典尚未出台，商事代理的法律依据尚有一些空缺，但房地产代理作为一种商事代理行为的一些基本特征还是明确的：房地产代理人必须是依法设立并在政府主管部门备案的房地产经纪机构，且以营利为目的。同时，与一般民事代理既可以采取书面合同也可以采取口头合同不同，房地产代理必须签订书面合同。

房地产代理是根据房地产经纪机构与委托人双方的具体情况协商而定的，因此，反映双方权利义务关系的房地产代理合同千差万别。随着房地产市场的发展，一些国家（地区）形成了一些主要的合同类型，如美国有以下5种主要的合同类型：

（1）独售权（Exclusive Selling Right）合同。此合同规定，如卖主自己或通过其他经纪人把房子卖掉了，原独售权经纪人仍享受请求支付佣金的权利。

（2）独售权共享合同（The Sharing Contract of Exclusive Selling Right）。合同规定卖主和经纪人共享房屋出售的权利，如果卖主先卖出，经纪人无权要求佣金。

（3）开放出售权合同（The Contract of Opento Selling Right）。卖主与多个

经纪人签约，谁卖出谁享有佣金。

(4) 净卖权合同（The Contract of Selling out）。卖主给经纪人一个底价，卖价超过该底价的部分作为佣金归经纪人。

(5) 联营制（Joint Management）合同。卖主与几家经纪公司、经纪人联合签约，卖出后佣金由经纪公司、相关经纪人分成。

其中，独售权合同下的房地产代理（简称"独家代理"）与美国房地产经纪业的多重房源上市系统（MLS）相配合，大大提高了房地产经纪服务的绩效，成为美国主流的房地产经纪方式，并传播到许多其他发达国家，成为被许多发达国家普遍采用的房地产独家代理制度。在独家代理制度下，卖方代理的房地产经纪人将委托人的房源信息提交给 MLS 系统，买方代理人在 MLS 系统上搜索到房源，必须通过该房源的独家代理房地产经纪人实现交易，而且双方需要对佣金的分配方式达成一致意见。

第二节 房地产经纪的特性

一、经纪的特性

经纪作为一种特殊的经济活动，具有区别于其他经济活动的自身特性，主要表现为四个方面：

（一）活动主体的专业性

经纪活动主体的专业性是经纪活动本身的必然要求。经纪活动实际上是一种交易的辅助活动，它存在的前提是：一项交易中存在着关于交易标的和交易程序的信息不对称以及由此造成的交易决策的不确定性，因而需要他人辅助达成交易。因此，经纪活动的主体必然是专业化的主体。一方面表现为经纪活动的主体对自己所促成的交易活动及其市场具有丰富的专业知识、技能和从业经验，另一方面表现为不同行业、市场的经纪活动具有很强的专业差别，经纪活动的主体通常只能专注于某一个行业和市场，而难以跨行从业。

（二）活动地位的中介性

从哲学含义上讲，中介是指不同事物或同一事物内部不同要素之间的联系。经纪活动的中介性，就是从这种意义上讲的。经纪是为促成其他相对两方的交易而提供服务的活动。在经纪活动中，发生委托行为的必要前提是存在着可能实现委托人目的的第三主体，即委托人与之进行交易的相对人。而提供经纪服务的行为人，正是为委托人与其交易相对人所进行的交易发挥沟通、撮合的联系作用。

接受不存在第三主体的委托事项，不属于经纪服务。

（三）活动内容的服务性

在经纪活动中，经纪主体只是为促成交易提供服务，不直接作为交易主体从事交易。经纪机构对商品没有所有权、使用权、抵押权等，不存在买卖行为。经纪机构的自营买卖不属于经纪行为。这意味着，如果一个经纪机构作为交易主体从事了具体商品的交易，那么这项活动就不属于经纪活动。

（四）活动收入的后验性

虽然经纪活动是一种有偿服务，但经纪服务提供方所获得的收入是根据服务结果来最终确定的。首先，无论经纪服务提供方在经纪服务过程中所提供的各项具体服务内容的数量与质量如何，最终是否能够获得佣金完全取决于经纪服务是否使委托人与交易相对人达成了交易。其次，经纪服务佣金的数额大小最终由交易成交额的数额来决定。

二、房地产经纪专有特性

房地产经纪作为一种特殊商品的经纪活动，除了具有经纪活动的一般特性之外，还具有不同于其他经纪活动的两个特性：

（一）活动范围的地域性

房地产是不动产，房地产市场是区域性市场，无法像其他商品市场那样，通过商品从某个区域向另一个区域的空间移动来平衡不同区域的市场供求。因此，每个地区、城市的房地产市场，都具有强烈的区域特性，其市场供求、交易方式都受到当地特定的社会、经济条件及其历史演变以及地方政府政策的影响。因此，房地产经纪活动的自然主体（即房地产经纪人员）在一定时期内，通常只能专注于某一个特定的区域市场——城市乃至于城市中的特定区域。而房地产经纪活动法律主体（即房地产经纪机构）的跨区域运作，也比其他经纪活动困难得多，而且必须依靠不同区域的房地产经纪人员来进行。

（二）活动后果的社会性

房地产为各种社会经济活动提供场所，既是最基本的生产资料，又是最基本的生活资料。房地产经纪活动直接影响这种生产、生活资料的使用效率，因而其活动后果具有广泛的社会性，对各行各业和人民生活都有直接影响。而且，由于房地产价值高昂且交易复杂，房地产交易中潜伏着巨大的经济风险，并有可能引发相应的社会风险，因此，房地产经纪活动的后果具有巨大的社会影响。一方面，规范、专业的房地产经纪活动有助于保障房地产交易的安全，避免产生巨大的经济风险；另一方面，由于房地产市场上的信息不对称现象特别普遍，如果从事房地产经纪活动的主体凭借自身的专业知识和信息，利用信息不对称来谋取私利，则会导致严重的经济和社会风险。

第三节　房地产经纪的作用

一、房地产经纪的必要性

（一）房地产的特殊性决定房地产经纪必不可少

首先，房地产是不可移动的商品，无法像一般商品那样，集中到固定的市场上进行展示，相反，其交易过程是把供求信息汇集、匹配，或者把购买者集中到房地产所在地进行交易。而房地产经纪正是通过专业化分工来提高房地产交易过程中顾客汇集、商品展示等环节的效率，从而促成交易。

其次，房地产是构成要素极为复杂的商品。影响房地产使用价值和价值的因素不仅包括房屋建筑结构、质量、房型、周边环境等物质因素，还包括产权类型、他项权利设立情况等法律因素，以及房地产所在地区的人口素质、历史背景等社会、人文因素等。大多数房地产交易主体都难以在较短的时间内掌握这些因素的信息并把握其对房地产的使用和市场价值的影响。这种状况对房地产交易具有显著的阻滞效应。房地产经纪活动正是通过房地产经纪机构和经纪人员的专业化服务，来帮助房地产交易主体克服非专业的缺陷，从而促进了房地产商品流通，因而是房地产市场必不可少的组成部分。

再次，在商品经济运行体系中，大多数商品的流通是由商品经销商来完成的。但是，由于房地产价格昂贵，维持房地产这类存货的费用太高，在绝大多数情况下，经销商难以承受，因此房地产难以通过经销商来流通。房地产经纪活动的主体不需要像一般商品的经销商那样购置大量商品存货，而是主要通过专业人员的经纪服务来促进房地产交易，从而使得房地产流通能以比较经济的方式运行。

（二）房地产交易的复杂性决定房地产经纪必不可少

任何一宗商品交易都包含交易标的和交易对象的信息搜寻、交易谈判与决策、交易标的交割这三大环节。房地产商品构成要素的复杂性和无法通过有形市场集中展示的特征，造成了房地产市场信息搜寻比较困难、成本高昂。房地产商品的超强异质性（即没有两宗房地产是完全相同的）又导致房地产交易主体难以对交易标的进行市场比较。而且，房地产作为基础的生产、生活资料，其效用与房地产使用主体的生产、生活方式密切相关。因此，不同的主体对同一宗房地产常常会产生极不相同的看法。此外，在大多数情况下，房地产都不是供个人使用的商品，而是供集体（家庭、企业、机构等）使用的商品，房地产交易的决策通常需要多人共同参与和相互妥协。这些均导致房地产交易中的谈判和决策非常困难。其次，房地产交易标的交割不仅涉及房地产产权过户和房款的交割，还涉及物业维修基金、物业管理费、公有事业费账户的更名与费用结算乃至户口迁移等诸多环节，在很多情况下还涉及卖方原有贷款的还清和买方购房贷款的申请、房地产抵押手续办理和贷款发放等事宜，其中任何一个环节的失败都可能导致交易无法安全、顺利地完成，而大多数房地产交易主体对这些复杂的交易环节缺乏经验，独立操作难以保证交易安全、顺利地进行。房地产经纪正是通过房地产经纪机构和人员的专业化服务，来提高房地产交易的信息搜寻效率，降低信息搜寻成本，克服交易谈判和决策的困难，避免决策失误，保证交易标的安全、顺利地交割。因此，房地产经纪是房地产市场流通中不可缺少的环节。

（三）房地产信息的不对称性决定房地产经纪必不可少

市场经济发展的历史表明，市场经济条件下，信息不对称的现象经常存在，信息不对称会催生欺诈、寻租等机会主义行为，从而给市场经济活动的主体带来经济风险。房地产商品和房地产交易的复杂性，强化了房地产市场信息的不对称性。这不仅对房地产交易具有明显的阻滞效应，同时也使得房地产交易的风险性大大增加。房地产商品高昂的价值，使得房地产交易中隐藏着巨大的经济风险。而且，由于房地产涉及各行各业的生产活动和广大人民群众的基本生活，房地产交易中的经济风险很容易演变成社会风险。因此，房地产市场特别需要专业的房地产经纪机构和人员，通过为买卖双方提供各种专业服务，规范房地产交易行为，保证房地产交易安全，避免产生巨大的经济和社会风险。

二、房地产经纪的具体作用

（一）降低交易成本，提高交易效率

由于房地产商品和房地产交易的复杂性，大多数房地产交易主体由于缺乏房地产领域的专业知识和实践经历，如果独立、直接地进行房地产交易，不仅要在信息搜寻、谈判、交易手续办理等诸多环节上花费大量的时间、精力和资金成本，而且效率低下。这种状况对房地产交易具有显著的阻滞效应，从而导致房地产市场整体低效运行。房地产经纪是社会分工进一步深化的表现，专业化的房地产经纪机构可以通过集约化的信息收集和积累、专业化的人员培训和实践，掌握丰富的市场信息，委派具有扎实的房地产专业知识和房地产交易专业技能的房地产经纪人员，为房地产交易主体提供一系列有助于房地产交易的专业化服务，从而降低每一宗房地产交易的成本，加速房地产流通，提高房地产市场的整体运行效率。

（二）规范交易行为，保障交易安全

房地产交易是一种复杂的房地产产权与价值运动过程。只有按照有关法律、法规规范及科学的房地产交易流程操作房地产交易的每一个环节，才能保证房地产交易安全、顺利地完成。否则，轻则导致房地产交易失败，重则导致交易当事人的重大财产损失，甚至扰乱房地产市场秩序、引发金融风险。在现实的房地产市场上，一方面由于许多房地产交易主体缺乏有关法律和房地产交易知识而实施不规范的交易行为，另一方面也会由于某些自私的动机或怕麻烦的心理而实施不规范的交易行为。房地产经纪机构可以通过房地产经纪人员的专业化服务，向房地产交易主体宣传房地产交易的相关法律、法规，警示不规范行为及其可能产生的后果，并通过企业内部的交易管理制度，监控客户在房地产交易中的不规范行为，从而规范房地产交易行为。同时，房地产经纪机构作为房地产交易的中介，还可以提供一系列交易保障服务，从而保障房地产交易安全，维护房地产市场的正常秩序。

（三）促进交易公平，维护合法权益

房地产交易中，信息不对称现象突出。一旦信息充足一方出现机会主义行为，如隐瞒、欺骗等，则信息缺乏一方往往因专业知识所限和交易经验的匮乏，难以识别交易中的不公平因素并做出合理的决策。在这种情况下，一旦交易达成，往往有失公平。房地产经纪作为市场中介，通过向客户提供丰富的市场信息和决策参谋服务，能够大大减少房地产市场信息不对称对房地产交易的影响。帮助客户实现公平的房地产交易，维护客户的合法权益。

第四节　房地产经纪的产生与发展

一、房地产经纪的产生与历史沿革

（一）房地产经纪是商品经济发展到一定阶段的产物

从经纪产生的历史看，经纪是商品生产和商品交换发展到一定阶段的产物。最初的商品交换是分散进行的，没有固定的场所和时间。随着商品生产的发展，商品交换越来越频繁，出现了把众多的买者和卖者集中到一起进行交易的集市。但是在集市上，每一个入市者并非都对市场情况了如指掌，熟谙交易技巧。这就需要那些经常出入市场、了解市场情况、熟悉市场行情和交易技巧的人，在市场上充当交易的中介,公正、诚实地为交易双方牵线搭桥,提供服务,从而使交易快速实现。

到了近代和现代,社会分工日益发展,生产社会化程度日益提高,市场迅速扩大,商品市场内在信息不对称问题日益突出。一方面,众多的生产者不能及时找到消费者;另一方面,众多的消费者找不到合适的商品。传统的商业形式并不能解决这一矛盾,新的商业组织形式和经营方式不断革新涌现。一部分掌握各种信息和购销渠道的人为交易双方提供信息介绍和牵线服务,促成交易的实现,由此产生了人类经济活动的全新行业——经纪行业。尤其是随着市场细化和专业化程度的提高,交易的难度和费用提高,在一些专业市场上更需要那些具有专门知识和交易技巧的人为客户提供服务或代客户进行交易。各种服务于特定的专业市场的经纪人员成为市场运行必不可少的部分,并通过提供服务获得经济收入。房地产经纪就是在这样的背景下产生的。

在我国战国时代,井田制遭到破坏,土地开始私有,土地买卖也慢慢频繁起来,此时出现了针对土地买卖的管理政策和关于土地契约的法律规定,熟悉土地买卖法律和交易契约的专业人士,开始参与到土地买卖活动中来。①

汉代有了对经纪人的专业称谓"驵侩",《史记》货殖列传第六十九"子贷金钱千贯,节驵侩",注曰:"驵者,度牛马市;云驵侩者,合市也亦是侩也。"西汉刘安的《淮南子》也载"段干木,晋国之大驵",注云"干木,度市之魁也"。

唐代专事田宅交易的经纪人开始被称为"庄宅牙人。"后唐天成元年(公元926年)十一月,明宗禁断洛阳城内市场上的牙人活动的诏令"其有典质倚当物业,仰官牙人、邻人同署文契"。后周时期有了政府发放牙帖的官牙人,并出现了牙人的同业组织——牙行。《五代会要》有"如是产业、人口、畜乘,须凭牙保,此外并不得辄置"的记载。后周广顺二年(952年)十二月开封府上奏奏折"典卖田宅增牙税钱"。《五代会要》卷二六《市》载:"后周广顺二年十二月……又庄宅牙人,亦多与有物业人通情,重叠将产宅立契典当,或虚指别人产业,及浮造屋舍,伪称祖父所置。"

根据《宋史》一七九卷第一三二志的记载,宋代田宅等产业的买卖已离不开牙人,且当时的牙人具有了管理交易、协助征税的职能。

元代大量存在从事房屋买卖说合的中介,他们被称为"房牙"。元代房地产经纪的地位得到提高,对房地产经纪的管理也进一步加强,《通制条格》卷十八

---

① 参见张传玺《秦汉问题研究》,《论中国封建社会土地所有权的法律观念》第120页,北京大学出版社,1995年版。

《关市》记载："除大都羊牙及随路买卖人口、头匹、庄宅，牙行依前存设，验价取要牙钱，每十两不过二钱，其余各色牙人，并行革去"。《元典章·户部五·典卖》记载："凡有典卖田宅，依例亲邻、牙保人等立契，画字成交。"

明清时期，牙行是世袭的。《清圣祖实录》载"祖父相传，认为世业。有业无业，概行充当"。当时房牙称官房牙或房行经纪，由官府"例给官贴"，方准营业，官贴每五年编审一次。例如，京城人民买卖房屋，订立契约，须请房牙签字画押，官稿还盖有"顺天府大兴县房行经纪某某"或"官房牙某某"印章。清朝末年的《写契投税章程》有专门针对房牙的规定。

1840 年鸦片战争以后，我国上海等一些通商口岸城市出现了房地产经营活动，房地产掮客也应运而生。房地产掮客活动的范围十分广泛，有买卖、租赁、抵押等。在上海，房地产掮客大致分为两大类。第一类为挂牌掮客，以"房地产公司"、"房地产经租处"或"房地产事务所"挂牌。挂牌掮客一般在报纸上刊登地产出卖或空屋出租广告，待顾客前来固定经营场所询问，成交后收取若干佣金。第二类为流动掮客，没有固定的办公场所，而以茶楼作为活动场所，交换信息，撮合成交，收取佣金。掮客对于活跃房地产市场，缓解市民住房紧张，促进住房商品流通，起过一定的作用。但多数经营作风不正，投机取巧，又加上旧政府管理不严，放任自流，在一定程度上加剧了房地产市场的混乱。到这一时期，房地产经纪活动主要是由个人化的经纪人员来实施的，尚未形成独立的房地产经纪行业。

（二）房地产经纪行业发展的历史进程

1. 中国大陆房地产经纪行业的发展（1949 年以后）

（1）1949 年~1978 年

新中国成立初期，民间的房地产经纪活动仍较为活跃。当时整个房地产经纪行业比较混乱，一部分不法从业人员用欺骗、威胁等手段，对房东、房客或房屋的买主、卖主进行敲诈，索取高额费用，并哄抬房价。在 20 世纪 50 年代初，政府加强了对经纪人员的管理，采取淘汰、取缔、改造、利用以及惩办投机等手段，整治了当时的房地产经纪行业。随后直到 1978 年改革开放这段时期，由于住房作为"福利"由国家投资建设和分配，整个社会的房地产资源配置并不是通过市场交易，房地产经纪活动基本上消失了。

（2）1978 年以后

改革开放为中国大陆的房地产经纪行业提供了孕育、生长的土壤。随着房地产市场的恢复、活跃和发展壮大，以及境外房地产经纪机构和运作经验的植入，房地产经纪行业也开始复兴，并取得了快速发展。这一时期中国大陆房地产经纪行业的发展可以分为以下几个阶段：

1）复苏阶段：1978 年～1992 年

① 复苏的背景

我国房地产经纪行业复苏是以城镇住房制度改革和房地产市场兴起为背景，以房地产权属登记为条件，以落实私房政策为契机而展开的。20 世纪 80 年代，为解决住房短缺和建设资金不足等问题，国家逐步推行城镇土地使用制度和住房制度改革，陆续出台了城镇国有土地有偿使用、城市建设综合开发、个人建房、房地产市场培育等一系列发展房地产业的政策。1980 年 10 月 30 日，国家城市建设总局下发了《关于转发北京市、辽宁省落实私房政策两个文件的通知》（城发房字〔1980〕264 号），开始落实私房政策。1983 年，国务院发布了《城市私有房屋管理条例》，规定了房屋产权登记制度，至 1990 年，全国基本完成了房屋所有权登记工作，为 80%以上的房屋所有权人颁发了房屋权属证书。这使大量房产在短短几年内发生流转，客观上形成了市场供给和需求，激活了房地产市场，也为房地产经纪活动的再现创造了契机。1987 年 10 月，中共十三大报告《沿着有中国特色的社会主义道路前进》明确指出，社会主义市场体系包括房地产市场，这宣告了我国房地产市场的复生。

② 复苏的表现

房地产经纪的复苏主要表现为房地产经纪服务主体的出现和房地产市场的形成。

复苏时期的房地产经纪服务主体大致分三类：一类是 1985 年前后，由各地房地产行政主管部门设立的事业单位性质的换房站、房地产交易所、房地产交易中心或房地产交易市场（1998 年名称统一为"房地产交易所"）这类官办官营的机构，承担着市场管理与房产交易服务职能；第二类是经工商行政管理部门核准、登记成立的房地产经纪机构。1988 年 12 月，全国首家房地产经纪机构——深圳国际房地产咨询股份有限公司成立。1991 年，深圳的房地产经纪机构发展到 11 家。20 世纪 90 年代前后，上海也出现了少量房地产经纪机构；第三类是社会上隐蔽从事房地产经纪活动的闲散人员，他们掌握了一些房地产信息，比较了解房地产交易的程序，但整体素质不高，多被蔑称为"房纤手"、"房虫子"、"房蚂蚁"、"捎客"等。

20 世纪 80 年代中后期，随着房地产交易量的上升，一些城市出现了自发组织的半地下的住房交换、租赁市场。这些市场出现在马路旁、天桥下、广场上等人口聚集的地方，是闲散经纪人员活动的主要场所。上海复兴中路上海跳水池对面、淡水路附近及苏州养育巷半仙弄的房管局房产交易所门前，都曾是有名的民间房屋交易市场。复苏的房地产经纪在促进房地产有效流转、改善人民居住条件等方面显示出了一定的积极作用。

复苏时期的房地产经纪呈现规则缺失、行为不规范、组织松散、整体服务水平低的特点。房地产经纪服务主体成分庞杂，严格地说，还算不上是一个独立的行业。但私营性质的房地产经纪机构已经出现，昭示了房地产经纪发展的方向。

③ 复苏时期的行业管理

改革开放之前，房地产经纪活动被列为八种投机倒把行为之一，是被打击和取缔的对象。1978 年之后，对经纪活动的限制开始松动。1983 年 12 月 17 日，国务院颁布《城市私有房屋管理条例》（国发〔1983〕194 号），明令"任何单位或个人都不得私买私卖城市私有房屋，严禁以城市私有房屋进行投机倒把活动"。1987 年 9 月 17 日，国务院颁布《投机倒把行政处罚暂行条例》，经纪活动不再是投机倒把行为。1988 年 8 月 8 日，建设部、国家物价局、国家工商行政管理局联合下发《关于加强房地产交易市场管理的通知》（建房字〔1988〕170 号），提出"对一些在房地产交易活动中出现的尚存在争议的问题，如房地产经纪人问题等，可通过试点，从实践中摸索经验"。房地产经纪逐渐得到了国家和社会的认可。

复苏时期，经济发展较早的沿海地区对市场化的房地产经纪活动持开明态度，内陆地区则仍然保守。例如，《上海市私有居住房屋租赁管理暂行办法》（1987 年 6 月 17 日发布）规定，私有房屋可以委托代理人出租，但代理人代理出租，应具有房屋所有人委托的证件。这代表依法、规范的房地产经纪活动开始被允许。相反，《西安市房地产交易市场管理暂行办法》（1990 年颁布）依旧将"私自交易房屋、居间牟利、倒买倒卖"视为违法行为。

地方政府开始对房地产经纪实行正面的规范和管理。1986 年，重庆、武汉等地开始设立经纪人公开活动的场所，并尝试考核认定经纪人资格。1987 年，上海市开始对私有房屋出租代理行为进行规范。1989 年 11 月 16 日，福州市人民政府颁布《福州市房屋交易管理暂行规定》（榕房〔1989〕320 号），明确规定："凡从事房屋中介服务的经纪人，必须向市房屋经纪人交易所提出申请，经工商行政管理机关审查，核发中介服务许可证后方可从事房屋中介服务。"另外，20 世纪 80 年代中期，各地开始设立房地产交易场所（或房地产交易中心）。房地产交易所是房地产行政管理部门直属的事业单位，既是办理交易手续、权属登记的部门，又是法定的房地产经纪服务提供部门。建设行政主管部门（房地产行政主管部门）对房地产经纪行业的管理，隐含或包含在对房地产交易所的管理当中。

2）初步发展阶段：1992 年～2001 年

1992 年，邓小平视察南方讲话推进了我国社会主义市场经济发展的进程。1994 年，《城市房地产管理法》出台，房地产经纪活动的合法地位得到确立。自此，房地产经纪成为正当职业，房地产经纪行业走上了市场化发展的道路。

① 初步发展的背景

1992 年，国务院发布《关于发展房地产业若干问题的通知》（国发〔1992〕61 号），明确要求建立和培育完善的房地产市场体系，建立房地产交易的中介服务代理机构、房地产价格评估机构和对市场纠纷的仲裁机构等。这确立了房地产经纪行业市场化发展的道路。1993 年，一些沿海地区出现房地产投资过热，1995 年，国家开始进行宏观调控，房地产市场开始调整。此后出现了商品房销售不畅的局面，这为我国房地产经纪行业的新建商品房销售代理业务发展带来了机遇。1998 年停止住房实物分配之后，城镇居民长期压抑的住房需求得到释放，再加上住房公积金和商业性住房金融的支持，面向存量房市场的房地产经纪服务也迅速兴起。

② 初步发展的表现

房地产经纪机构大量成立，持证从业人员快速增加。1993 年 2 月，第一家全国性的房地产中介机构——中外合资建银房地产咨询有限公司成立，当年，深圳就批准成立了近 70 家房地产经纪机构。1992 年 7 月，上海首家房地产经纪机构——上海威得利房产咨询公司成立，到 1998 年底，上海已有 1905 家房地产经纪机构，其中专营性公司 984 家（外资企业 143 家）；兼营性公司 921 家（外资企业 280 家）。1993 年，北京市成立 120 多家房地产经纪机构，至 2001 年底，北京的房地产经纪类公司超过了 2000 家。据不完全统计，到 2000 年，全国房地产经纪机构 2.5 万家。1994 年，上海率先设立房地产经纪人考试制度，1996 年，有 6300 多人获得《房地产经纪人员资格证》，到 1998 年，持证人数增至 10518 人。北京市 1996 年设立经纪人考试制度，当年通过考试的有 241 人，以后逐年上升，到 2001 年，已有 6067 人取得房地产经纪人资格。据统计，2001 年全国房地产经纪从业人员约有 20 多万人。

房地产经纪业务范围扩大，作用明显，业绩显著。发展初期，我国房地产经纪机构的业务以新建房销售代理为主，20 世纪末，规模较大的机构逐渐从单一的营销策划，发展到市场调研、产权调查、价格咨询、法务咨询以及代办产权登记、公证、保险、抵押贷款等各种手续的全过程经纪服务，一些成立较早的经纪机构开始涉足存量房经纪业务。1996 年，据北京 107 家中介机构的统计，当年完成成交额 62 亿元，直接或间接通过房地产经纪机构或人员促成的交易约占全市总成交额的 80%。1997 年，上海市通过房地产经纪完成的买卖面积为 9.42 万平方米，租赁面积为 37.8 万平方米，经纪服务收入达 5511.69 万元。

港台房地产经纪机构进入内地。1994 年开始，先后有台湾信义房屋、台湾太平洋房屋、香港中原地产等港台房地产经纪机构进驻上海、北京等地，2001年，美国 21 世纪不动产公司（北京埃菲特国际特许经营咨询服务有限公司）进入北京。外资企业的涌入，推动了中国大陆房地产市场和房地产经纪行业的发展。

房地产交易所纷纷转制。1996 年前后，全国各市、区（县）的房地产交易所和房地产交易市场开始转制。由于房地产经纪活动合法化和房地产经纪机构的建立，房地产交易中心主要提供交易、纳税、贷款、过户、办证等服务，履行房地产市场相关的管理职能，不再直接参与房地产中介服务。

③ 初步发展时期的行业管理

在这一时期，国家对房地产经纪行业的发展进行正面引导和规范成为行业管理的主要内容。《城市房地产管理法》的实施，确定了房地产经纪机构的设立条件；1995 年 7 月 17 日，原国家计委、原建设部联合下发《关于房地产中介服务收费的通知》（计价格〔1995〕971 号），制定了全国统一的房地产经纪服务收费标准。1996 年 1 月 8 日，《城市房地产中介服务管理规定》（原建设部令 50 号发布，2001 年 8 月 5 日，原建设部令 97 号修改）发布，明确规定从事房地产经纪的机构，必须有规定数量的房地产经纪人，房地产经纪人必须是经过考试、注册并取得《房地产经纪人资格证》的人员。房地产经纪地位合法化，开始得到正面的规范和管理。

房地产经纪发展较早的城市陆续出台专门针对房地产经纪管理的地方规章，并对房地产经纪人员实行职业资格准入管理。1992 年 11 月 9 日，广州市房地产管理局和广州市国土局联合颁发了第一部专门针对房地产经纪行业的地方性法规——《广州市房地产经纪管理暂行规定》，随后《沈阳市房地产经纪人管理暂行办法》（1993 年）、《上海市房地产经纪人管理暂行规定》（1994 年）相继出台。到 2001 年，全国二十多个省市都相继发布了专门针对房地产经纪的地方规定。1994 年，深圳市、上海市开始实行房地产经纪人资格培训、考核制度。1996 年，北京市也开始实施房地产经纪机构资质和房地产经纪人证书制度。

20 世纪 90 年代中期，我国房地产经纪行业组织开始出现。广州中介产业经纪人协会成立于 1995 年 6 月，是最早的中介经纪人协会之一，其房地产代理专业委员会就是广州市的房地产经纪行业组织。深圳市中介服务行业协会成立于1995 年 10 月 4 日，负责房地产经纪行业的自律工作。1996 年 12 月，上海市房地产经纪行业协会的前身——上海市房地产经纪人协会成立。全国性质的房地产中介行业的自律组织——中国房地产协会中介专业委员会于 1995 年成立。

3）快速发展阶段：2001 年至今

2001 年之后，房地产需求两旺，存量房市场兴起，商品房价格快速上涨，房地产买卖、租赁市场全面繁荣。房地产经纪行业进入快速发展时期。

① 快速发展的背景

2001 年之后，个人成为住宅市场需求的主体，商品房销售稳步增加，存量房市场升温，与此同时，商品房空置率居高不下。2001 年，个人购买面积达到 1825 亿平方米，已占到商品住宅总销售面积的 91.53%；全国 35 个大中城市存量住房交易 6035 万套，相当于当年增量商品房（885717 套）的 68.14%。

2001 年之后，互联网、局域网逐渐普及，信息技术改变着每个行业。据 2004 年《中国通信年鉴》统计，2003 年，全国各种类型的互联网用户达到 7645 万户，比 2002 年增长 30.74%。网站已经成为房地产经纪机构发布房源信息，交易当事人获取经纪机构、经纪人信息最重要的途径。

② 快速发展的表现

房地产经纪队伍空前壮大。根据中国房地产估价师与房地产经纪人学会统计，截至 2017 年底，取得全国房地产经纪专业人员资格的共 65647 人。全国共有 2.7 万家房地产经纪机构聘用了经登记的房地产经纪专业人员。保守估计，目前房地产经纪从业机构超过 6 万家，从业人员逾百万。

房地产经纪机构采用连锁经营扩展模式，规模不断增大，实力不断增强。快速发展时期，房地产经纪行业内已成长起一批门店过百、人员过千的大型房地产经纪机构，如 21 世纪中国不动产、中原地产、北京链家房地产经纪有限公司、北京我爱我家房地产经纪有限公司、广州满堂红（中国）置业有限公司等。自 2004 年起，合富辉煌、富阳控股、易居中国、世联地产、中国房产信息集团、21 世纪中国不动产、搜房网等陆续在国内外资本市场上市，这表明一批盈利能力强、综合实力雄厚的经纪机构正在升格为公众企业。

从业人员的整体素质有所提高。房地产经纪服务从业人员的整体素质和过去几年相比有所提高。2010 年，中国房地产估价师与房地产经纪人学会对全国 40 个重点城市的房地产经纪从业人员进行调查，统计发现，按学历层次分，从业人员中具有大专学历的人数比例最多，占 42%，具有本科以上学历的占 20%。但是，房地产经纪从业人员还存在持证人数比例低、年纪轻、从业时间短等特点。取得全国房地产经纪人执业资格的占 2.6%，取得地方房地产经纪人从业资格（包括取得房地产经纪人协理资格）的占 16.5%。69% 的从业人员年龄在 20～29

岁，从业时间较短，专业经验不够深厚。

房地产经纪服务向纵深发展，作用不可替代。房地产经纪人员的专业服务已经从提供交易信息、居间撮合，扩展到顾问咨询、协助签约、交易资金托管、贷款手续和产权手续代办、房屋查验、装修咨询以及新建商品房的前期筹划、营销策划、销售代理等领域。通过房地产经纪服务完成的存量房交易比重不断提高，据统计，2007年许多城市超过了50%，大连市最高，已经超过90%。

快速发展时期的房地产经纪行业呈现问题与成绩并存的特点。在快速发展的同时，由于缺少经验，盲目追求速度，行业内出现了诸如广告欺诈、非法赚取差价等违法违规行为，甚至发生了房地产经纪机构卷款潜逃等恶性案件。

③ 快速发展时期的行业管理

建立全国房地产经纪人员职业资格制度。2001年12月18日，人事部、建设部联合颁发了《房地产经纪人员职业资格制度暂行规定》（人发〔2001〕128号），决定对房地产经纪人员实行职业资格制度，纳入全国专业技术人员职业资格制度统一规划。2004年12月10日，建设部印发《建设部关于改变房地产经纪人执业资格注册管理方式有关问题的通知》（建办住房〔2004〕43号），落实注册制度，当年全国共6734人获准初始注册。

建立全国房地产经纪行业组织。2004年6月29日，建设部发布了《关于改变房地产经纪人执业资格注册管理方式有关问题的通知》（建办住房〔2004〕43号），将房地产经纪人执业资格注册工作转交给中国房地产估价师学会。2004年7月12日，民政部批准中国房地产估价师学会更名为中国房地产估价师与房地产经纪人学会，成为唯一的全国性的房地产经纪行业组织。

开通房地产经纪信用档案。2002年8月20日，建设部发布了《关于建立房地产企业及执（从）业人员信用档案系统的通知》（建住房函〔2002〕192号），2006年10月31日，中国房地产估价师与房地产经纪人学会开通了房地产经纪信用档案。截至2017年底，4.1万名登记房地产经纪专业人员及其所执业的机构都已建立了信用档案。

开展房地产经纪资信评价。2006年10月份，中国房地产估价师与房地产经纪人学会在建设部的安排下，开展了首次全国房地产经纪资信评价，评选出70名优秀房地产经纪人和114家优秀房地产经纪机构。

发布房地产经纪行业自律文件。为加强行业管理，规范房地产经纪行为，中国房地产估价师与房地产经纪人学会发布了一系列行业自律文件。主要包括：2006年10月31日发布的《房地产经纪执业规则》和《房地产经纪业务合同推荐文本》（包括房屋出售委托协议、房屋出租委托协议、房屋承购委托协议和房屋承租委托协议)，2017 年 4 月 17 日发布的《房屋状况说明书推荐文本》(包括房屋租赁和房屋买卖)，2017 年 6 月 20 日发布的《房地产经纪服务合同推荐文本》(包括房屋出售、房屋购买、房屋出租和房屋承租)等。

实行房地产交易资金监管。2006 年 12 月 29 日，建设部、人民银行联合发布《建设部中国人民银行关于加强房地产经纪管理，规范交易结算资金账户管理有关问题的通知》(建住房〔2006〕321 号)，加强了对房地产交易资金的监管。另外，上海、天津、杭州等城市运用技术手段加强管理，开发了房地产信息系统，实现了网上签约与交易资金监管的联动。

加强和规范对房地产经纪行业的全面管理。2011 年 4 月 1 日，由住房和城乡建设部、国家发展和改革委员会、人力资源和社会保障部共同发布的《房地产经纪管理办法》正式实施。《房地产经纪管理办法》是整个房地产经纪行业发展多年以后，第一部专门的全国统一管理法规。自此，经纪机构在操作业务时有明确的统一标准，监督、责任部门明确，经纪行业的规范框架有了突破性的进展。《房地产经纪管理办法》中对交易资金监管、经纪从业人员要求、资金监管等再次作了重申，同时也有对构建统一的房地产经纪网上管理和服务平台、基本合同签订等的新举措。2012 年 5 月，人力资源和社会保障部发布《关于清理规范职业资格第一批公告》(人社部公告〔2012〕1 号)，将房地产经纪人员职业资格归入职业水平评价类职业资格。2015 年 6 月 25 日，根据《国务院机构改革和职能转变方案》和《国务院关于取消和调整一批行政审批项目等事项的决定》(国发〔2014〕27 号)有关取消"房地产经纪人职业资格许可"的要求，为加强房地产经纪专业人员队伍建设，适应房地产经纪行业发展，规范房地产经纪市场，在总结原房地产经纪人员职业资格制度实施情况的基础上，人力资源和社会保障部、住房和城乡建设部制定了《房地产经纪专业人员职业资格制度暂行规定》和《房地产经纪专业人员职业资格考试实施办法》。2016 年 3 月 1 日，住房和城乡建设部、国家发展和改革委员会、人力资源和社会保障部发布《住房城乡建设部、国家发展改革委、人力资源社会保障部关于修改〈房地产经纪管理办法〉的决定》，宣布修改后的《房地产经纪管理办法》自 2016 年 4 月 1 日起施行。

2. 中国香港地区房地产经纪行业的发展 (1949 年以后)

房地产经纪机构在香港被称为地产代理公司，房地产经纪行业被称为地产代理。在香港，大约 70% 的房地产交易是由地产代理促成的。香港地产代理经历过不同的发展时期，有飞速发展的高潮，也有市场萎靡的低潮。每当私人住宅市场兴旺时，地产代理机构和从业人员数量就大量增加，房地产经纪的繁荣程度与房地产市场的兴旺程度成正比。

20 世纪 50～60 年代，香港地产代理处于个人代理阶段，以独立个人的方式运作。独立的地产代理人没有固定的办公地点、分支机构等，大都集中在中环至湾仔一带的茶楼活动。他们在茶楼互相交换楼盘的供求信息，然后联络合适的客户，促成交易。当时并不流行分层楼宇或单一单位的买卖，以个人独立运作为特征的地产代理主要进行的是一整幢楼宇或单一地块的经纪活动。20 世纪 50 至 60 年代的地产代理人之间交换信息的活动是建立在彼此信任的基础上的，没有信用的地产代理为同行所不齿，很难在行业内立足。

1968 年是香港房地产经纪行业发展的一个转折点。当时，大型私人住宅——美孚新村落成后，楼花开始发售，分期付款也逐步流行，吸引更多人加入地产代理业。一些由几个人组成的小公司开始在美孚租用或购入一个住宅单位作为办公地点，经营地产代理业务。现在香港一些中大型地产代理公司就是那时候在美孚新村开始创业的。当时很多的地产代理运作方式甚至保留到了今天，如当时收取的"介绍费"，现在称为"佣金"、"服务费"等。

香港房地产经纪行业，在真正意义上由个人为主的经营方式向企业化转变是在 20 世纪 80 年代初。香港的地产代理公司是从 20 世纪 80 年代初开始引入佣金制度，即员工为公司赚取的佣金越多，所分得的该笔佣金的比例越高。在此之前，地产代理公司的营业员以每月薪金为主，员工工作表现及业绩良好，老板只以奖金作为鼓励，并没有佣金制度，更别说佣金比例了。而在新的佣金制度下，营业员底薪虽然较少，但佣金可能占收入的绝大部分。这种制度一直沿用到今天，它强调与实际工作业绩直接挂钩，从而使房地产经纪由一个具有相对稳定收入的行业转变成了一个高度竞争的行业。这种积极的收入分配制度导致以后十多年香港房地产经纪行业的急速膨胀。与此相应，地产代理公司规模逐步扩大，在全港纷纷建立分支机构。

20 世纪 70 年代末至 80 年代初，地产代理公司已经遍布香港各区，其经营业务由专营楼花逐步扩展至现楼市场。这一时期的房地产经纪行业，其"代理"活动是代表买卖双方的，很少有仅代表买方或卖方的单边代理，因而实质上属于房地产居间。

20 世纪 80 年代末，房地产经纪行业开始逐步网络化、信息化，从事的业务更加多元化，其业务范围扩展到策划、咨询、物业管理等方面，并逐步拓展我国内地及海外市场。

从 20 世纪 90 年代起，香港房地产经纪行业的公司数量、分行数量以及从业人数均稳步上升。1991 年，地产代理公司自发组成了一些地区性或全港性的商会或协会，房地产经纪出现了具有代表性的行业协会组织。同时，由于房地产市场的蓬勃发展，由地产代理促成的交易大量增加，一些违规操作的现象也随之出现，各类投诉明显上升。1993 年 6 月，香港立法局通过一项动议，要求政府制定法律来监管地产代理。1994 年，政府推出了监察地产代理工作小组报告书，规范地产代理行为。

20 世纪 90 年代是香港地产代理公司大力扩张的时期，不少公司已经成长为大型连锁集团，拥有遍布香港的分行网络，员工数百，朝着集团化方向发展。1995 年，香港首家地产代理公司在联交所挂牌上市交易，规模化之路又向前迈出一大步。其后，又有多个大财团或上市房地产公司加入房地产经纪行业。到了 1997 年，房地产经纪行业无论是从业人员的数量，还是公司的数目，均达到顶峰。这一时期信息技术的发展使地产代理公司的经营效率更高，开始走上以现代高科技推动经纪企业进步的发展道路。

1997 年 5 月 21 日，香港颁布《地产代理条例》（1997 年第 411 号法律公告），标志着房地产经纪纳入了法制化管理的轨道，其运作更加规范、有效、专业。

1998 年以后，亚洲金融风暴使香港地产业受到了很大的影响，香港的房地产经纪行业开始面临困境，一些企业出现亏损，因此，整个房地产经纪行业开始有所调整，以谋求更好地生存发展。其中，部分大型的地产代理商将目光转向我国内地，开设分支机构，谋求新的业务发展。

3. 中国台湾地区房地产经纪行业的发展（1949 年以后）

第一阶段：传统时期（1970 年以前）。20 世纪 70 年代以前，台湾民间出售房屋的传统做法是由业主自行张贴"吉屋出售"的红纸条，或通过亲朋好友、左邻右舍提供资讯，寻找买主。当时的房地产买卖介绍人多以个人"跑单帮"方式操作，没有固定的营业场所和交易制度，也无佣金的收取比例，成交后的酬劳主要是赚取差价或收受红包。这一时期，以介绍地产买卖居多，由于土地交易的金额庞大，一般由"土地登记代理人"或是当地的知名人士或民意代表，利用其人际关系撮合买卖。此时，房地产经纪人多为兼职性质的土地掮客，房屋买卖掮客并不多见。

第二阶段：中介雏形时期（1971～1980 年）。1971 年左右，台湾开始出现房地产介绍人的行业，从事代客买卖、租赁业务。随着成屋交易的增加，介绍零星户买卖的掮客大量出现。当时由于缺乏有效法令的规范，房地产交易纠纷四起，台湾地区政府于 1974 年明令禁止以介绍房地产买卖为业务的公司设立登记。直到 1977 年，励行建设公司成立，成为首家以"建设公司"为名义，从事房屋中介买卖的企业，虽有中介之实，但无中介之名。然而这种中介雏形实际上已由个人跑单帮逐渐发展为有组织的中介机构。

第三阶段：零星户时期（1980～1985年）。随着经济发展及房屋投资建造能力的提高，房产交易趋于活跃。在此期间，零星住户（中古屋）的成交量约占整体房地产市场交易的64%，促使零星户销售业迅速发展，"零星屋代销公司"应运而生。这类公司可分为普专、高专两种形态：①普专形态：指公司经纪人员的职称为普通专员。普专公司的人员较多，流动率高，员工虽有底薪保障，但奖金较低，并有固定上班时间和业绩要求。②高专形态：指高级专员公司，其员工没有底薪，但奖金较高，他们没有固定上班时间和业绩要求，以单打独斗型的中介为主，个人与公司双方可对分佣金收入。这个阶段的从业人员大多具有房地产中介经验，促使交易效率显著提升，为日后的专业经营打下了基础。

第四阶段：中介公司建立时期（1985～1991年）。1984年底，台湾"经济部"正式开放"房屋介绍公司"办理登记，为创办房地产中介公司提供了有力保障。1985年7月，以店面形态营运的太平洋房屋成立，并引进日本三井的中介制度，推行房屋中介直营体制，引发了台湾房地产中介业的首次革新。同年10月，中信房屋中介股份有限公司成立，成为第一家以中介为公司名称的企业。1986年5月，由住商不动产与信义房屋建立"大台北不动产中介联盟"（后于1988年改组更名为"住商不动产中介联盟"），开启了中介业加盟连锁经营新的一页。1987年8月，侨福房屋成立，成为台湾首家美式中介公司。随后，国外中介经营业务陆续引进台湾，促使中介经营范围多面发展，房屋中介公司纷纷登记注册，仅1987年就达340余家，进入由暗变明、全面经营的新时期。1987年11月，"经济部"在商业团体分类标准中增列了"房屋中介商业"类目，并准予成立公会。1988年3月，确定"内政部"为房屋中介业的主管机关，从而使房屋中介业在主管机关及商业分类上得到应有的归属与定位。1990年以来，台湾房地产中介业的经营模式由楼面式营业转向店面经营，由直营连锁发展到加盟连锁经营。

第五阶段：中介发展时期（1991～1996年）。这个时期，行业发展有以下几个特点：①拓展项目，全面服务。1991～1993年期间，台湾房地产中介业大幅扩张经营范围，开拓全面服务，包括成屋预售、商业中介、租赁、投资管理等项目。此间加盟式中介业不断壮大，市场上逐渐形成直营与加盟两大模式，并重视提高服务质量。②调整薪奖，注重品牌。1990年，因受市场不景气的影响，部分中介公司缩小编制，减少据点以作应变。薪奖结构一般采用无薪高奖或高薪低奖，通过调整薪奖制度来构筑业务动力。随着民众收入水平提高，房屋中介业趋向追求服务质量和信誉形象。因此，注重品牌的店头经营式业者大举兴起，成为行业的主导，呈现出以满足客户需求、提升自身专业形象的新趋势。③同业联盟、交易安全。1995年起，台湾房屋中介业进入同业联盟时期，即由同业发起联卖制度，行业公会推动不动产资讯的流通化，编印出版不动产成交行情公报，以此交流信息，促进流通，推动行业发展。1996年6月，信义房屋推出"成屋履约保证"，住商不动产宣告办理"不动产交易签证"，为保障交易安全建立了良好制度，并为同业相继推广，在行业中逐渐形成交易安全的保障机制。

4. 西方国家房地产经纪行业发展概况

西方国家房地产经纪行业在其早期阶段，也曾出现过各种各样的问题。以美国为例，早期（19世纪90年代）房地产经纪人在开展活动时，主要靠个人资信担保，各州政府对房地产经纪人的资格及执业行为都没有相关的法律加以管理。在这种情况下，房地产经纪业不可避免地出现了标准不统一，从业人员队伍良莠不齐的状况，部分房地产经纪人在利益的驱动下，采取不正当的经营手法，如提供虚假信息、不兑现承诺、不合理收费等，严重损害了客户的利益。但是，一些诚实的房地产经纪人自发组建了各个地方的房地产经纪行业协会。1908年，众多地方性房地产经纪行业协会联合起来，建立了全国的房地产经纪行业协会——全美房地产经纪人协会（National Associationof Realtor，简称NAR）。NAR通过两个关键手段对房地产经纪行业进行管理。一是建立了高标准的行业从业人员职业道德规范，这不仅是全美历史上第一个行业道德规范，至今仍是约束人数众多（2012年超过100万人宣誓恪守该规范）、高标准（其要求房地产经纪人承担的责任义务均高于各州法律所要求的标准）的行业道德规范，这是美国房地产经纪行业在社会公众中树立优良形象的基石；二是建立房地产经纪行业的信息共享和协作制度，其核心是多重房源上市服务系统（MLS）。1897年，一些房地产经纪人开始与同行分享自己的客户名单，此后，各个地区的房地产经纪行业协会建立起各个地区的MLS，NAR成立后又建立了全国性的MLS。二战后随着大量新的购房人进入住房市场，MLS逐渐成为美国房地产市场的支柱和房地产经纪行业的基本制度。NAR要求会员将自己已获得代理销售权的房源在规定时间内提交给MLS，全体会员都可以使用MLS系统内的房源信息向自己的买方客户推荐，一旦成交，如果房源的受托经纪人事先已明确写明佣金的分配方式，就由卖方委托的经纪人与买方委托的经纪人按此方式分享佣金。如果房源受托经纪人没有明确说明佣金分配方式，则系统默认佣金在卖方委托的经纪人与买方委托的经纪人之间平均分配。由于美国房地产经纪服务普遍采用独家代理方式，因此房地产经纪人都乐意将信息加入MLS，以加快房源销售的速度。这样就在行业内形成了协作互利、公平竞争的行业运行机制，降低了经纪人的信息搜寻成本，提高了交易效率，同时也增强了交易的透明度，避免了经纪机构之间的恶性竞争。1975 年，MLS 开始电脑化，此后，随着计算机技术的发展，MLS 也引入了越来越多的信息技术，使房地产经纪人的工作更加便利、快捷，大大提高了房地产经纪行业促进房地产交易的社会经济功能。有数据显示，全美房地产交易中约 82% 的买方和 85% 的卖方都是通过房地产经纪人来实现交易的。目前，由于 MLS 系统集中了大量的房源信息以及客户信息，通过系统自身的信息分析与统计功能，可以使经纪机构对市场以及自身的发展状况有充分的了解，因此 MLS 也成为房地产经纪机构进行管理决策时必不可少的重要工具。目前世界上许多发达国家和地区都引入了 MLS 系统和独家代理制度。同时，许多西方发达国家都建立了比较强大的行业组织，通过行业组织的自律管理，规范房地产经纪行业。

从总体上看，西方发达国家的房地产经纪行业普遍建立了较为完善的房地产经纪制度。西方发达国家的房地产经纪制度一般都以一定的法律形式，对执业人员资格、执业保证金、佣金、契约等方面的内容进行规定，并由有关政府主管机关进行监管。同时，又注重发挥房地产经纪行业组织在教育培训和建立执业规范、职业道德、信誉制度方面的作用。当然，各国房地产经纪制度的形式和侧重点也有不同。美国自 19 世纪 90 年代房地产经纪行业出现一些问题后，各州政府就开始考虑利用法律进行监管。1917 年，加利福尼亚州率先在这方面立下管理法案，后来各州政府也陆续立法，规范房地产经纪行业。尽管各州规定的具体条款有所不同，但基本精神是一致的，即通过规定房地产经纪人所应具备的各项资格、执照的颁发、执业行为的规范、相应的惩罚措施以维持其专业服务水准，保障大众的基本权益。德国有《住房中介法》对房地产经纪活动进行严格的规范。日本的房地产经纪制度沿袭了美国的房地产经纪制度，它的特点是政府对房地产经纪行业起着重要的规划、引导作用。

二、房地产经纪行业发展现状

（一）房地产经纪行业的规模

根据中国房地产估价师与房地产经纪人学会的统计，截至 2017 年底，取得全国房地产经纪专业人员资格的共 65647 人，全国共有 2.7 万家房地产经纪机构聘用了登记房地产经纪专业人员。保守估计，目前房地产经纪从业机构超过 6 万家，从业人员逾百万。

（二）房地产经纪行业的地位

按照《国民经济行业分类》（GB/T 4754—2017），中国的国民经济被划分为 20 个门类。其中房地产业作为一个单独的大类，即第 K 类。在这一大类中，又包括 5 个小类：房地产开发经营、物业管理、房地产中介服务、自有房地产经营活动及其他房地产活动。其中的第三类即房地产中介服务包括：房地产咨询、房地产估价和房地产经纪等活动（见表 1-2）。

国民经济行业分类：房地产业　　　　　　　　　表 1-2

K				房地产业
	70			房地产业
		701	7010	房地产开发经营
		702	7020	物业管理
		703	7030	房地产中介服务
		704	7040	自有房地产经营活动
		709	7090	其他房地产业

联合国 1971 年颁布、1988 年修订的《全部经济活动的国际标准产业分类索引》，将全部经济活动分为大、中、小、细四个层次。它将全部经济活动分为 10 个大类。其中不动产业属于第 8 类，该项的内容是金融业、不动产业、保险业和商业性服务业。其中，房地产经纪行业属于不动产业。与中国标准不同的是，不动产业并没有被划分为单独的类别，而是和金融、保险、商业性服务业放在一起。

在北美产业分类体系（NAICS）中（见表 1-3），关于房地产的分类为"房地产与租金租约服务"，这一类的代码为 53。这一类又分为两大类：房地产、租金和租约服务。在房地产这一分类中，又分为三个小类：房地产出租、房地产代理和经纪、与房地产相关的其他活动。非常值得注意的是，房地产代理和经纪在房地产这一项目下被单列为一类，而其他中介服务活动如房地产估价则属于与房地产相关的其他服务的下一个分类级别。由此可见房地产经纪行业的地位。

北美产业分类体系（NAICS）（部分）　　　　　表 1-3

53	房地产、租金和租约服务
531	房地产
5311	房地产出租
53111	居住性建筑和居所出租
531110	居住性建筑和居所出租
53112	非居住性建筑出租（小型仓储用房除外）
53	房地产、租金和租约服务

531120	非居住性建筑出租（小型仓储用房除外）
53113	小型仓储用房和租用储藏房
531130	小型仓储用房和租用储藏房
53119	其他类型房地产的出租
531190	其他类型房地产的出租
5312	房地产代理和经纪
53121	房地产代理和经纪
531210	房地产代理和经纪
5313	与房地产相关的其他活动
53131	房地产的物业管理
531311	住宅物业管理
531312	非住宅物业管理
53132	房地产估价
531320	房地产估价
53139	与房地产相关的其他活动
531390	与房地产相关的其他活动
532	租金租约服务

从以上各种产业体系分类的情况看，房地产经纪业都是房地产中介服务业乃至房地产业中的重要组成部分。

三、房地产经纪行业发展展望

目前，房地产经纪行业正呈现出由传统房地产经纪行业向现代房地产经纪行业发展的趋势，具体而言，表现在以下几个方面：

1. 信息整合、开发与利用能级大大提高，业务领域向高附加值服务延展

传统的房地产经纪行业主要利用其所掌握的房源信息和客源信息，通过供需配对促成交易。其信息整合的范围仅限于同一经纪机构内部。从发达国家和地区房地产经纪行业发展的经验来看，依托于快速发展的信息技术，房地产经纪行业可以通过建立全新的行业运行模式，采用最先进的信息技术，在更大范围内整合房地产市场及相关信息，进一步提高其促进房地产市场流通的功能，并通过各类信息的深度加工，围绕房地产市场流通提供专业咨询、顾问等高附加值服务。例如，美国房地产经纪行业很早就建立了多重房源上市服务（MLS）系统，该系

统整合了全行业的房源信息，使房地产经纪人从房源竞争转化到服务竞争，更加注重针对委托人的需要提供一系列专业化服务。而在我国，许多房地产经纪机构介入到房地产开发过程的前期，为开发商提供市场调查、投资咨询、产品定位、营销策划等咨询服务；一些主要从事办公楼经纪的公司，为使用办公楼的公司提供选址、场地布置策划、搬迁方案策划和管理等；还有一些房地产经纪机构开始涉足房地产金融领域。这些都表明房地产经纪行业的生产服务和高附加值服务内容在日益加强。

2. 行业知识和技术密集程度提高，专业化分工向纵深发展

传统的房地产经纪行业主要集中于住宅市场。住宅市场以买卖为主的流通方式使得房地产经纪行业并不太关注房地产使用过程中的问题，因此，从业人员主要需要掌握房地产交易、产权登记的法律和实务操作的知识与技能，以及相关的建筑、金融、市场营销知识等。而作为现代服务业的房地产经纪行业更多地拓展到了种类繁多的商业房地产领域，大量涉猎写字楼、商铺、购物中心、仓储和工业房地产市场，为金融、商业、物流、制造业等企业提供房地产租赁、购置的咨询、代理服务。从事这类业务的房地产经纪人员，不仅要掌握房地产专业知识，还要掌握相关产业的产业运行、业务流程、商品特征等专业知识，掌握为具体的对象产业服务所需要的房地产使用成本测算、房地产使用方案筹划等技能。房地产经纪行业的知识和技术密集程度大大提高，同时，专业化分工不断深化。从美国的情况来看，房地产经纪行业的专业化分工已深化到极为细致的层面。如从事仓储物业经纪业务的房地产经纪机构，甚至分化为港口仓储物业经纪、汽车制造业仓储物业经纪等专业类型。

3. 以互联网为依托的新型房地产经纪业态发展迅速

近年来，浏览各大房地产专业网站和知名门户网站的房地产频道，是许多购房人了解存量房市场的必要环节，因此，网上门店已成为房地产经纪人获得客源的一个重要渠道。房源发布的网络化不仅大大提高了信息发布的速度、降低了信息发布的成本，还为客户提供了24小时的全方位信息获取平台。有些网站甚至在线提供房源的各类信息，包括经纪人对房源及其小区、周边环境的文字介绍、房型图、室内照片、小区照片与视频、周边街道的360度连续跟踪照片、地图、经纪人情况、小区业主（住户）对小区的评论等，并提供多种搜索、排序、筛选功能，大大方便了购房者。如果说互联网为房地产经纪行业的迅速发展创造了条件，那么自2013年以来，中国移动互联网的发展则为房地产经纪行业带来革命性的发展契机。目前移动互联网正以它更强的普及性和便利性、更快速的信息传播模式，将房地产经纪人员从电脑屏幕上解放出来，能更有效地搜集和传播信

息、更稳定地保持与客户的联系。在网民（特别是移动互联网网民）数量急速上升的中国，这种以互联网为依托的新型房地产经纪业态具有不可估量的发展潜力，必将迅速发展。

4. 企业规模扩大，现代企业制度成为龙头企业的发展根本

传统的房地产经纪行业通常以单纯的知识、智力、劳务输出为主，企业规模以中小型为主，家族企业、小型合伙企业是房地产经纪行业常见的企业类型。随着房地产经纪行业向现代服务业的转型，特别是在这一过程中，房地产经纪行业技术、知识密集程度的提高，使得房地产经纪行业的规模经济更为明显。规模化房地产经纪机构必须具有雄厚的资金以及与之相匹配的现代企业制度。从发达国家和地区的经验来看，一些房地产经纪行业的龙头企业大多通过在资本市场上市而形成雄厚的资金实力，并在这一过程中建立起上市公司所必须具备的现代企业制度。因此，建立现代企业制度将成为房地产经纪行业内龙头企业的发展之本。

复 习 思 考 题

1. 什么是经纪？
2. 经纪服务有哪些主要方式？
3. 什么是居间、代理、行纪？
4. 经纪活动有哪些特征？
5. 经纪和中介的关系是怎样的？
6. 简述经纪、行纪和经销的关系。
7. 佣金的性质是什么？它与信息费有什么区别？
8. 经纪是如何产生和发展的？
9. 什么是房地产经纪？按服务方式它可以分为哪两大类？
10. 房地产经纪的必要性主要表现在哪些方面？
11. 房地产经纪的具体作用有哪些？
12. 按照《国民经济行业分类》的分类标准，房地产中介服务业包括哪几类？
13. 房地产经纪行业的性质有哪些？
14. 1949年以后，中国内地房地产经纪行业的发展主要有哪些阶段，各阶段的主要表现有哪些？
15. 1949年以后，香港地区房地产经纪行业的发展大致经历了哪几个阶段？

各阶段的主要表现是什么?

16.1949 年以后, 台湾地区房地产经纪行业的发展大致经历了哪几个阶段? 各阶段都呈现出什么样的特点?

17. 房地产经纪行业从传统服务业向现代服务业转型主要有哪些表现?

第二章 房地产经纪专业人员

房地产经纪专业人员是房地产经纪活动的基本主体，是房地产经纪服务的直接提供者。本章包括房地产经纪专业人员的职业资格、权利和义务、职业素养、职业技能、职业道德和职业责任等内容，详细介绍了房地产经纪专业人员职业资格的考试、互认、登记和房地产经纪专业人员的继续教育，重点阐述了房地产经纪专业人员的权利和义务。

第一节 房地产经纪专业人员职业资格

一、房地产经纪专业人员职业资格概述

职业资格本质上是对从事某一职业所必备的知识、技能和职业道德的基本要求。职业资格制度是社会主义市场经济条件下科学评价人才的一项重要制度。职业资格包括准入类职业资格和职业水平评价类职业资格，根据国家公布的职业资格目录，职业资格可分为专业技术人员职业资格和技能人员职业资格，目前房地产经纪专业人员职业资格纳入专业技术人员职业资格管理。

房地产经纪专业人员是指具有相关专业知识与技能并从事房地产经纪服务的人员，英文为 Real Estate Agent Professionals，在本书中常简称为"房地产经纪人员"。

设立房地产经纪人员职业资格的分级认证制度是国际通行做法。例如，美国把房地产经纪人员分为房地产经纪人和房地产销售员，我国香港地区的房地产经纪人员分为地产代理（个人）和营业员，我国台湾地区把房地产经纪人员分为不动产经纪人和经纪营业员。我国参照了国际上的通行做法，并针对我国的实际情况，把房地产经纪人员职业资格分为房地产经纪人、房地产经纪人协理和高级房地产经纪人 3 个级别。我国房地产经纪专业人员职业资格制度的建立经历了一个过程。1994 年《城市房地产管理法》明确"房地产中介服务机构包括房地产咨询机构、房地产价格评估机构、房地产经纪机构等"，确立了房地产经纪行业的法律地位和房地产经纪人员的专业人员地位。1996 年出台并于 2001 年修订的

《城市房地产中介服务管理规定》（已废止）细化了房地产经纪行业管理规定，明确规定房地产经纪人必须是经过考试、注册，并取得《房地产经纪人资格证》的人员。2001 年 12 月 18 日，根据国际惯例，原人事部、原建设部联合发布《关于印发〈房地产经纪人员职业资格制度暂行规定〉和〈房地产经纪人执业资格考试实施办法〉的通知》（人发〔2001〕128 号），建立了房地产经纪人员职业资格制度。2011 年 1 月 20 日，住房和城乡建设部、国家发展和改革委员会、人力资源和社会保障部联合发布《房地产经纪管理办法》（8 号令），再次强调国家对房地产经纪人员实行职业资格制度，纳入全国专业技术人员职业资格制度统一规划和管理。2012 年 5 月，人力资源和社会保障部发布《关于清理规范职业资格第一批公告》（人社部公告〔2012〕1 号），将房地产经纪人职业资格归入职业水平评价类职业资格。2015 年 6 月 25 日，根据《国务院机构改革和职能转变方案》和《国务院关于取消和调整一批行政审批项目等事项的决定》（国发〔2014〕27 号）有关取消"房地产经纪人职业资格许可"的要求，为加强房地产经纪专业人员队伍建设，适应房地产经纪行业发展，规范房地产经纪市场，在总结原房地产经纪人员职业资格制度实施情况的基础上，人力资源社会保障部、住房和城乡建设部制定了《房地产经纪专业人员职业资格制度暂行规定》和《房地产经纪专业人员职业资格考试实施办法》（人社部发〔2015〕47 号）。2017 年 9 月 12 日，经国务院同意，人力资源社会保障部公布《国家职业资格目录》（人社部发〔2017〕68 号），房地产经纪专业人员职业资格被纳入国家职业资格目录第 462 页，是房地产经纪行业的唯一职业资格。

我国设立房地产经纪专业人员水平评价类职业资格制度，政府及相关行业组织面向全社会提供房地产经纪专业人员能力水平评价服务，并纳入全国专业技术人员职业资格证书制度统一规划。房地产经纪专业人员职业资格分为房地产经纪人协理、房地产经纪人和高级房地产经纪人 3 个级别。房地产经纪人协理和房地产经纪人职业资格实行统一考试的评价方式。

通过房地产经纪人协理、房地产经纪人职业资格考试，取得相应级别职业资格证书的人员，表明其已具备从事房地产经纪专业相应级别专业岗位工作的职业能力和水平。

人力资源社会保障部、住房和城乡建设部共同负责房地产经纪专业人员职业资格制度的政策制定，两部按职责分工对房地产经纪专业人员职业资格制度的实施进行指导、监督和检查。房地产经纪专业人员职业资格的评价与管理工作由中国房地产估价师与房地产经纪人学会具体承担。

综上所述，房地产经纪专业人员职业资格是指由人力资源社会保障部与住房和城乡建设部指定的专业水平评价组织进行评价，表明具有相应职业能力、可从事相应级别房地产经纪专业岗位工作的职业资格，包括房地产经纪人职业资格、房地产经纪人协理职业资格和高级房地产经纪人职业资格。

取得房地产经纪人协理职业资格证书的人员应当具备的职业能力包括：

（1）了解房地产经纪行业的法律法规和管理规定；

（2）基本掌握房地产交易流程，具有一定的房地产交易运作能力；

（3）独立完成房地产经纪业务的一般性工作；

（4）在房地产经纪人的指导下，完成较复杂的房地产经纪业务。

取得房地产经纪人职业资格证书的人员应当具备的职业能力包括：

（1）熟悉房地产经纪行业的法律法规和管理规定；

（2）熟悉房地产交易流程，能完成较为复杂的房地产经纪工作，处理解决房地产经纪业务的疑难问题；

（3）运用丰富的房地产经纪实践经验，分析判断房地产经纪市场的发展趋势，开拓创新房地产经纪业务；

（4）指导房地产经纪人协理和协助高级房地产经纪人工作。

二、房地产经纪专业人员职业资格考试

（一）考试组织管理

1. 考试组织

房地产经纪人协理、房地产经纪人职业资格实行全国统一大纲、统一命题、统一组织的考试制度。原则上每年举行 1 次考试，2018 年上半年开始，在北京、上海等部分城市试点，每年举行 2 次考试。

人力资源社会保障部、住房和城乡建设部指导中国房地产估价师与房地产经纪人学会确定房地产经纪人协理、房地产经纪人职业资格考试科目、考试大纲、考试试题和考试合格标准，并对其实施房地产经纪人协理、房地产经纪人职业资格考试工作进行监督、检查。

中国房地产估价师与房地产经纪人学会负责房地产经纪专业人员职业资格评价的管理和实施工作，组织成立考试专家委员会，研究拟定考试科目、考试大纲、考试试题和考试合格标准。

2. 考试科目

房地产经纪人协理职业资格考试设《房地产经纪综合能力》和《房地产经纪操作实务》2 个科目。考试分 2 个半天进行，每个科目的考试时间均为 2.5 小时。

房地产经纪人职业资格考试设《房地产交易制度政策》、《房地产经纪职业导论》、《房地产经纪专业基础》和《房地产经纪业务操作》4 个科目。考试分 4 个半天进行，每个科目的考试时间均为 2.5 小时。

3. 成绩管理

房地产经纪专业人员职业资格各科目考试成绩实行滚动管理的办法。在规定的期限内参加应试科目考试并合格，方可获得相应级别房地产经纪专业人员职业资格证书。

参加房地产经纪人协理职业资格考试的人员，必须在连续的 2 个考试年度内通过全部（2 个）科目的考试；参加房地产经纪人职业资格考试的人员，必须在连续的 4 个考试年度内通过全部（4 个）科目的考试。

4. 免试规定

符合相应级别考试报名条件之一的，并具备下列一项条件的，可免予参加房地产经纪专业人员职业资格部分科目的考试：

（1）通过全国统一考试，取得经济专业技术资格"房地产经济"专业初级资格证书的人员，可免试房地产经纪人协理职业资格《房地产经纪综合能力》科目，只参加《房地产经纪操作实务》1 个科目的考试；

（2）按照原《〈房地产经纪人员职业资格制度暂行规定〉和〈房地产经纪人执业资格考试实施办法〉》（人发〔2001〕128 号）要求，通过考试取得房地产经纪人协理资格证书的人员，可免试房地产经纪人协理职业资格《房地产经纪操作实务》科目，只参加《房地产经纪综合能力》1 个科目的考试；

（3）通过全国统一考试，取得房地产估价师资格证书的人员；通过全国统一考试，取得经济专业技术资格"房地产经济"专业中级资格证书的人员；或者按照国家统一规定评聘高级经济师职务的人员，可免试房地产经纪人职业资格《房地产交易制度政策》1 个科目，只参加《房地产经纪职业导论》、《房地产经纪专业基础》和《房地产经纪业务操作》3 个科目的考试。

参加 1 个或 3 个科目考试的人员，须在 1 个或连续的 3 个考试年度内通过应试科目的考试，方可获得房地产经纪专业人员职业资格证书。

截至 2017 年底，我国共举办 14 次全国房地产经纪专业人员资格考试，共有 65647 人取得全国房地产经纪专业人员资格。其中，2017 年度有 8255 人通过全国房地产经纪专业人员资格考试取得房地产经纪专业人员资格，取得房地产经纪专业人员资格的人中，有 6641 人申请登记。

（二）报考条件

符合房地产经纪专业人员职业资格考试报考基本条件和相应级别报考附加条

件之一的，均可申请参加相应级别的考试。

1. 房地产经纪专业人员职业资格考试报考基本条件

申请参加房地产经纪专业人员职业资格考试应当具备以下基本条件：

（1）遵守国家法律、法规和行业标准与规范；

（2）秉承诚信、公平、公正的基本原则；

（3）恪守职业道德。

2. 房地产经纪人协理职业资格考试报考附加条件

申请参加房地产经纪人协理职业资格考试的人员，除具备基本条件外，还必须具备中专或者高中及以上学历。

3. 房地产经纪人职业资格考试报考附加条件

申请参加房地产经纪人职业资格考试的人员，除具备基本条件外，还必须符合下列条件之一：

（1）通过考试取得房地产经纪人协理职业资格证书后，从事房地产经纪业务工作满6年；

（2）取得大专学历，工作满6年，其中从事房地产经纪业务工作满3年；

（3）取得大学本科学历，工作满4年，其中从事房地产经纪业务工作满2年；

（4）取得双学士学位或研究生班毕业，工作满3年，其中从事房地产经纪业务工作满1年；

（5）取得硕士学历（学位），工作满2年，其中从事房地产经纪业务工作满1年；

（6）取得博士学历（学位）。

4. 境外人员报考

获准在中华人民共和国境内就业的外籍人员及港、澳、台地区的专业人员，符合《房地产经纪专业人员职业资格制度暂行规定》要求的，也可报名参加房地产经纪人和房地产经纪人协理资格考试。根据《关于做好香港、澳门居民参加内地统一举行的专业技术人员资格考试有关问题的通知》（国人部发〔2005〕9号），凡符合房地产经纪人资格考试规定的香港、澳门居民，均可按照规定的程序和要求，报名参加房地产经纪人资格考试。香港、澳门居民申请参加房地产经纪人资格考试，在报名时应向当地考试报名机构提交本人身份证明、国务院教育行政部门认可的相应专业学历或学位证书，以及从事房地产经纪业务工作年限的证明。根据《关于向台湾居民开放部分专业技术人员资格考试有关问题的通知》（国人部发〔2007〕78号），凡符合房地产经纪人资格考试报名条件的台湾地区居民，均可按照就近和自愿原则，在大陆的任何省、自治区、直辖市房地产经纪人资格考试考务管理机构指定的地点报名并参加考试。在报名时，台湾居民应向当地考试报名机构提交《台湾居民来往大陆通行证》、国务院教育行政部门认可的相应专业学历或学位证书和本人从事房地产经纪业务工作年限的证明等资料。

（三）房地产经纪专业人员职业资格证书

房地产经纪人协理、房地产经纪人职业资格考试合格，由中国房地产估价师与房地产经纪人学会颁发人力资源和社会保障部、住房和城乡建设部监制，中国房地产估价师与房地产经纪人学会用印的相应级别《中华人民共和国房地产经纪专业人员职业资格证书》（以下简称房地产经纪专业人员资格证书）。该证书在全国范围有效。对以不正当手段取得房地产经纪专业人员资格证书的，按照国家专业技术人员资格考试违纪违规行为处理规定处理。

三、房地产经纪专业人员职业资格互认

目前，内地房地产经纪人与香港地产代理实现了专业资格互认，香港地产代理可以通过资格互认获得内地房地产经纪人职业资格。

2003 年，中央政府与香港特别行政区政府签署了《内地与香港关于建立更紧密经贸关系的安排》，2004 年，中国房地产估价师与房地产经纪人学会与香港地产代理监管局开始商谈资格互认工作。经过多次磋商和多方努力、协调，2009 年 1 月 16 日，中国房地产估价师与房地产经纪人学会与香港地产代理监管局签署《内地房地产经纪人与香港地产代理专业资格互认备忘录》。2010 年 11 月 3 日，经住房和城乡建设部、人力资源和社会保障部、商务部、国务院港澳事务办公室同意，中国房地产估价师与房地产经纪人学会与香港地产代理监管局签署了《内地房地产经纪人与香港地产代理专业资格互认协议书》。根据互认协议，2011～2015 年，中国房地产估价师与房地产经纪人学会和香港地产代理监管局相互推荐一定数量的房地产经纪人与香港地产代理进行资格互认，被推荐的人员参加面授培训课程，经考试合格后，将取得对方的专业资格。2011 年 7 月 18～19 日，来自内地的 67 名房地产经纪人和香港的 231 名地产代理参加了补充课程并进行了测试。其中内地 66 名房地产经纪人和来自香港的 225 名地产代理人通过了补充测试。2017 年 12 月 7 日至 8 日，开展了第二批资格互认，28 名内地房地产经纪人与 138 名香港地产代理接受了面授培训和补充测试。

内地房地产经纪人申请香港地产代理资格的条件为：

（1）申请人为中华人民共和国公民（内地）；

（2）取得房地产经纪人执业资格并经登记；

（3）申请人为中国房地产估价师与房地产经纪人学会会员；

（4）申请人从事房地产经纪业务不少于 2 年；或者为房地产中介机构负责人；或者为大学房地产方面的教授、副教授。

（5）申请人关心房地产经纪行业发展，具有良好的职业道德，无犯罪记录，信用档案中无不良记录。

内地房地产经纪人申请香港地产代理资格的程序分为个人申报、省级房地产主管部门或省级房地产主管部门委托的行业组织进行初审和推荐、中国房地产估价师与房地产经纪人学会审核并向香港地产代理监管局推荐、参加香港地产代理监管局组织的面授培训和补充测试、缴纳牌照注册费取得《地产代理（个人）牌照》等几个环节。

四、房地产经纪专业人员职业资格登记

房地产经纪专业人员资格证书实行登记服务制度。登记服务制度也曾被称为注册管理制度，是准确反映房地产经纪专业人员执业状态的核心制度，房地产经纪专业人员只有按照规定定期办理职业资格登记，房地产交易当事人及管理部门才能了解其执业机构、从业年限和继续教育等情况，房地产经纪专业人员登记证书是从业时必须向委托人出示的有效证件。

房地产经纪人员登记制度的建立和完善经历了一个过程。2001 年，《房地产经纪人员职业资格制度暂行规定》确立了房地产经纪人员职业资格注册制度，规定"取得《中华人民共和国房地产经纪人执业资格证书》的人员，必须经过注册登记才能以注册房地产经纪人名义执业"。2004 年 6 月 29 日，原建设部印发了《关于改变房地产经纪人执业资格注册管理方式有关问题的通知》（建办住房〔2004〕43 号），决定将房地产经纪人执业资格注册工作转交中国房地产估价师学会（2004 年 7 月中国房地产估价师学会更名为中国房地产估价师与房地产经纪人学会），将房地产经纪人执业资格注册与房地产经纪行业自律管理结合了起来。2011 年 10 月 20 日中国房地产估价师与房地产经纪人学会二届四次理事会暨二届六次常务理事会原则通过了《房地产经纪人注册办法》。2015 年 6 月，人力资源社会保障部、住房和城乡建设部发布《房地产经纪专业人员职业资格制度暂行规定》，确定房地产经纪专业人员资格证书实行登记服务制度，登记服务的具体工作由中国房地产估价师与房地产经纪人学会负责。2015 年 10 月 28 日，中国房地产估价师与房地产经纪人学会印发《关于开展房地产经纪人职业资格证书登记服务的通知》（中房学〔2015〕7 号），对 2014 年以前取得房地产经纪人资格的人员开展登记服务。2017 年 6 月 20 日，中国房地产估价师与房地产经纪

人学会印发《房地产经纪专业人员职业资格证书登记服务办法》（中房学〔2017〕6 号），全面开展房地产经纪专业人员资格证书登记服务。

按照《房地产经纪专业人员职业资格证书登记服务办法》（中房学〔2017〕6 号），登记服务的具体工作由中国房地产估价师与房地产经纪人学会负责。中房学建立全国房地产经纪专业人员职业资格证书登记服务系统（以下称登记服务系统），登记服务工作在登记服务系统上实行。申请登记的房地产经纪专业人员（以下称申请人）通过登记服务系统提交登记申请材料，查询登记进度和登记结果，打印登记证书。中房学、地方登记服务机构通过登记服务系统办理登记服务工作。

（一）登记条件

房地产经纪专业人员职业资格证书登记申请人应当具备下列条件：

1. 取得房地产经纪专业人员职业资格证书；

2. 受聘于在住房城乡建设（房地产）主管部门备案的房地产经纪机构（含分支机构，以下称受聘机构）；

3. 达到中房学规定的继续教育合格标准；

4. 最近 3 年内未被登记取消；

5. 无法律法规或者相关规定不予登记的情形。

（二）登记程序

房地产经纪专业人员职业资格证书登记按照下列程序办理：

1. 申请人通过登记服务系统提交登记申请材料；

2. 地方登记服务机构自申请人提交登记申请之日起 5 个工作日内提出受理意见，逾期未受理的，视为同意受理；

3. 中房学自收到地方登记服务机构受理意见起 10 个工作日内公告登记结果。

予以登记的，申请人自登记结果公告之日起可通过登记服务系统打印登记证书。

不予登记的，申请人可通过登记服务系统查询不予登记的原因。

申请人应当对其提交的登记申请材料的真实性、完整性、合法性和有效性负责，不得隐瞒真实情况或者提供虚假材料。

登记申请材料的原件由申请人妥善保管，以备接受检查。中房学、地方登记服务机构认为有必要的，可要求申请人提供登记申请材料的原件接受检查。

（三）登记类别

房地产经纪专业人员职业资格证书登记服务工作（以下称登记服务工作）包

括初始登记、延续登记、变更登记、登记注销和登记取消。

1. 初始登记

是指申请人取得房地产经纪专业人员职业资格证书后首次申请登记。登记注销、登记取消后重新申请登记的，也应当申请初始登记。

登记有效期届满继续从事房地产经纪活动的，按照延续登记办理，并应当于登记有效期届满前 90 日内申请延续登记。

2. 变更登记

在登记有效期间有下列情形之一的，应当申请变更登记：

（1）变更受聘机构；

（2）受聘机构名称变更；

（3）申请人姓名或者身份证件号码变更。

3. 登记注销

有下列情形之一的，本人或者有关单位应当申请登记注销：

（1）已与受聘机构解除劳动合同且无新受聘机构的；

（2）受聘机构的备案证明过期且不备案的；

（3）受聘机构依法终止且无新受聘机构的；

（4）中房学规定的其他情形。

（四）登记有效期及登记证书的使用与管理

初始登记、延续登记的有效期为 3 年，有效期起始之日为登记结果公告之日。初始登记、延续登记有效期间的变更登记，不改变初始登记、延续登记的有效期。

取得中华人民共和国房地产经纪专业人员职业资格的人员，按照《房地产经纪专业人员职业资格证书登记服务办法》，经中国房地产估价师与房地产经纪人学会登记，取得《中华人民共和国房地产经纪人员登记证书》（以下简称房地产经纪人员登记证书）。房地产经纪专业人员登记证书是房地产经纪专业人员从事房地产经纪活动的有效证件，执行房地产经纪业务时应当主动向委托人出示。按照《房地产经纪管理办法》及相关规定，未经登记的人员，不得以房地产经纪专业人员的名义从事房地产经纪活动，不得在房地产经纪服务合同上签名。

中国房地产估价师与房地产经纪人学会定期向社会公布房地产经纪专业人员资格证书的登记情况，建立持证人员的诚信档案，并为用人单位提供取得房地产经纪专业人员资格证书的信息查询服务。

取得房地产经纪专业人员资格证书的人员，应当自觉接受中国房地产估价师与房地产经纪人学会的管理和社会公众的监督。其在工作中违反相关法律、法规、规章或者职业道德，造成不良影响的，由中国房地产估价师与房地产经纪人学会取消登记，并收回其职业资格证书。

五、房地产经纪专业人员继续教育

房地产经纪专业人员应当参加继续教育，不断更新专业知识，提高职业素质和业务能力，以适应岗位需要和职业发展的要求。房地产经纪机构应当保障房地产经纪专业人员参加继续教育的权利，有责任督促、支持本机构的房地产经纪专业人员参加继续教育。

（一）继续教育的组织管理

继续教育是房地产经纪专业人员职业资格制度的重要内容。房地产经纪专业人员定期参加继续教育或者后续培训是国际通行做法，美国房地产经纪人、中国香港地产代理和中国台湾不动产经纪人都要定期参加相应的培训。中国的职业资格制度建立之初，就同时规定了具有职业资格的专业技术人员要定期参加培训。原人事部于 1996 年发布的《职业资格证书制度暂行办法》（人职发〔1995〕6 号）对再次注册的条件做出规定，要求"再次注册者，应经单位考核合格并取得知识更新、参加业务培训的证明"。《房地产经纪人员职业资格制度暂行规定》明确规定"再次注册者，除符合本规定第十七条规定外，还须提供接受继续教育和参加业务培训的证明"。2006 年，原建设部、中国人民银行《关于加强房地产经纪管理规范交易结算资金账户管理有关问题的通知》（建住房〔2006〕321 号）要求"房地产经纪行业组织要建立健全对房地产经纪人员的继续教育制度，不断提高房地产经纪人员整体素质"。2015 年 8 月 3 日，人力资源和社会保障部印发《专业技术人员继续教育规定》（人力资源和社会保障部令 25 号），提高对房地产经纪专业人员等专业技术人员继续教育的要求，规定专业技术人员参加教育的时间每年累计不少于 90 学时。2017 年 6 月 20 日，中国房地产估价师与房地产经纪人学会印发《房地产经纪专业人员继续教育办法》。

中国房地产估价师与房地产经纪人学会（以下称中房学）负责房地产经纪专业人员继续教育工作的统筹规划、管理协调、组织实施工作。经中房学授权的省、自治区、直辖市或者设区的市房地产经纪行业组织（以下称地方继续教育实施单位），根据《房地产经纪专业人员继续教育办法》（中房学〔2017〕7 号）的规定负责所在行政区域内房地产经纪专业人员继续教育的实施工作。经中房学授权的房地产经纪机构负责本机构房地产经纪专业人员的继续教育实施工作。

（二）继续教育学时

房地产经纪专业人员参加继续教育的时间，应每年累计不少于 60 学时。其中，中房学组织实施 20 学时（以下称全国学时）；地方继续教育实施单位组织实施 20 学时（以下称地方学时）；其余 20 学时（以下称自选学时）由中房学授权的房地产经纪机构实施或者由房地产经纪专业人员以本办法规定的其他方式取得。

（三）继续教育方式

继续教育学时可以通过下列方式取得：

1. 参加网络继续教育；

2. 参加继续教育面授培训；

3. 参加房地产行政主管部门或者房地产经纪行业组织主办的房地产经纪相关研讨会、经验交流会、专业论坛、座谈会、行业调研、行业检查，以及境内外考察、境外培训等活动，或者在活动上发表文章；

4. 担任中房学或者地方继续教育实施单位举办的继续教育培训班、专业论坛或专题讲座演讲人；

5. 在房地产行政主管部门或者房地产经纪行业组织主办的刊物、网站、编写的著作上发表房地产经纪相关文章，或者参与其组织的著作、材料编写；

6. 承担房地产行政主管部门或者房地产经纪行业组织立项的房地产经纪相关科研项目，并取得研究成果；

7. 向房地产行政主管部门或者房地产经纪行业组织提交房地产经纪行业发展、制度建设等建议被采纳或者认可；

8. 参加全国房地产经纪专业人员职业资格考试大纲、用书编写以及命题、审题等工作；

9. 公开出版或者发表房地产经纪相关著作或者文章；

10. 在高等院校房地产相关专业进修学习并取得相关证书；

11. 参加中房学授权的房地产经纪机构组织的内部培训；

12. 中房学或者地方继续教育实施单位认可的其他方式。

（四）继续教育内容

继续教育培训内容应当具有先进性、针对性和实用性，主要包括：

1. 房地产经纪专业人员的职业道德和社会责任、行业责任；

2. 房地产经纪相关法律、法规、政策、标准和合同示范或者推荐文本；

3. 国内外房地产经纪行业发展情况；

4. 房地产经纪业务中的热点、难点和案例分析，新技术的应用；

5. 房地产市场、金融、税收、建筑、不动产登记等相关知识；

6. 从事房地产经纪业务所需要的其他专业知识。

第二节 房地产经纪人员的权利和义务

一、房地产经纪人员的权利

依法保障房地产经纪人员的权利是房地产经纪人员顺利执业的前提。《房地产经纪管理办法》《房地产经纪专业人员职业资格制度暂行规定》《房地产经纪执业规则》等规定了房地产经纪人员的主要权利。

1. 依法发起设立房地产经纪机构的权利

房地产经纪人员有权按照《公司法》《合伙企业法》及《城市房地产管理法》等法律发起设立房地产经纪机构,并可以管理运营房地产经纪机构。

2. 受聘于房地产经纪机构,担任相关岗位职务的权利

房地产经纪专业人员作为具有房地产经纪专业人员职业资格的专业技术人员,有权受聘于房地产经纪机构,并依据其房地产经纪专业技能的水平,担任相应工作岗位的职务。

3. 执行房地产经纪业务的权利

房地产经纪人员受聘到房地产经纪机构之后,享有执行或承办房地产居间、代理等经纪业务的权利。但是,房地产经纪人员执行房地产经纪业务需要由受聘房地产经纪机构指派。目前,房地产经纪业务由房地产经纪机构统一承接,房地产经纪服务报酬由房地产经纪机构统一收取,房地产经纪人不能以个人名义承接房地产经纪业务和收取费用,所以房地产经纪人员只能受聘到房地产经纪机构从事房地产经纪业务。

4. 在房地产经纪服务合同等业务文书上签名的权利

房地产经纪是一项专业性很强的工作,不是什么人都可以从事的。房地产经纪服务合同等业务文书关系到当事人的权利义务,关系到交易成败,所以只有专业的房地产经纪人员才能在房地产经纪服务合同等业务文书上签名。关于房地产经纪服务合同的签字制度,早有明文规定。《关于加强房地产经纪管理规范交易结算资金账户管理有关问题的通知》(建住房〔2006〕321号)规定"房地产经纪合同应当有执行该业务的注册房地产经纪人的签名"。《房地产经纪执业规则》也规定"在房地产经纪业务合同中应当有执行该项经纪业务的房地产经纪执业人员的签名及注册号"。《房地产经纪管理办法》规定"房地产经纪机构签订的房地产经纪服务合同,应当加盖房地产经纪机构印章,并由从事该业务的一名房地产经纪人或者两名房地产经纪人协理签名"。

5. 要求委托人提供与交易有关资料的权利

房地产交易的顺利进行和安全完成,离不开委托人提供房地产权属证书、身份证明等与交易有关的资料。委托人为房屋出售人或者出租人的,房地产经纪人员有权要求其提供交易房屋的权属证书和委托人的身份证明等有关资料;委托人为房屋承购人或者承租人的,房地产经纪人员有权要求其提供委托人身份证明等有关资料。

6. 拒绝执行受聘机构或者委托人发出的违法指令的权利

现实中,房地产经纪机构、委托人为了机构或者个人利益最大化,会要求房地产经纪人员隐瞒与房屋有关的真实信息、订立阴阳合同、改变房屋内部结构分割出租等,这些都是违法指令,房地产经纪人应当也有权拒绝执行。

7. 获得合理报酬的权利

房地产经纪服务报酬由房地产经纪机构统一收取,房地产经纪人员依据劳动合同约定和有关规定,享有获得合理报酬的权利。

8. 依法享有的其他权利

如同等条件下,有职业资格的房地产经纪专业人员比无资格的一般从业人员拥有优先获得业务的权利。

二、房地产经纪人员的义务

房地产经纪人员除承担《宪法》所规定的公民的基本义务之外,还承担从事房地产经纪职业所应尽的特殊义务。

1. 遵守法律、法规、规章、政策和职业规范,恪守职业道德的义务

遵纪守法是每个公民的义务,房地产经纪人员也不例外。房地产经纪人员除应当遵守一般的法律、法规外,还要重点遵守专门的部门规章《房地产经纪管理办法》及针对房地产经纪行业的一系列规范性文件及行业自律文件。

2. 不得同时受聘于两个或两个以上房地产经纪机构执行业务的义务

房地产经纪人员不能在两家及两家以上房地产经纪机构执业,依据如下:一是根据《城市房地产管理法》的规定,房地产经纪机构应当具备足够数量的专业人员,专业人员应当特指房地产经纪专业人员,房地产经纪人员兼职就会造成同一房地产经纪人或房地产经纪协理既属于甲房地产经纪机构又属于乙房地产经纪机构的情况,违反房地产经纪机构专业人员的界定和要求;二是《劳动合同法》规定"非全日制用工,是指以小时计酬为主,劳动者在同一用人单位一般平均每日工作时间不超过四小时,每周工作时间累计不超过二十四小时的用工形式。"目前,房地产经纪人员每天的工作时间远远超过 4 小时,有的甚至超过 8 小时,

另外房地产经纪人员的工作成效体现在促成的交易上，一个交易通常会长达数周甚至数月，难以以小时计酬。所以房地产经纪人员不得同时受聘于两个或两个以上房地产经纪机构执行业务。

3. 依法维护当事人的合法权益的义务

房地产经纪人员是具备房地产专业知识和经验的专业技术人员，在经纪活动中，有义务依法维护当事人的合法权益。对居间服务来说，房地产经纪人员需要在诚实守信的前提下，监管交易双方的合法权益；对代理服务来说，房地产经纪人员应当在合法、诚信的前提下，维护委托人的最大权益。

4. 向委托人披露相关信息的义务

搜集并如实向委托人提供房源客源等相关信息，是房地产经纪服务的基本内容。房地产经纪活动中，为了减少信息不对称，房地产经纪人有义务确认信息的真实性，并向委托人披露与房地产交易相关的有利和不利的信息。

5. 为委托人保守个人隐私及商业秘密的义务

在执业过程中，房地产经纪人会获得委托人的个人隐私及其他商业秘密。房地产经纪人有义务保守委托人的隐私及商业秘密，不得将有关信息擅自泄露给他人，或利用信息牟取不正当利益。

6. 接受继续教育，不断提高业务水平的义务

房地产业快速发展，其制度与政策不断完善，房地产经纪知识也不断更新，房地产经纪人为了保持职业能力和提升服务水平，应当不断接受职业继续教育。

7. 不进行不正当竞争的义务

不进行不正当竞争是所有经营者的义务，房地产经纪人也不例外。房地产经纪人不得违反相关规定，通过商业贿赂、虚假广告、盗取客户信息等行为损害其他房地产经纪人的合法权益，扰乱房地产经纪行业秩序。

8. 接受住房和城乡建设（房地产）行政主管部门和政府相关部门的监督检查的义务

接受和配合主管部门的监督检查，是房地产经纪人的应有义务。房地产经纪人在接受检查时，应当主动提供相关资料，如实反映执业问题。

除以上各项义务外，房地产经纪人还有义务指导房产经纪人协理进行房地产经纪业务。因为房地产经纪人的职业能力和业务水平比房地产经纪人协理高，执业经验也比房地产经纪人协理丰富。房地产经纪业务琐碎、复杂，房地产经纪人应指导和帮助房地产经纪人协理开展房地产经纪业务，同时，房地产经纪协理也有义务协助房地产经纪人开展房地产经纪业务。

第三节   房地产经纪人员的职业素养与职业技能

一、房地产经纪人员的职业素养

（一）房地产经纪人员的知识结构

由于房地产经纪活动的专业性和复杂性，房地产经纪人员必须拥有完善的知识结构（参见图 2-1）。这一知识结构的核心是房地产经纪专业知识，即房地产经纪的基本理论与实务知识。该核心的外层是与房地产经纪相关的专业基础知识，包括经济知识、法律知识、社会知识、房地产专业知识、互联网知识、科学技术知识，最外层则是能对房地产经纪人员的文化修养和心理素质产生潜移默化影响的人文（如文学、艺术、哲学等）和心理方面的知识。

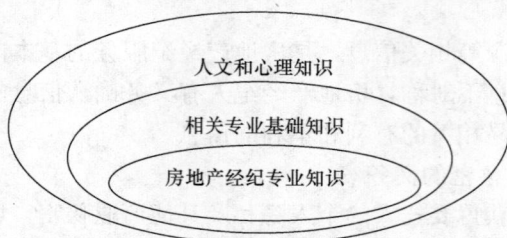

图 2-1   房地产经纪人员的知识结构

房地产经纪人员要掌握经济学基础知识，特别是市场和市场营销知识。要懂得市场调查、市场分析、市场预测的一些基本方法，熟悉商品市场，特别是房地产市场供求变化和发展的基本规律、趋势，了解经济模式、经济增长方式对房地产活动的影响。

社会主义市场经济是法制经济，房地产经纪人员从事经纪活动要有法制意识和法律观念，要依法开展经纪活动并依法维护自己和其他当事人的合法权益。房地产经纪人员要认真学习和掌握基本法律知识，如《民法通则》《民法总则》《城市房地产管理法》《合同法》《物权法》《广告法》《反不正当竞争法》《消费者权益保护法》以及税法等与房地产经纪有关的法律、法规。

房地产经纪人员的工作是频繁与人打交道的工作，因此，社会方面的知识也是房地产经纪人员所必须要掌握的。从基本的方面来讲，房地产经纪人员应掌握的社会知识主要包括人口、家庭等社会因素对房地产市场的影响、国家的社会发展形势和政府的主要政策、大众心理、消费心理等。

房地产经纪人员是为房地产投资者、开发商、房地产消费者等各类房地产经济活动的主体服务的，因此房地产经纪人员必须要掌握一定的房地产专业知识，主要包括房屋建筑、房地产金融与投资、房地产市场营销、房地产估价、物业管理、房地产测量等方面的知识。在强调房地产理论知识的同时，不可忽略产权交易中的程序性知识和日常生活中的房屋使用知识。程序性知识可通过操作来训练。房屋使用知识，如厨房应怎样合理布置、钻石形状的客厅该如何处理等，虽然与交易本身无直接关系，但掌握这些实用的知识，可以为客户提供更切合实际的建议。此外，一些体验性知识，即房屋使用者的感受，也非常重要。一旦具有体验性的知识，不但可以清楚地了解对象房屋的优点和缺点，为客户提供确切的信息，更能与客户默契沟通，从而更容易说服客户。体验性的知识可以通过调查或客户访谈获得，如访问对象房屋的租户。

知识经济时代对房地产经纪人员知识方面的要求越来越高。如随着计算机和互联网的普及、大数据和人工智能的出现，优秀的房地产经纪人员必须掌握一定的计算机知识等技术，能够进行数据的录入、检索、输出，以及进行数据库的维护，能够进行文档输入、编辑、打印，能够运用局域网和广域网进行数据信息交换、数据信息共享以及数据信息检索，能够使用互联网及手机应用软件（APP）处理业务等。

目前，经济全球化对我国的影响日益显著，国外企业和人员大量进入，并日益频繁地进行房地产交易。因此，房地产经纪人员还必须熟练掌握至少一门外语，才能更好地为各类外籍人士提供经纪服务。

此外，房地产经纪人员还必须有较高的文化修养，应尽可能多地阅读和欣赏文学、艺术作品，提高自己的艺术品位和鉴赏力。同时，房地产经纪人员要培养自己良好的心理素质，就必须学习一些心理学方面的知识。

（二）房地产经纪人员的心理素质

1. 自知、自信

所谓自知，是指对自己的了解。房地产经纪人员对自己的职业应有充分而正确的认识，要对这一职业的责任、性质、社会作用和意义、经济收益等各个方面有一个全面和客观的认识。所谓自信，对于房地产经纪人员来讲，是指在自知基础上形成的一种职业荣誉感、成就感和执业活动中的自信力。

房地产交易是房地产的流通环节，其活跃程度和运行效率对整个房地产市场有重要的影响。房地产经纪人员的职业责任就是促进房地产交易。因此，房地产经纪人员的工作，不仅对房地产市场，乃至对整体经济的发展，都具有很大的积极作用。而且，房地产市场上交易量最大的是普通住宅，普通住宅作为人们的基本生活资料，其市场交易活动实际上也是基本生活资料的优化配置活动。通过市场交易，更多的人得到了适合自己的住房。因此，房地产经纪工作，又是一项造福于民的工作。房地产经纪人员应对自己的职业持有充分的荣誉感。曾经有一位房地产经纪公司的经理充满自豪地说："我们每成交一笔，就意味着又有一家人可以搬进自己选中的房子里去了，所以，为点亮万家灯火，同志尚需努力！"这就是一种职业荣誉感的体现。拥有这样强烈的职业荣誉感，就一定会努力地去做好每一笔交易。

房地产经纪的佣金是根据交易标的金额的一定比例来确定的。由于房地产的价值高昂，房地产交易的成交额通常都是很高的，因此房地产经纪人员的单笔业务收入相对较高。对这一问题，房地产经纪人员应有正确的认识。首先，要认识到较高的收入是对专业化劳动的一种回报，它的背后是脑力加体力的艰辛劳动，如果看不到这一点，不肯付出，或者不能够不断提高自己的专业水平，而单纯为高收入来从事这一行业，那肯定是做不好的；其次，要看到这种较高的收入来自于社会对房地产经纪行业的肯定，房地产经纪人员不应对自己收入沾沾自喜，更不应在言谈举止中自夸、自傲。在一些经济发达国家，房地产经纪人员大多以专业人士的形象出现，绝不会有自夸、自傲的浅薄言行。

房地产经纪工作是与人打交道的工作。房地产经纪人员会在工作中遇到各种各样的人。通常，人们在遇到地位比自己高的人时，会产生拘束、压抑的感觉。此外，与一些性格较特殊的人打交道，常常也是令人头痛的。但是，房地产经纪人员则必须学会与各种不同的人，特别是地位比自己高的人，进行沟通。这就需要房地产经纪人员具有充分的自信心。自信来源于自知，房地产经纪人员如果能充分了解自己工作的社会意义，知道自己可以为客户带来效益，就会对自己的社会地位产生自信心，不至于在客户面前自惭形秽。另一方面，房地产经纪人员自身的专业水平也是自信心的重要保证。不管客户在别的领域有多高的地位，但在房地产交易方面都必须承认房地产经纪人员的专业地位，房地产经纪人员完全可以通过自己专业化的服务，来赢得客户尊重。当然，这也要求房地产经纪人员要不断地提高自己的专业水平。

2. 乐观、开朗

在人与人的交往中，乐观、开朗的人更容易接近，因而更受人欢迎。房地产经纪人员如果本身不具备这种性格，就应主动培养自己乐观、开朗的气质。

首先，要在心态上调整自己。相比普通商品而言，房地产交易属于大宗金额交易，交易成功的概率相对较低。因此，房地产经纪人员在促使交易的过程中，被拒绝从而导致失败的情形是经常有的，房地产经纪人员一定要懂得几次业务的失败不等于这项工作的失败，要对自己所从事的职业保持乐观的心态。房地产经纪人员心态的另一个重要方面，是与同事、同行之间的关系。房地产经纪人员如果能树立与同事、同行积极合作、公平竞争的心态，就不会因竞争而产生消极、悲观情绪，更不会产生嫉妒、敌视之类的卑下心理，乐观、开朗的气质也就容易形成。

其次，要多接触美好的事物，培养积极的心态。如利用宜人的风景、优美的艺术品，这些美好的事物来陶冶自己乐观的气质。同时，应注意在自己的表情、仪容、姿态、语言中增加积极、美好的元素，以及"我相信我能做成这笔交易"、"我一定能想出办法解决这个问题"等积极的自我心理暗示。

3. 积极、主动

房地产经纪是一种中介服务，无论是房源还是客源，都要靠房地产经纪人员自己去寻找。因此房地产经纪人员必须具有积极、主动的心理素质，每天都要积极、热情地投入工作之中，主动做好每一件事。一天工作结束时再反思一下当天的工作过程，找出不完善之处，第二天再主动消灭这种不完善，争取"每天进步一点点"，然后进行自我表扬，鼓励自己今后做得更好。

由于房地产交易的复杂性，房地产经纪人员的工作经常遇到交易不成功的情况。对此，应始终以积极的心态去思考：如果没有这些挡在前面的问题和困难，那么它们后面的机会也许早被别人获得，而不会等到今天让我来获得；即使最后我也未能解决这些问题和困难，至少我也能从这个过程中得到锻炼和教训。同时，房地产经纪人员应学会运用积极的心理暗示，比如"不是我不行，是我还不够努力"，"不是我不行，是我还没找到好的方法"，从而使自己更积极。因工作的挫折和失败而产生沮丧、悲观等负面情绪在所难免，但只要具有积极的心态，主动采用一些方法来调整自己的情绪，就可以尽快摆脱负面情绪，从而避免负面情绪产生明显的破坏作用。比如，沮丧的时候想一些自己高兴的事情，想一些自己过去取得的优秀成绩；暗示自己"我今天没有做好，不代表我明天还不能做好"。房地产经纪人员平时应注意通过一些方法来培养自己积极的心态，如和同事多交流；经常参加快乐和美好的活动，如与儿童一起玩，听听相声、笑话，看看喜剧，欣赏音乐和绘画；学会理解他人，不要把拒绝和冷遇转化为对自己的失望。

4. 坚韧、奋进

在实践中，房地产经纪工作中会经常遭到挫折，房地产经纪人员不仅要以乐观的心态来面对挫折，还需要以坚韧不拔的精神来化解挫折。挫折是由多种原因造成的，找出原因，再认真研究对策并予以实施，就有可能化解挫折。如有些交易不成功，可能是房源与购房者的需求不能完全匹配，那就可以从进一步了解购房者需求和搜寻更多的房源入手；有些交易的不成功，可能是买卖双方对价格的认识不一致造成的，那就可以分析各方对价格的认识是否存在偏差，进而通过沟通使其认识到这种偏差，并说服其接受合理的价格。因此，房地产经纪人员一定要具备坚韧不拔的精神。要做到这一点，首先要认识到房地产交易的复杂性。房地产是特殊性极强的商品，又是价值特别昂贵的商品，影响它的因素又很复杂。一宗交易合同的达成，经历种种反复和曲折是很自然的。因此，房地产经纪人员应视挫折为正常，而将一帆风顺的交易视作偶然。否则，整天期盼着简单、顺利、高额的交易而不得，心态自然变坏，更不可能去做好不顺利的交易。其次，要树立吃苦耐劳的精神，才能不厌其烦地去化解种种挫折。

房地产经纪人员还应具有积极向上的奋进精神，因为激烈的市场竞争造成了不进则退的局面。一方面，房地产经纪人员应充分认识到时代、环境在不断地发生巨变，很多过去自己熟悉、掌握的知识、技能、信息可能变得过时、陈旧，不能发挥作用了。专业水平的形成不是一劳永逸的，因此要"与时俱进"，要不断地学习新知识、新技术，了解新信息，接受再教育。另一方面，房地产经纪人员在业务上要有不断开拓的意识和勇气。市场需求瞬息万变，房地产经纪人员切不可故步自封，只局限于自己所熟悉的领域，要不断地开拓新市场，建立新的客户群，形成新的业务类型。

二、房地产经纪人员的职业技能

（一）信息收集的技能

信息是房地产经纪人员开展经纪业务的重要资源，房地产经纪人员只有具备良好的信息搜集技能，才能源源不断地掌握大量真实、准确和系统的房地产经纪信息。

首先，一般信息搜集技能，包括对日常得到的信息进行搜寻、鉴别、分类、整理、储存和快速检索的能力。如对平时上网、读书看报、看电视时得到信息，或与同事、同行、客户等谈话中得到的信息，能准确地鉴别其真实性，并运用适当的形式（如剪报、文献复印件、笔记、电子文档等）保存下来，并建立检索方便的分类系统，一旦需要，能迅速找到所需要的信息。

其次，特定信息搜集的技能还包括：根据特定业务需要，准确把握信息搜集的内容、重点、渠道，并灵活运用各种信息收集方法和渠道，快速有效地搜集到针对性信息。如根据某委托人需要购买一个大型商铺的要求，迅速搜寻、有关该类大型商铺的房源、市场供求、市场价格等方面的信息。

（二）产品分析的技能

产品分析技能是指房地产经纪人员能运用相关分析方法，从标的房地产的物质特征、权属特征、区位和市场吸引力四个方面分析其优劣，从而判断其可能的交易对象、交易难度乃至交易价格的范围的能力。其中，物质特征包括规模、房地产的功能用途、地块大小、地块形状、临街类型、临街深度、临街位置、地形地质条件、建筑结构类型、建筑类型与风格、内部装修及设备配置等，对于存量房地产，还包括已使用年限、建筑质量、功能折旧和外部折旧状况等。权属特征包括权属类型、他项权利设置状况，其中土地还包括土地出让合同对土地使用的规定（年限、用途、容积率）。区位包括中观的城市区位和微观的位置，中观的位置指对象房地产在城市空间结构中所处的位置，如什么圈层、什么区域、与城市空间发展轴的空间关系。微观的位置主要包括对象房地产与周边重要设施和其他房地产的空间关系、出入口、可视性（即从所临接的街道上看到对象房地产的可能性）、周边房地产的用途、交通流量、邻近地区的供求状况及地区声誉。市场吸引力主要指对象房地产所具有的特别吸引投资者（购买者）或使用者的特殊品质，如独特的建筑设计、优美的景观。对于存量收益性房地产，其市场吸引力还涉及对象房地产的一些经济特征，如租赁收入状况、经营费用、管理水平、租客类型与结构、租赁状况（包括租赁期，是否有租金折让、现有租约到期日、续租条件等）。

（三）市场分析的技能

市场分析技能是指房地产经纪人员根据所掌握的信息，采用一定的方法对其进行分析，进而对市场供给、需求、价格的现状及变化趋势进行判断。对信息的分析方法包括：简单统计分析（根据已有的数据信息计算某些数据指标，如平均单价、收益倍数等）、比较分析（不同地区或不同类别房源的比较、同类房源在不同时间段上的比较等）、因果关系分析等。对市场的判断包括定性的判断，如某种房源的供求状况，是供大于求、供小于求还是供求基本平衡？今后数月是趋涨还是趋跌？某例交易的成交价格是正常市场价格，还是限定市场价格？也包括定量的判断，如某类房地产的市场成交价格在最近三个月内上涨了百分之几？某笔交易因交易情况特殊而使其成交价格比正常市场高多少百分点等等。小至每一笔业务的进展，大至房地产经纪人员、房地产经纪机构业务重心的调整，都离不开准确的市场分析。因此，市场分析技能也是房地产经纪人员必须掌握的职业技能。

（四）人际沟通的技能

房地产经纪的服务性决定了房地产经纪人员需要不断与人打交道，不仅要与各种类型的客户打交道，还要与客户的交易对方、有可能提供信息的人，以及银行、房地产交易中心、物业服务企业等机构的人打交道。房地产经纪人员需要通过与这些人的沟通，将自己的想法传达给对方，并对对方产生一定的影响，使对方在思想上认同自己的想法，并在行动上予以支持，如：购买房地产经纪人员所推荐的房源；向房地产经纪人员提供有关的信息；为房地产经纪人员办理某项手续等。要使这些人际沟通能较好地达到服务目的，不仅要求房地产经纪人员具有良好的心理素质，还要求房地产经纪人员必须掌握良好的人际沟通技能。它包括了解对方心理活动和基本想法的技能、适当运用向对方传达意思方式（如语言、面部表情、肢体动作等）的技能、把握向对方传达关键思想的时机的技能等。

经纪服务是帮助客户做出选择和达成交易。最重要的一点就是要迅速判断每个客户的心理，并用适合他们的方式为其服务，最忌千篇一律呆板的言语应对和接待方式。如对犹豫不决类型的客户，应坚决果断地以专家的理性论据帮助客户尽快做出决定，使客户心服口服；对于风水迷信类型的客户，最好用现代科学思想观念对其进行引导，改变其风水观念，并尽可能举出反例来解除其疑惑；而对于谨慎小心类型的客户，除了详细地介绍物业之外，还应以亲切、诚恳的态度，真诚地沟通感情，通过家常闲话，慢慢了解客户的家庭情况、经济收入状况和购房愿望及偏好，争取客户的信任，然后再切入主题。

（五）供需搭配的技能

房地产经纪人员是以促成交易为己任的，因此不论是在居间业务，还是代理业务中，都需要同时考虑交易双方的需求，其实质也就是要使供求双方在某一宗（或数宗）房地产交易上达成一致。由于房地产商品具有特殊性，每一宗房地产都是与众不同的，这就要求房地产经纪人员准确把握买方的具体要求，并据此选择匹配度高的房源供其参考。房地产经纪人员不仅要充分知晓这种搭配的具体方法，更要能熟练掌握，从而使之内化为自身的一种能力，这就是供求搭配的技能。它在实务操作中，常常表现为房地产经纪人员是否能在较短的时间内完成供求搭配，从而尽可能实现每一个交易机会。如商品房销售代理经纪人在售楼处接待了一组来访客户，经过十几分钟，甚至几分钟的交谈，就必须能准确了解并把握他们的需求，并推荐恰当的房源。在实际工作中，供求搭配技能较高的房地产经纪人员，工作效率高，成交量大，每笔业务的完成速度也快，而供求搭配技能较差的房地产经纪人员则常常劳而无功，工作效率低下。

（六）议价谈判的技能

房地产经纪人员的日常工作中，议价谈判是一项重要的工作内容。一方面，客户常常会就佣金金额与经纪人员讨价还价；另一方面，房地产经纪人员要代表委托人与交易对家议价谈判。议价谈判中，最为重要的是两点：一是要将坚持原则与适当让步有机结合；二是要将把控主动权与营造良好的谈判氛围有机结合。坚持原则就是要明确自身的谈判诉求并保证其得以实现，但如果没有适当的让步，常常就会使谈判陷入僵局，因此要把握好坚持原则与妥协的平衡点，这是议价谈判技能的要点之一。为此，应在谈判之前，对对方的情况进行仔细分析，在谈判过程中，要认真、仔细地倾听对方讲话，以推断其主要意图及可能让步的方面。同时，对自己可能让步的方面进行筹划。在谈判过程中，可能会有多次让步，必须坚持让步幅度逐步减小的原则，使对方认为已逼近价格底线，从而获得一定的心理满足，防止对方无止境地要求你让步。谈判过程实质上也是交易双方相互博弈的过程，只有牢牢把握住博弈的主动权，才能有效地将谈判引向有利于自己的方向。但是，作为交易的另一方，如果很明确地意识到自己已经处于被动状态，往往会产生负面情绪，如果这种负面情绪过度积累，可能最终导致对方不愿继续谈判。因此，房地产经纪人员在把握谈判主动权的同时，还要时刻关注对方的情绪变化，对其产生的负面情绪给予照顾，比如通过和气的语言、态度安抚对方，使其负面情绪减弱，或及时给予对方宣泄负面情绪的机会，以免其累积，或通过一定的解释，化解对方由于误解而产生的一些不必要的负面情绪。

（七）交易促成的技能

交易达成，是房地产经纪人员劳动价值得以实现的基本前提，因此它是房地产经纪业务流程中关键的一环。然而，由于房地产商品的复杂性、特殊性以及价值量大等特点，房地产商品的买卖双方（尤其是买方）都会在最终决定成交的时候产生犹豫。房地产经纪人员虽然不能不顾客户的实际情况只求成交，更不能诱使客户成交，但也不能贻误合适的成交时机。因为客户的某些犹豫是不必要的，如不具备专业知识而不能做出正确的判断，甚至是由于其自身在心理或者性格上的特点引起的，如多疑、优柔寡断等。因此，房地产经纪人员应能准确判断客户犹豫的真正原因和成交的条件是否成熟，如果成交条件已经成熟则能灵活采用有关方法来消除客户的疑虑，从而使交易达成，这就是把握成交时机的技能。例如，某客户对其选中的一套房子（在同一楼层中景观最好）犹豫不决，主要原因是对这套房子的单价比它隔壁的另一套房子略贵一些。这时如果房地产经纪人员能准确判断这一情况，并能针对性地向其解释房地产稀缺性与价格之间的关系，并用自己所了解的某些已成交案例来证明，常常就能打消客户的疑虑而欣然成交。

房地产经纪人员如能把握好成交时机，不仅能提高自己的工作效率和经济收益，同时也能增加客户的利益。因为成交时机的准确把握，意味着客户借助房地产经纪人员的专业能力克服了自身的某些不足，从而实现了自己的需求，降低了交易成本。由于房地产商品具有个别性的特点，一次成交时机的贻误，可能导致买方再也无法买到自己中意的那套房子，或者需要再次花费较长的时间等待或再次寻找合意的房子。

第四节 房地产经纪人员的职业道德与职业责任

一、房地产经纪人员职业道德的内涵、形成及作用

（一）职业道德的内涵、形成及作用

在我国，"道德"一词是指人的行为应合于理，利于人。在西方，"道德"一词源于拉丁语的 mores，原意指风尚、习俗。现在通常所说的道德，是指人们在社会生活实践中所形成的关于善恶、是非的观念、情感和行为习惯，并依靠社会舆论和良心指导的人格完善与调节人与人、人与自然关系的规范体系。

职业道德是指人们在从事各种职业活动的过程中应该遵循的思想、行为准则和规范。由于社会分工的产生，在原始社会末期出现了畜牧业、农业、手工业。此后，随着社会分工的不断深化，人们的生产活动逐渐演变成各种职业活动。每一种职业一经产生，社会就赋予了它一定的社会责任。同时，由于同一职业的从业者从事同一种劳动，依赖于同一类资源，服务于同一类主体，因而相互间形成了一种特定的关系。为了协调每个职业与社会以及同一职业中各从业主体之间的关系，就逐渐形成了职业道德。

据史书记载，我国原始社会时就已出现了猎手的职业道德——"敖敖尔"，即猎手打到猎物后，必须把地上的血迹擦净，否则其他野兽嗅到血腥味后就会立即逃离，以后其他猎手在此处就打不到猎物了。可见，职业道德萌芽于人们维护自己所从事行业的整体利益的基本意识。在当今社会，职业活动是人们最重要的活动，因为所有的社会财富都是人们在职业活动中创造的，而且在各种社会活动中，一方以职业身份出现或双方均以职业身份出现的活动占据很大的比例。因此，职业道德是道德的重要组成部分，它与家庭道德、社会公德共同构成了整个社会的道德体系，职业道德又受总体道德体系的约束，服从于社会的基本道德规范。由于职业道德是与一定的职业相联系的，所以在性质上具有专业性，即各种职业的主要规范要求各有不同，如医生的救死扶伤，教师的诲人不倦、为人师表，官员的廉洁奉公。其次，职业道德在内容上具有一定的稳定性、连续性。由于同一职业的基本职业特征，是不随时代变化而改变的，所以职业道德的主要内容常常是可以世代相传的。社会主义市场经济的建设和发展，也必然要求建设和发展与其相适应的职业道德。

（二）房地产经纪人员职业道德的内涵

房地产经纪人员职业道德是指房地产经纪行业的道德规范，是房地产经纪人员就这一职业活动所共同认可并拥有的思想观念、情感和行为习惯的总和。就思想观念而言，它包括对涉及房地产经纪活动的一些基本问题的是非、善恶的根本认识，这种认识是指在房地产经纪人员思想观念中所形成的一种内在意识。从内容上讲，主要涉及三个方面：职业良心、职业责任感和执业理念。职业良心涉及对执业活动中"自愿"、"平等"、"公平"和"诚实信用"等执业原则，以及经纪人员收入来源、经纪服务收费依据和标准等一些重大问题的认识。职业责任感涉及房地产经纪人员对自身责任及应尽义务的认识。执业理念主要是指对市场竞争、同行合作等问题的认识和看法。

房地产经纪人员职业道德的情感层面涉及房地产经纪人员的职业荣誉感、成就感及在执业活动中的心理习惯等。

行为习惯是最能显化职业道德状况的层面。房地产经纪人员职业道德在行为习惯方面包括房地产经纪人员遵守有关法律、法规和行业规则的习惯以及在执业过程中仪表、言谈、举止等方面的修养。

（三）房地产经纪人员职业道德的形成

如上所述，房地产经纪人员职业道德是一种在房地产经纪人员的思想、情感和行为等方面所形成的内在修养。

从整个行业的角度讲，它是通过广大从业人员的长期实践摸索，有关管理者或研究者的总结、提炼以及一些杰出人物的身体力行，并经由行业团体的集体约定而形成的。如在美国房地产经纪业，19世纪90年代当房地产经纪业还存在诸多不诚信、不规范操作时，一些诚信、优秀的房地产经纪人联合起来，率先践行他们所共同奉行的职业道德标准。1908年全美房地产经纪人协会（NAR）成立后，综合了各地区房地产经纪人协会在职业道德规章方面的精华，形成了约束全体NAR会员（2012年有超过100万人宣誓恪守该规范）的职业道德规章。该规章从经纪人对于客户的责任（Duties to Clients）、经纪人对社会大众的责任（Duties to the Public）以及经纪人对于其他经纪人的责任（Duties to Realtor）三个方面，对NAR会员提出了比各州法律对房地产经纪人的责任义务所要求的标准更高的职业道德规范。

对于具体的从业人员个体而言，职业道德是通过一定的教育训练、行业氛围的熏陶、社会公众的监督以及行业组织的约束而形成的。在很多发达国家，职业道德规范都是取得房地产经纪职业资格所必须进行的基础培训和基本考核内容。大多数房地产经纪企业也会对房地产经纪人员进行职业道德的教育，一些企业还将房地产经纪职业道德纳入自己的企业文化。同时，公众和行业组织的监督、约束使房地产经纪人员违反职业道德的成本大大增高。这些对于每一个房地产经纪人员形成自身的职业道德修养，起到了关键的作用。

（四）房地产经纪人员职业道德的作用

从行业层面看，与其他行业的职业道德一样，房地产经纪人员职业道德有助于树立、维护房地产经纪业的社会形象，从而保障每一个从业人员的综合利益——经济收入、社会地位等。例如，美国房地产经纪人较高的收入水平（平均收入水平与律师、医生相当）和社会地位，就是与美国房地产经纪业在各行业中率先建立了高水准的职业道德规范密切相关。

从社会整体层面看，房地产经纪人员职业道德与房地产经纪的有关法律法规、行业规范有着共同的作用，即调整房地产经纪行业从业人员与服务对象，以及从业人员之间的关系。但两者在作用机制上有明显的区别。法律法规和行业规范均属于外在的规定，主要通过法律手段、行政手段及行业管理手段来约束房地产经纪人员。而房地产经纪人员职业道德则是指内化于房地产经纪人员思想意识和心理、行为习惯的一种修养，它主要通过良心和舆论来约束房地产经纪人员。职业道德虽然不如法律、法规和行业规则那样具有很大的强制性，但它一旦形成，则会从房地产经纪人员的内心深处产生很大的约束力，并促使房地产经纪人员更加主动地遵循有关法律、法规和行业规则。因此，房地产经纪人员职业道德对房地产经纪业的规范运作和持续发展具有重大的积极作用。

二、房地产经纪人员职业道德的主要内容

（一）遵纪守法

遵纪守法本是每个公民的基本道德修养。但是，作为房地产经纪人员，更应牢固树立这一思想观念，并理解其对于自己职业活动的特殊意义。

房地产是不动产，它的产权完全依靠有关的法律文件来证明其存在，其产权交易也必须通过有关的法律程序才能得以完成。房地产经纪人员是以促使他人的房地产交易成立作为自己的服务内容的，因此，必须严格遵守有关的规律、法规；否则，自己的服务就不能实现其价值，自己也就失去了立身之本。

由于房地产交易涉及复杂的法律程序，再加上房地产商品的综合性、复杂性及国家和地方的有关规定，房地产经纪工作会涉及很多专业知识和技能。因此，在世界各国，政府为了保证经纪活动的有效性，都要对从业人员和机构进行行业管理。只有取得了房地产经纪职业资格和资质，并遵循相关行业管理规定的人员和机构，才能从事这一专业活动。因此，房地产经纪人员首先必须遵守政府对房

地产经纪行业上岗、开业的规定，不得无照、无证执业和经营；其次，在房地产经纪活动的各个环节，如接受委托、签订合同、发布广告、收取佣金等环节，都必须遵守有关法律、法规的规定。目前，房地产经纪行业中存在的服务不规范、违规收费等现象，就反映出一些房地产经纪人员和机构"守法经营"意识淡薄，对此必须及时加以纠正。

（二）规范执业

房地产经纪是一种服务活动，具有"生产与消费同时性"特征。因此，房地产经纪服务质量体现在服务过程之中，一旦出现质量问题，难以通过"返工"来改正。正因为如此，房地产经纪行业组织与一些品牌房地产经纪企业制定了行业或企业的房地产经纪规范，旨在通过规范房地产经纪活动的行为，来保证房地产经纪服务的质量。自觉、自愿地遵守、维护这些规范是每一个行业从业人员安身立命的根本。房地产经纪人员应充分认识行业或企业的各种规范，保证行业或企业的服务品质，从而保持、提升房地产经纪行业或企业的社会形象。当然，在现实工作中，每一位房地产经纪人员可能都会遇到其他同事或同行违反规范而未受到惩罚的情况，容易产生"老实人吃亏"的错觉。但是，从长远来看，市场是公平的，只有规范执业的房地产经纪人员，才能长期获得客户的认可和回报。

（三）诚实守信

房地产经纪人员提供的服务主要是促成他人达成房地产交易，这种服务实质上是一种以信息沟通为主的动态过程。因为，与普通的商业服务业相比，房地产经纪人员及其就职的房地产经纪机构并不实际占有具有实体物质形态的商品。因此，房地产经纪服务更需要建立在对人的信任的基础上。也就是说，房地产经纪人员要促成交易，首先必须使买卖双方信任自己。而要想使买卖双方信任自己，最基本的要诀就是：诚。

"诚"的第一要义是真诚，即真心以客户的利益为己任。一些成功的房地产经纪人员总结经验时常说自己的任务就是为客户寻找最合适的交易对象。这种真诚不仅仅靠房地产经纪人员的语言来表达，更主要的是以行动来体现，其中最主要的是在房地产经纪机构的经营方式和服务费用的收取上。如果房地产经纪机构以佣金为基本收入来源，并且以成交为收取佣金的前提，这就表明，房地产经纪人员的利益与客户的利益在方向上保持一致，客户自然会相信房地产经纪人员会尽最大力量为自己寻找交易对象。因此，一个房地产经纪机构如果在交易未成交时即收取所谓的"看房费"，往往会失信于客户。所以，从"真诚"的要求出发，房地产经纪人员一定要树立"不成交不收费"的观念。

"诚"的第二要义是坦诚，即诚实地向客户告知自己的所知。房地产市场是一个非常复杂的市场，普通客户常常无法了解其实质，因而房地产经纪人员应该凭借自己的专业知识和经验来帮助客户。当出现一些可能不利于成交的因素时，应诚实地向客户告知。当客户由于不懂专业知识或不具备专业经验而对成交价格等产生不恰当期望时，不能一味迎合客户，应客观地帮客户进行分析。坦诚的结果是使客户充分知晓影响交易的方方面面，并完全按自己的意愿做出决定。这样的交易不容易产生后续纠纷，同时，也有助于客户对房地产经纪人员及其机构产生信赖感。

在现代商业社会中，信用是保持经济活动运行的重要因素。房地产经纪业是以促成客户交易为服务内容的，良好的信用可以给房地产经纪人员带来更多的客户，为经纪机构创造良好的品牌和收益。房地产经纪人员应牢固树立"信用是金"的思想观念。一方面，要言必行，行必果；另一方面，应注意不随意许诺，避免失信。

房地产交易是一个持续较长的动态过程，许多环节都有一个先预约、后执行的过程，因此房地产经纪人员在从事经纪服务的过程中会不断遇到需要事先约定或承诺的情况。如约定看房时间、承诺代办交易过户登记手续等。如果这类约定和承诺不能如约履行，必然影响买卖双方的交易，并在损害客户利益的同时损害房地产经纪人员及其机构的信誉。

由于房地产交易活动的复杂性，房地产经纪人员作为具有房地产专业知识和经验的人员，是客户最重要的参谋和具体事务代办者，客户会不断地向房地产经纪人员提出服务的要求。那么房地产经纪人员如何来处理这些要求呢？一方面，房地产经纪人员要掌握区分合理正当要求和不合理、不合法要求，对不合理、不合法要求，应说明道理后，态度和蔼但立场坚决地拒绝；另一方面，对客户正当合理的要求，还要注意分析、判断满足其要求的可能性，对于因各种客观原因明显不能满足的要求，不要轻易承诺，要客观地向客户进行解释，争取客户的谅解。

（四）尽职尽责

每一种职业活动都是社会经过专业分工后向某一特定职业人群分配的社会任务，每一个职业人都是通过自己的职业活动来实现自身价值并索取社会财富的。房地产经纪人员的责任；就是促成他人的房地产交易，因此应尽最大努力去实现这一目标。

第一，房地产经纪活动中的许多环节都是必不可少的，因此房地产经纪人员绝不能为图轻松而省略，也不能马马虎虎，敷衍了事。比如，对卖家委托的房源，应充分了解，不仅要通过已有的文字资料了解，还要到现场进行实地勘察，核实业主身份及房源能否出售。因此，房地产经纪人员要不断地走街串巷，非常辛苦。如果没有尽职守责的敬业精神，是不能胜任这一工作的；

第二，房地产经纪人员是以自己拥有的房地产专业知识、信息和市场经验来为客户提供服务的。因此，房地产经纪人员要真正承担起自己的职业责任，还必须不断提高自己的专业水平。一方面要加强理论知识学习，掌握日新月异的房地产专业知识及相关科学技术；另一方面要不断地通过实践，与同行及相关人群交流来充实自己的信息量，提高专业技能；

第三，房地产属于大宗资产，一些房地产交易活动，常常是涉及客户的商业机密或个人隐私。在房地产经纪活动中，房地产经纪人员由于工作的需要，接触到客户机密。除非客户涉及违法，否则房地产经纪人员决不能将客户的机密泄露出去，更不能以此谋利，应该替客户严守秘密，充分保护客户的利益；

第四，在我国目前的体制下，房地产经纪人员都是以自己所在的房地产经纪机构的名义来从事业务活动的，因此房地产经纪人员对自己所在的机构也承担着一定的责任。这种责任一是要帮助公司实现盈利目标，二是要维护公司信誉、品牌。从承担自身责任的要求出发，房地产经纪人员首先必须做到在聘用合同期内忠于自己的机构，不随意"跳槽"或"脚踩数条船"；同时，在言谈举止和经纪行为上都要从维护公司信誉出发，决不做有损公司信誉、品牌的事情。

（五）公平竞争

市场经济是以优胜劣汰为基本原则的，激烈的市场竞争是市场经济的必然现象。房地产经纪活动中，也存在激烈的同行竞争。房地产经纪人员首先必须不怕竞争、勇于竞争。这就要求房地产经纪人员以坦然的心态、公平的方式参与竞争。那些诋毁同行、恶意削价等不正当的竞争方式，实质上是不敢进行公平竞争的表现。这种心态和行为对房地产经纪行业危害很大，如果盛行，将阻碍整个行业的发展，并祸及行为人自身。值得注意的是，在市场竞争中，合作这一看似与竞争不同的方式，实际上常常是房地产经纪人员和经纪机构提高市场竞争力的重要手段。通过合作，房地产经纪人员和经纪机构可以取他人之长，补己之短，在做大业务增量的同时，提高自己的市场份额和收益。比如，以"上家"客户资源见长的经纪人员，通过与掌握大量"下家"客户资源的经纪人员合作，可以提高自己的业务量。当然，合作中也存在竞争，如果房地产经纪人员不能持续提高自己的市场竞争力，就会逐渐丧失自身的合作价值，最终被合作者淘汰甚至取而代之。但如果在合作中不能以公平的方式进行竞争，合作也无法达成。因此，竞争与合作是房地产经纪人员时刻面对的问题。而"公平竞争，注重合作"是制胜的前提。

三、房地产经纪人员的职业责任

(一) 房地产经纪人员职业责任的内涵

责任是一种客观需要，也是一种主观追求；是自律，也是他律。一切追求文明和进步的人们，应该基于自己的良知、信念、觉悟，自觉自愿地履行责任，为国家、为社会、为他人做出自己的奉献。无论是道德责任，还是法定责任，都不以个人意志为转移。不履行道德责任，会受到道德的谴责和良心的拷问；不履行法定责任，会受到法律的追究和制度的惩处。

房地产经纪人员的职业责任是指房地产经纪人员在从事房地产经纪活动时所应尽的义务，以及因自己在职业活动中的违纪、违约、违法甚至犯罪行为而应承担的民事、行政和法律责任。

就义务层面而言，尽管房地产经纪人员在从事职业活动时受到各种规范、规章的约束，但规范、规章不可能包罗万象，总有一些未能列入其中的内容，常常以房地产经纪人员职业道德的形式出现。如尽自己所能向客户提供最充足的信息，以利于客户的交易决策。违反职业道德的行为，会受到同行和社会的谴责和良心的拷问，这是房地产经纪人员职业责任中的道德责任。它与房地产经纪人员的职业责任感密切相关。职业责任感是职业人对自身职业责任的认知和态度。与其他任何职业一样，增加职业责任感是房地产经纪人员成就事业的可靠途径。责任出勇气，出智慧，出力量。有了责任心，房地产经纪人员才能使自己的潜在能力得到充分的挖掘和发挥，从而取得良好的工作业绩。

就行政和法律责任而言，房地产经纪人员在履行自己职责的过程中，因违反有关法律法规、违反合同或不履行其他法律义务，侵害国家集体财产，侵害他人财产、人身权利的，应承担相应的民事责任。如果房地产经纪人员的行为触犯了刑法，则要承担相应的刑事责任。

(二) 房地产经纪人员违纪执业的行政责任

房地产经纪人员违反有关行政法规和规章的规定，行政主管部门或其授权的部门可以在其职权范围内，对违规房地产经纪人员处以与其违规行为相应的行政处罚。行政处罚的种类包括：警告、罚款、没收违法所得和非法财物、暂扣或者吊销房地产经纪人员职业资格证书、登记证书、行政拘留和法律、行政法规规定的其他行政处罚。

根据《房地产经纪管理办法》[①]，有下列行为之一的，由县级以上地方人民

[①]   根据中华人民共和国住房和城乡建设部、中华人中共和国国家发展和改革委员会、中华人民共和国人力资源和社会保障部令第 29 号，已修改并发布，自 2016 年 4 月 1 日起施行。

政府建设（房地产）主管部门责令限期改正，记入信用档案；对房地产经纪人员处以 1 万元罚款；对房地产经纪机构处以 1 万元以上 3 万元以下罚款：

（1）房地产经纪人员以个人名义承接房地产经纪业务和收取费用的；

（2）房地产经纪机构提供代办贷款、代办房地产登记等其他服务，未向委托人说明服务内容、收费标准等情况，并未经委托人同意的；

（3）房地产经纪服务合同未由从事该业务的一名房地产经纪人或者两名房地产经纪人协理签名的；

（4）房地产经纪机构签订房地产经纪服务合同前，不向交易当事人说明和书面告知规定事项的；

（5）房地产经纪机构未按照规定如实记录业务情况或者保存房地产经纪服务合同的。

（三）房地产经纪人员执业中违约、违法、犯罪行为的法律责任

1. 民事责任

（1）违约责任

违约责任是缔约当事人不履行合同义务或者履行义务不符合约定条件而应承担的民事责任。违约责任以有效合同为前提，合同未成立或者成立后无效、被撤销的，纵使当事人有过失也无违约责任可言。违约责任的构成要件，一是必须有违约行为，二是无免责事由。

违约行为包括履行不能、履行迟延、履行不当和履行拒绝四种情况。履行不能是指因可归于债务人的事由致合同不能履行，亦称合同不履行。履行迟延是指履行期已满而能履行的债务因可归于债务人的事由未履行所发生的延迟，这是时间上的不完全履行。履行不当是指债务人没有完全按合同内容所实施的履行，也称瑕疵履行，如履行数量不足、地点不妥、方法不当等。履行拒绝是指债务人在债务成立后履行期届满前，能履行而明确表示不履行的行为。在履行拒绝中，《合同法》第一百零八条规定，当事人一方明确表示或者以自己的行为表明不履行合同义务的情况，称为预期违约。如：甲委托乙出卖房产，而在合同期内甲私自将房产出售于丙，此行为表示甲将不再履行与乙的合同，此时甲即为预期违约。

免责事由包括：①不可抗力。不可抗力指不能预见、不能避免并不能克服的客观情况。不可抗力发生后当事人不能履行合同的应及时通知对方并提供证明；②受害方自己有过失。违约行为发生后相对人应采取措施防止损失扩大，如未采取措施导致扩大的损失，不得就扩大部分的损失请求赔偿；③约定免责事由。但根据《合同法》规定，约定造成对方人身伤害，及因故意或重大过失造成对方财

产损失的免责条款为无效。

承担违约责任的方式主要有：①强制实际履行。对于违约行为，采取以继续履行为主、赔偿为辅的救济原则。对于因履行迟延、履行不当或履行拒绝的行为，原则上均可请求继续履行或补充履行，如因房价快速上涨出现的卖方拒绝履约的行为，法院通常会支持买方要求继续履行合同的诉求。但是，除金钱以外，债务发生履行不能，以及债务标的的不适宜强制履行，或债权人在合理期限内未请求履行债务已超过诉讼时效的，不得请求强制履行。②违约金。违约金是依当事人的约定或法律的直接规定，在当事人一方不履行债务时，向他方给付的金钱。违约金的数额由当事人在合同中约定，但约定的数额应与损失大致相当。因迟延履行给付违约金后，不免除违约人的合同义务，仍应继续履行。③损害赔偿。在违约人继续履行或采取补救措施后，相对人还有损失的，可请求损害赔偿。赔偿的范围包括实际损失和预期利益损失，但预期利益不得超过违约人缔约时预见到或可能预见到违约可能造成的损失。在当事人违约行为侵害对方人身或财产的，对方有请求违约损害赔偿或侵权赔偿的选择权。例如承租人损毁租赁房屋，既是违约行为，又是侵害他人财产所有权的行为，因而发生两个损害赔偿请求权的竞合，出租人可择一行使。

另外，在合同未成立或成立后无效、被撤销，无法请求违约责任的情况下，在合同成立以前缔约上有过失的一方应承担缔约过失责任。缔约过失责任虽不属于违约责任，但与合同有关，属于合同责任。缔约过失责任的条件是：当事人一方违反合同义务，如告知、注意、保密等义务；当事人一方有过失；另一方有损失。缔约过失责任的赔偿范围以实际损失为原则。

（2）侵权责任

侵权责任是指侵犯经纪合同所约定的债权之外的其他权利而应承担的民事责任。广义上的侵权行为指对他人的财产或人身造成损害并应承担民事责任的行为，包括一般侵权行为和特殊侵权行为；狭义上的侵权行为指因过错侵害他人的财产或人身并应承担民事责任的行为，仅指一般侵权行为。本书所称侵权行为仅指狭义上的侵权行为。侵权责任的构成要件，一是有侵权行为，二是无免责事由。

侵权行为的构成要件有：①行为违法。违法行为包括作为和不作为。作为是指法律规范规定或约定了当事人禁止为某种行为，而为此种行为，造成损害结果。不作为是指法律规范规定或约定当事人有特定义务，而当事人不履行义务，放任损害结果的发生；②有损害事实。损害包括财产损害和人身损害。财产损害又包括积极损害和消极损害，积极的财产损害指财产的毁损灭失、财产权利的消灭或财产价值的减少；消极的财产损害指侵权人妨碍他人取得本可以取得的财产利益；③违法行为与损害事实之间有因果关系。只有当损害事实是由于违法行为造成的时候，行为人才应当承担侵权责任，如果行为人进行了违法行为，但权利人所受到的损害是由于其他原因造成的，则行为人不应承担侵权责任；④主观过错。过错包括故意和过失。故意指行为人明知自己的行为可能给他人造成损害，却希望或放任这种结果发生的心理状态。

免责事由包括：①阻却违法性事由，包括正当防卫和紧急避险；②不可抗力；③受害人过错。

承担侵权责任的主要方式有：①停止侵害；②排除妨碍；③消除危险；④返还财产；⑤恢复原状；⑥赔偿损失；⑦消除影响、恢复名誉；⑧赔礼道歉。

2. 刑事责任

房地产经纪人员在经纪活动中，触犯刑法的，司法机关必将追究有关责任人的刑事责任，包括限制人身自由的管制、拘役、有期徒刑、无期徒刑，乃至死刑。与民事责任重在补偿性不同，刑事责任重在惩罚性，对刑事责任的追究非常注重行为的主观要件。

复 习 思 考 题

1. 房地产经纪专业人员的职业资格有哪些类型？
2. 什么是职业道德？它包含哪些内容？
3. 房地产经纪人员有哪些权利和义务？
4. 什么是房地产经纪人员的职业责任？
5. 房地产经纪人员在职业道德方面应符合哪些基本要求？
6. 房地产经纪人员的心理素质有哪些方面的要求？
7. 房地产经纪人员应具有怎样的知识结构？
8. 房地产经纪人员应具有哪些职业技能？

第三章　房地产经纪机构的设立与内部组织

房地产经纪机构是房地产经纪行业运行的基本载体，是开展房地产经纪业务的基本法律主体，也是房地产经纪人员从事房地产经纪活动必须依附的经济实体。本章详细阐述了房地产经纪机构的设立与备案、房地产经纪机构的经营模式和组织系统。

第一节　房地产经纪机构的设立与备案

一、房地产经纪机构的界定、特点与类型

（一）房地产经纪机构的界定

房地产经纪机构（包括分支机构），是指依法设立并到工商登记所在地的县级以上人民政府建设（房地产）主管部门备案，从事房地产经纪活动的中介服务机构。

《房地产经纪管理办法》第十四条明确规定："房地产经纪业务应当由房地产经纪机构统一承接，服务报酬由房地产经纪机构统一收取。分支机构应当以设立该分支机构的房地产经纪机构名义承揽业务。房地产经纪人员不得以个人名义承接房地产经纪业务和收取费用。"由此可见，房地产经纪机构是房地产经纪业运行的基本载体，是开展房地产经纪业务的基本法律主体，是将房地产市场中交易双方联系在一起的桥梁。同时，房地产经纪机构是统一承接房地产经纪业务、统一收取服务报酬的法律主体，也就是说，房地产经纪机构是房地产经纪人员从事房地产经纪活动、获得报酬所必须依附的经济实体。

（二）房地产经纪机构的特点

1. 房地产经纪机构是企业性质的中介服务机构

房地产经纪机构是一个依法设立的企业，从事具有中介性质的房地产经纪活动。房地产经纪机构致力于为房地产市场中的交易各方提供居间和代理服务，有效解决房地产交易过程中因当事人对房地产市场行情、交易标的、交易程序等不

了解而交易阻滞等问题。房地产经纪机构所提供的服务使交易各方能够较为准确、及时地了解市场行情、交易标的和交易程序等信息，从而削弱房地产交易中的信息不对称，提高交易效率，保障交易安全。房地产经纪活动的成果以是否成交来体现，其服务收入的基本形式是佣金。

2. 房地产经纪机构是轻资产类型的企业

房地产经纪机构是通过人力资本提供中介服务从而获取佣金收入的轻资产行业，其资金密集度低，持有资产相对较少，经营效益的高低主要取决于企业治理结构、内部管理、人员培训、企业文化等"软"实力。尽管在信息化的时代，房地产经纪机构也必须配备大量的信息技术设备，但与钢铁、机械制造、物流等行业的企业相比较，房地产经纪机构的资产中，固定资产所占的比例较少，其核心资产主要是商业模式、品牌、管理制度和专有技术等无形资产。与重资产类型企业相比，轻资产类型企业往往具有更好的成长性，随着房地产市场竞争的加剧，轻资产也是企业转型和变革发展的重要趋势之一。我国一些优秀的房地产经纪机构超高速的成长，不仅借势于中国房地产市场的快速发展，也得益于其轻资产的企业特性。同时，房地产经纪机构的轻资产特性，使得房地产经纪行业的进入门槛较低，其未来发展能适应行业新常态的需要。

3. 房地产经纪机构的企业规模具有巨大的可选择范围

无论在发达国家还是在中国，房地产经纪机构的企业规模都具有巨大的可选择范围。在美国，约有80%的房地产经纪公司为1～4人左右的小公司，但同时也存在着房地产经纪人数量达到1000人以上的大公司。目前在中国，员工逾万、分支机构过千家的超大型房地产经纪机构与10名以下员工的小微房地产经纪机构并存，在市场中都有生存和发展的空间。由于房地产的不可移动性，房地产经纪服务具有地域性，大多数房地产经纪机构通常会选择在其所熟悉的城市、市区或某一区域设店并提供相应的经纪服务。因此，即使是规模化的大型房地产经纪机构也不可能覆盖全部房地产市场，这为大量中小型房地产经纪机构创造了广阔的生存空间。

（三）房地产经纪机构的类型

房地产经纪机构有多种分类标准，如：按主营业务范围划分、按企业组织形式划分、按企业规模划分以及按经营模式划分等。在此主要介绍前两种。

1. 按主营业务范围划分的房地产经纪机构类型

根据主营业务范围的不同，目前我国房地产经纪机构可分为以下几种类型：

（1）以存量房经纪业务为主的房地产经纪机构

这类机构主要从事存量房经纪业务，以存量住宅的买卖、租赁经纪业务为主。这类机构大多数设立经营门店，主要承接个人或机构委托的存量住宅买卖、租赁经纪业务，如链家、21世纪不动产、易居房友、中原地产、信义房屋等。目前这类机构在存量住房交易市场上极为活跃，参与度较高。据中国房地产估价师与房地产经纪人学会不完全统计，各大城市的存量住宅交易中，通过房地产经纪机构成交的数量约占成交总量的60%～80%，部分城市高达90%以上。目前，随着一些一、二线城市房地产市场中存量房交易占比不断上升并超过新房交易市场，存量房经纪业务在房地产经纪行业的业务总量中的比重已在50%以上，并持续上升。值得注意的是，由于这类房地产经纪机构可以依托现有的存量房门店，发挥潜在的客户资源和渠道资源的价值，向新房市场渗透，新建商品房代理业务也日益成为此类房地产经纪机构愈发重要的业务线。例如：链家于2014年开始与北京万科合作，新房代理销售业务起步。

（2）以新建商品房代理业务为主的房地产经纪机构

这类机构主要为房地产开发企业提供新建商品房销售、租赁代理服务。如世联地产、新联康、同策、同致行等。这类机构是我国房地产经纪行业中较早发展起来的机构，依靠其专业的案场营销能力，帮助开发商销售楼盘，并向开发商收取佣金。

（3）以房地产策划、顾问业务为主的房地产经纪机构

这类机构专注于房地产投资管理与服务，房地产市场分析、房地产投资项目的可行性研究、房地产营销方案策划等咨询服务业务占据了很大比例。这种类型的房地产经纪机构主要是一些境外来中国大陆的房地产服务企业，如世界知名的五大房地产咨询机构戴德梁行、世邦魏理仕、第一太平洋戴维斯、仲量联行、高力国际等。这些机构通常也提供房地产租售代理业务，一般侧重于办公楼、综合性商业物业和高端住宅，同时，也提供高水平的不动产资产运营管理和物业管理服务。

（4）综合性房地产经纪机构

这类机构同时经营存量房经纪业务、新建商品房经纪业务，以及房地产咨询、顾问、策划等多种业务。易居（中国）、中原地产、合富辉煌、富阳（中国）、伟业我爱我家等就属于这类机构。它们大多在原来相对单纯的主营业务的基础上通过业务多元化发展而成长起来的。这种多元化发展，改变了我国房地产经纪行业发展初期，房地产经纪机构往往只经营某一类业务，或专注于新建商品房经纪业务，或主营存量房经纪业务的局面，拓宽了房地产经纪服务领域，提高了房地产经纪服务的综合化水平，也使我国房地产经纪业进入了一个新的发展阶段。

（5）房地产网络经纪企业

这类机构最初由互联网企业与房地产经纪机构联合而发展起来，在"互联网＋"共享网络经纪时代的冲击下，房地产网络经纪企业得到了蓬勃的发展，目前房地产网络经纪行业呈现出"四足鼎力"的格局：一类是新组建的完全轻资产运营的房产电商平台，类似平安好房、房多多等；二是，传统电商巨头跨界进入房地产电商行业，如：阿里旗下的二手交易平台"闲鱼"房屋租赁业务等；三是，众多房地产经纪机构建立的房地产电商平台，在搭建线上数据平台的同时积极布局线下门店。如我爱我家推出的视频看房和720度全景看房；四是，传统的依托品牌效应和流量规模的网络平台，如搜房网、安居客等。

（6）其他类型的房地产经纪机构

除以上类型的房地产经纪机构外，随着产业分化与融合的不断发展，中国房地产市场上也出现了一些边缘性的房地产经纪机构（它们的名称中常常没有"房地产经纪"的字样），它们往往是其他行业渗入房地产经纪行业，或房地产经纪行业与其他行业结合后的产物，如：物业服务企业涉足房地产经纪业而形成的管理型房地产经纪机构，从事办公楼的管理、租赁代理业务；由大型商业零售企业分化出的商业物业服务企业，从事商业物业的代理租赁业务。

2. 按企业组织形式划分的房地产经纪机构类型

目前在我国，按房地产经纪机构的组织形式可以将其分为以下几种类型：

（1）公司制房地产经纪机构

房地产经纪公司是指依照《中华人民共和国公司法》和有关房地产经纪管理的规定，在我国境内设立的从事房地产经纪业务的有限责任公司和股份有限公司。有限责任公司和股份有限公司都是企业法人。有限责任公司是指股东以其出资额为限对公司承担责任，有限责任公司以其全部资产对公司的债务承担责任。股份有限公司是指其全部资本分为等额股份，股东以其所持股份为限对公司承担责任，股份有限公司以其全部资产对公司的债务承担责任。出资设立房地产经纪公司的出资者可以是自然人也可以是法人，出资可以是国内资产也可以是国外投资，出资形式可以是货币资本也可以是实物、工业产权、非专利技术、土地使用权等的作价出资，资金来源于国外的房地产经纪机构，按其资金组成形式不同，还可把房地产经纪公司分为中外合资房地产经纪公司、中外合作房地产经纪公司和外商独资房地产经纪公司。

（2）合伙制房地产经纪机构

合伙制房地产经纪机构是指依照《中华人民共和国合伙企业法》和有关房地产经纪管理的规定在我国境内设立的由合伙人订立合伙协议、共同出资、合伙经营、共享收益、共担风险，并对合伙机构债务承担无限连带责任的从事房地产经纪活动的营利性组织。合伙人可以用货币、实物、土地使用权、知识产权或者其他财产权利出资；上述出资应当是合伙人的合法财产及财产权利。对货币以外的出资需要评估作价的，可以由全体合伙人协商确定其价值，也可以由全体合伙人委托法定评估机构进行评估。经全体合伙人协商一致，合伙人也可以用劳务出资，其评估办法由全体合伙人协商确定。合伙机构存续期间，合伙人的出资以及所有以合伙企业名义取得的收益（合伙企业财产）由全体合伙人共同管理和使用。合伙人原则上以个人财产对合伙企业承担无限连带责任，但如果合伙人是以家庭财产或夫妻共同财产出资并把合伙收益用于家庭或夫妻生活的，应以家庭财产或夫妻共同财产对合伙企业承担无限连带责任。

（3）个人独资房地产经纪机构

个人独资房地产经纪机构是指依照《中华人民共和国个人独资企业法》和有关房地产经纪管理的规定在我国境内设立，由一个自然人投资，财产为投资人个人所有，投资人以其个人财产对机构债务承担无限责任的，从事房地产经纪活动的经营实体。

（4）房地产经纪机构设立的分支机构

在中华人民共和国境内设立的房地产经纪机构（包括房地产经纪公司、合伙制房地产经纪机构、个人独资房地产经纪机构）、国外房地产经纪机构，经拟设立分支机构所在地的主管部门审批，都可以在我国境内设立分支机构。分支机构能独立开展房地产经纪业务，但不具有法人资格。房地产经纪机构的分支机构独立核算，首先以自己的财产对外承担责任，当分支机构的全部财产不足以对外清偿到期债务时，由设立该分支机构的房地产经纪机构对其债务承担清偿责任；分支机构解散后，房地产经纪机构对其解散后尚未清偿的全部债务（包括未到期债务）承担清偿责任。房地产经纪机构承担责任的形式按照机构的组织形式决定，股份有限公司和有限责任公司以其全部财产承担有限责任，合伙企业和个人独资企业承担无限连带责任。国外房地产经纪机构的分支机构撤销、解散及债务的清偿等事宜按照我国法律的相关规定进行。

二、房地产经纪机构的设立

（一）房地产经纪机构设立的条件

房地产经纪机构的设立应符合《中华人民共和国公司法》、《中华人民共和国合伙企业法》、《中华人民共和国个人独资企业法》等法律法规及其实施细则以及工商登记管理的具体规定。

设立房地产经纪机构应当具备一定数量的注册资金和足够数量的房地产经纪专业人员，具体数量由各省、自治区、直辖市建设（房地产）主管部门制定。

（二）房地产经纪机构设立的程序

1. 工商登记

设立房地产经纪机构，应当首先向当地工商行政管理部门申请办理工商登记。企业名称应以"房地产经纪"作为其行业特征，经营项目统一核定为"房地产经纪"。

2. 备案

房地产经纪机构及其分支机构应当自领取营业执照之日起 30 日内，到所在直辖市、市、县人民政府建设（房地产）主管部门，将房地产经纪机构及其分支机构的名称、住所、法定代表人（执行合伙人）或者负责人、注册资本、房地产经纪人员等信息进行备案。

根据《房地产经纪管理办法》，直辖市、市、县人民政府建设（房地产）主管部门应当构建统一的房地产经纪网上管理和服务平台，为备案的房地产经纪机构提供下列服务：

（1）房地产经纪机构备案信息公示；

（2）房地产交易与登记信息查询；

（3）房地产交易合同网上签订；

（4）房地产经纪信用档案公示；

（5）法律、法规和规章规定的其他事项。

经备案的房地产经纪机构可以取得网上签约资格。

三、房地产经纪机构的变更与注销

（一）房地产经纪机构的变更

房地产经纪机构（含分支机构）的名称、法定代表人（执行合伙人、负责人）、住所、登记房地产经纪人员等备案信息发生变更的，应当在变更后 30 日内，向原备案机构办理备案变更手续。

（二）房地产经纪机构的注销

房地产经纪机构的注销，标志着其主体资格的终止。房地产经纪机构注销应按机构所在地政府主管部门的相关规定进行办理。注销后的房地产经纪机构不再有资格从事房地产经纪业务，注销时尚未完成的房地产经纪业务应与委托人协商处理，可以转由他人代为完成，也可以终止合同并赔偿损失，在符合法律规定的前提下，经委托人约定，还可以用其他方法进行处理。

房地产经纪机构的备案证书被撤销后，应当在规定的期限内向所在地的工商行政管理部门办理注销登记。房地产经纪机构歇业或因其他原因终止经纪活动的，应当在向工商行政管理部门办理注销登记后 30 日内向原办理登记备案手续的房地产管理部门办理注销手续，逾期不办理视为自动撤销。

房地产经纪机构注销备案的，其下设的分支机构一并注销备案。

四、房地产经纪机构的权利和义务

（一）房地产经纪机构的权利

房地产经纪机构享有以下权利：

（1）在工商行政管理部门核准的经营范围内的经营，依法开展各项经营活动，并按规定标准收取佣金及其他服务费用。

（2）按照国家有关规定制定各项规章制度，并以此约束本机构中房地产经纪人员的执业行为。

（3）在委托人隐瞒与委托业务有关的重要事项、提供不实信息或者要求提供违法服务时，中止经纪服务。

（4）当委托人给房地产经纪机构或房地产经纪人员所造成经济损失时，向委托人提出赔偿要求。

（5）向房地产管理部门提出专业培训的要求和建议。

（6）法律、法规和规章规定的其他权利。

（二）房地产经纪机构的义务

房地产经纪机构负有如下义务：

（1）依照法律、法规和政策开展经营活动。

（2）在经营场所公示营业执照、备案证明文件、服务项目、业务流程、收费标准等。

（3）认真履行房地产经纪服务合同，督促房地产经纪人员认真开展经纪业务。

（4）维护委托人的合法权益，按照约定为委托人保守商业秘密。

（5）按照约定标准收取佣金及其他服务费用。

（6）依法缴纳各项税费。

（7）接受房地产管理部门的监督和检查。

（8）法律、法规和规章规定的其他义务。

五、房地产经纪机构与房地产经纪人员的关系

房地产经纪机构是房地产经纪人员进行房地产经纪执业活动的载体，是房地产经纪活动的组织者。同时房地产经纪人员又是房地产经纪机构设立和运营的主体。两者具有相辅相成的关系。

房地产经纪人员与房地产经纪机构之间的关系通过签订劳动合同来确定，并主要体现在以下几个方面：

（一）执业关系

一方面，房地产经纪业务必须由房地产经纪机构统一承接，房地产经纪服务合同也必须由房地产经纪机构与委托人签订，也就是说房地产经纪人员从事经纪活动必须以房地产经纪机构的名义进行，不能以个人的名义进行；另一方面，房地产经纪机构是由房地产经纪人组成的，房地产经纪业务必须由房地产经纪机构指定具体的房地产经纪人员去承办和完成。根据《房地产经纪执业规则》，房地产经纪机构对每宗房地产经纪业务，应当选派或者由委托人选定登记在本机构的房地产经纪人员为承办人，并在房地产经纪服务合同中载明。房地产经纪服务合同应当由承办该宗经纪业务的一名房地产经纪人或者两名房地产经纪人协理签名。

（二）法律责任关系

房地产经纪业务是由房地产经纪机构统一承接的，房地产经纪合同是由委托人和房地产经纪机构签订的。因此，一方面，如果房地产经纪人员在执业活动中由于故意或过失给委托人造成损失的，应由房地产经纪机构统一承担责任，房地产经纪机构应首先对委托人进行赔偿，再向承办该业务的房地产经纪人员进行追偿；另一方面，如果是由于委托人的故意或过失给房地产经纪机构或房地产经纪人员造成了损失，应由房地产经纪机构向委托人提出赔偿请求，由委托人对房地产经纪机构进行赔偿，然后，房地产经纪机构再对房地产经纪人员的损失进行相应的补偿。由房地产经纪机构统一承接经纪业务并承担法律责任有利于保护委托人、房地产经纪人员和房地产经纪机构三方的合法权益，也有利于提高房地产经纪机构的内部监管水平，以更加有效地规避风险。

（三）经济关系

由于房地产经纪业务是由房地产经纪机构统一承接的，房地产经纪合同是由委托人和房地产经纪机构签订的，因此，佣金等服务费用应由房地产经纪机构统一向委托人收取，并开具相应的发票。房地产经纪机构收取佣金后再按约定向具体承接和执行经纪业务的房地产经纪人员支付相应的报酬，报酬的具体金额或分

配比例由房地产经纪机构与房地产经纪人员协商约定，但应符合当地当时提供同类服务的社会正常水平。

第二节　房地产经纪机构的经营模式

一、房地产经纪机构经营模式的含义与类型

(一) 房地产经纪机构经营模式的含义

一般而言，企业经营模式是指企业根据自己的经营宗旨，为实现企业所确认的价值定位所采取的某一类方式方法的总称，主要包括企业对自己在产业链中所处位置、业务范围、竞争战略等的选择。鉴于房地产经纪机构在房地产产业链中的位置已相对固定，即处于房地产产业链中的市场流通环节。而房地产经纪机构的业务范围可以是住宅经纪业务或是商业用房经纪业务；可以是存量房地产经纪业务，也可以是新建商品房经纪业务等。这里所讲的房地产经纪机构的经营模式，是从非常具体的层面来讲的，是指房地产经纪机构在业务范围已确定的情况下，具体承接及开展房地产经纪业务的渠道及其外在表现形式。房地产经纪机构的经营模式与房地产经纪机构自身的业务类型、企业规模、企业地位以及当地的社会、经济状况有密切关系。

根据房地产经纪机构是否有店铺，可将房地产经纪机构的经营模式分为无店铺模式和有店铺模式两大基本类型；根据房地产经纪机构下属分支机构的数量及分支机构的商业组织形式，可将房地产经纪机构的经营模式分为单店模式、多店模式和连锁经营模式，其中连锁经营模式又可根据房地产经纪机构与分支机构的关系分为直营连锁经营模式和特许加盟连锁经营模式。值得注意的是，单店模式和多店模式中的"店"并不是指"门店"，而是指作为经纪机构经营活动的具体组织单元，它可以是经纪机构下属的分支机构（以门店或非门店的形式），也可以是独立的房地产经纪公司。

(二) 房地产经纪机构经营模式的类型

1. 无店铺经营模式

无店铺经营模式是指房地产经纪机构不依靠店铺来承接业务，而是主要由房地产经纪人员乃至房地产经纪机构的高层管理人员走出自己的企业，直接深入各种场所与潜在客户接触来承接业务的一种经营模式。房地产经纪机构是否采取这种经营模式，受多方面因素的影响。

首先是客户类型。如果企业的客户主要是机构客户或大宗房地产的所有者，

因为这类客户数量有限性，房地产经纪机构则没有必要专门设立店铺，也不可能通过店铺"坐等客来"，而是需要房地产经纪人员主动拜访潜在客户，或专程邀请潜在客户到办公室或其他场所进行洽谈，并承接委托。

其次是房地产经纪机构所在地的社会经济特征。如在美国，虽然房地产经纪机构的业务以存量房经纪业务为主，所面向的客户主要是分散的业主，但房地产经纪机构基本上不设店铺而是在一个办公楼里设置一个办公室来开展业务。这里原因主要有三个方面：一是美国的地理和人口特征。美国地广人稀，私家车是主要的交通工具，使用公共交通工具的人不多，大多数街道上都是川流不息的车辆，而且，很少有人会无目的地在街道上流连、驻足，房地产经纪机构设置"店铺"就没有太大的意义。二是美国独特的职业从业形式——独立合同制。在美国，房地产经纪机构并非房地产经纪业务经营的直接组织者，实质上是为房地产经纪人员提供服务的机构。房地产经纪人通常以独立合同者（Independent Contractor）的身份从业，他们并不受雇于某个机构，不是按工作的时间从某个机构领取报酬，而是按其与某个机构签订的合同，从其职业活动的收入中分成。按照美国各州的法律，每一个房地产经纪人的执业执照必须归于某一执业经纪人（Broker）——即某房地产经纪公司创立者的名下，所签订的所有合同，必须以该公司的名义，每一份合同以及过户文件均要在该公司备案；客户支付的佣金也是进到该公司的账户，然后由公司根据与房地产经纪人事先签订的合同所约定的比例分配给经纪人；如果消费者要起诉经纪人，一般也是起诉公司，公司对手下的经纪人负100％的责任。同一家房地产经纪机构内的每一个房地产经纪人，都是独立的职业人，各自独立地获得与开展业务，没必要也不可能在同一个店铺中承接业务。三是MLS系统（Multiple Listing System）。美国房地产经纪行业广泛采用MLS系统，这一系统实现了房地产经纪人员在整个行业层面的信息共享，是房地产经纪人获取及开展业务的主要渠道，因此，也就不需要店铺这种形式了。

目前在我国，采用无店铺经营模式的主要是以新建商品房经纪业务或存量商业地产租售代理业务为主的房地产经纪机构，它们的客户主要是机构客户，如房地产开发商、商业房地产业主等。这类客户在发包租售代理业务之前，通常会组织项目招标，房地产经纪机构通过投标、中标而获得委托业务。还有某些大型品牌房地产经纪机构，凭借自身的行业地位或综合优势，通过与大型房地产开发商建立战略合作关系，持续获得商品销售（租赁）代理业务。

2. 单店经营模式

单店经营模式是指房地产经纪机构直接从事房地产经纪业务的经营，没有下设的分支机构。这是有店铺经营模式中最简单的一种形式，即该机构只有一家门店。这是我国目前大多数小型房地产经纪机构所采用的模式，数量约占房地产经纪机构总量的三分之一。

3. 连锁经营模式

连锁经营模式是指房地产经纪机构通过众多直接经营组织单元统一运营管理模式、统一品牌标志和宣传、统一人员培训，并通过机构内部的信息系统进行一定的信息共享，扩大企业的服务范围，从而获得规模效益的一种经营模式。连锁经营模式最早出现在商品零售业。由于企业规模大，能够批量采购与销售，使其商品的进价成本和售价均较低，从而获得较大的销售量和销售利润。在连锁经营模式中，每家连锁店都采用统一标准的商店门面和平面布置，以便于顾客识别和购物，并增加销售量。连锁经营还能够有效地克服零售企业由于店址固定、顾客分散造成的单店规模小、经营成本高等缺点，使企业可通过统一的信息管理、统一的标准化管理和统一的广告宣传形成规模效益。后来这一模式广泛进入各类服务业。目前国内外规模化房地产经纪机构普遍采纳连锁经营模式。

在连锁经营模式中，房地产经纪机构与直接从事经营活动的组织单元之间的关系有两种。一种是隶属关系，即直接从事经营活动的组织单元隶属于房地产经纪机构，是由其出资设立的分支机构，这种连锁经营称为直营连锁经营；另一种是契约合作关系，即直接从事经营活动的组织单元是被房地产经纪机构授权使用其品牌、商业标识、管理模式或其他知识产权的独立企业，这种连锁经营通常被称为特许加盟连锁经营。特许加盟连锁经营是连锁经营与特许经营相结合的一种经营模式，最早起源于美国，到目前为止已在包括餐饮、零售、房地产经纪等多个行业中得到广泛应用，是现代经济中发展最快和渗透性最强的商业模式。目前，直营连锁经营是我国各类房地产经纪机构较多采用的一种连锁经营模式；特许加盟连锁经营模式在以存量住房经纪业务为主的房地产经纪机构中有所采用。

由于直营连锁与特许加盟连锁经营各有利弊，一些大型房地产经纪机构就实行了两者并举的混合连锁经营。即在拥有数个分支机构的同时，授权其他房地产经纪机构经营与分支机构同样的业务。如美国 21 世纪不动产、Coldwell Banker 和 Re/Max 这三大房地产经纪公司中，除了 21 世纪不动产采用单一的特许加盟连锁经营模式外，其他两家公司都采用了直营连锁与特许加盟连锁并举的混合经营模式。目前，我国大型房地产经纪机构中也开始采用直营连锁经营与特许加盟连锁经营并举的混合经营模式。甚至 21 世纪（中国）不动产，也放弃了其母公司一贯坚持的单一特许加盟连锁经营模式，改用直营连锁经营与特许加盟连锁经营混合的连锁经营模式。

4. 联盟经营模式

近两年来，我国房地产经纪行业内还出现了一种新的经营模式——由一家大型房地产经纪机构（发起机构）联合众多中小房地产经纪机构乃至较大型房地产经纪机构组成一个统一名牌、由发起机构统一提供房源公盘系统、招聘、培训、房地产经纪业务信息系统、签约与过户交易服务、贷款与金融服务、法务咨询服务等，各经纪机构独立经营运作的"平台＋众机构"的联盟经营模式。这一模式不同于加盟连锁经营模式，发起机构只是提供平台和服务，不对加入联盟的机构进行业务管控，加入联盟的机构不是发起机构的附属，而是独立存在和运营的主体。例如易居房友，就是这样一种模式，2016 年 1 月启动以来，发起机构易居中国向加入机构提供"易居房友"品牌、二手房软件平台、新房联动项目资源、员工招聘与培训服务以及各种增值服务（如家居装饰、融资、社区服务等）资源，至 2018 年 1 月，平台入驻门店已突破 4000 家。这一模式有利于帮助中小房地产经纪机构克服自身因规模限制而存在的多种困难，同时也有助于规范其业务运作。

二、直营连锁与特许加盟连锁经营模式的比较

房地产经纪直营连锁与特许加盟连锁经营模式虽然都属于连锁经营，具有一定的共性，但两者的差异也是非常明显的（见表 3-1）。

直营连锁与特许经营连锁的差异　　　　　表 3-1

项　　目	直营连锁	特许经营
连锁经营组织与房地产经纪机构的关系	资产隶属关系	契约合作关系
连锁经营组织的资金	房地产经纪机构投资	加盟者投资
连锁经营组织的经营权	非完全独立	完全独立
房地产经纪机构对连锁经营组织的管理	行政管理	合同约束与沟通督导
房地产经纪机构与连锁经营组织的经纪关系	收入、支出统一核算	各自独立核算；连锁经营组织按特许经营合同向房地产经纪支付加盟费

直营连锁模式的优点是：①所有权与经营权的统一，加上采用直接行政管理的管理制度，对旗下连锁店的可控程度高，有利于机构制度的贯彻执行；②信息搜集范围扩大，信息利用率高，在房源、客源不断增加的同时提高了双方的匹配速度，使得成交比例提高；③对员工的统一培训和管理，使业务水平提高，客户

信任度增大，竞争能力相应提高，同时，完善的培训体系和较大的发展空间可以留住很多优秀的员工。但是，当直营连锁经营发展到较大规模时，其缺点就逐渐显现：①由于直营连锁不仅是经营模式的克隆，还是资本的扩张，每一家连锁分店的扩充，都是由总店直接投资，在企业发展到一定阶段后，容易出现总店资金周转不灵的情况；②而且在跨区域扩张的时候，还经常出现时间、地域、地方法规、文化等方面的限制，对企业的发展产生了一定的制约；③由于各直营连锁店的自主权力较少，连锁店的工作积极性不高，不利于企业的长期发展。

相比之下，特许经营模式在这方面的优势非常明显：①对于特许人而言，可以不受资金的限制迅速扩张，品牌影响可以迅速扩大；②在房地产经纪全球化的趋势下，可以加快国际发展战略；③可以降低经营费用，集中精力提高企业的管理水平；④由于特许加盟者财务上自负盈亏，在市场发生变化的情况下，加盟者承担主要风险，降低了特许者的风险。对加盟者而言，投资创业风险较低，特许经营模式有效地解决了他们经验缺乏的弊端，一旦加盟，就可以得到一个已被实践检验行之有效的商业模式和经营管理方法，以及一个价值很高的品牌的使用权，并可以得到特许授权者的指导和帮助；由于加盟者拥有较多的自主权，能够最大限度地发挥其积极性、主动性和创新性，有利于企业的长期发展。根据美国全国房地产经纪人协会（NAR）的调查，一个新成立的房地产经纪机构，生存期通常是 5 年，而特许加盟的房地产经纪机构生存期通常在 10 年以上，原因就是特许人对于这些机构的支持。正是由于上述的优势，特许加盟连锁经营模式在美国取得了骄人的业绩：全美该类机构数量仅占房地产经纪机构总数的 30%，但交易额达到了房地产经纪行业总交易额的 60% 左右。

但是，特许加盟连锁经营模式对特许人的管理水平、知识产权保护的制度环境和社会诚信氛围的有很高的要求。如果特许人没有一套严密、高效的管理制度，或者管理水平的提升跟不上加盟机构的发展速度时，容易造成整个体系的脱节和分散。另一种情况是，当特许加盟连锁经营企业进入一个新的环境，如果该环境缺乏保护知识产权的法律、法规体系，或者社会诚信氛围欠佳，就会出现特许人对加盟者的管理失控，轻则不能收到经营授权的正常收益，重则会由于少数加盟者的不规范经营而损害特许人的品牌价值。

房地产是地域性最强的商品，且中国幅员辽阔，地区差异明显，因此在我国推行特许经营业务模式，必须融合本土文化，借助区域化、本地化的发展，加强品牌意识，提升服务水平，在促进整个行业规范化发展的同时，为特许经营的开展创造有利的外部条件。

三、房地产经纪机构经营模式的演进

（一）境外房地产经纪机构经营模式演进

从主要发达国家（地区）房地产经纪行业发展的历史来看，早期的房地产经纪活动大多以房地产经纪人员的无固定场所、移动式活动为主，后来逐步出现了固定的经营场所。鉴于特许经营模式的诸多优势，特许经营模式在 20 世纪 70 年代的美国一经出现，便引起了房地产经纪行业的普遍关注并得以发展壮大；进入 20 世纪 90 年代之后，在特许经营模式迅猛发展的同时，由于行业内边际利润降低、经纪人数量有所减少、加上经纪机构所面临的网络经济的冲击，美国的房地产经纪机构开始出现两极分化的现象：一方面是连锁经营的大型、超大型房地产经纪机构的不断壮大，另一方面则是为数众多的采用单店模式甚至单人模式的小型房地产经纪机构蓬勃发展。由于美国房地产经纪行业管理的规范性和有效性，加上房地产经纪行业组织所提供的信息共享系统（MLS 系统服务）以及全面、系统的在职培训，使得小型房地产经纪机构在服务效率、人员素质等方面也能够得到支持和保障。因此，多种经营模式长期并存是房地产经纪业发展的必然趋势。

（二）中国大陆房地产经纪机构经营模式演进

从中国大陆地区房地产经纪业的发展历史来看，新中国成立前的房地产经纪活动也无固定场所。改革开放以后形成的房地产经纪机构开始有了固定的经营场所，其中，以存量房经纪为主的机构，在港台房地产经纪机构的示范效应下，基本都采用了有店铺的经营模式。由于行业形成初期成立的企业绝大多数是小型企业，因而采用的大多是单店模式。此后，随着房地产市场的发展，一部分房地产经纪机构逐步壮大，从单店模式发展到区域性的小型直营连锁，即在城市某个区域内设立多个分支机构，进行小规模的连锁经营。在连锁经营规模效应的推动下，企业逐渐发展为区域中型、区域大型直营连锁，甚至是跨区域大型直营连锁。与采用单店模式的房地产经纪机构相比，采用连锁经营模式的房地产经纪机构更加注重内部管理和品牌宣传，所提供的经纪服务在专业性、规范性和安全性上都有所提高，更能满足中、高端客户的需求。近十年来，在我国沿海发达地区的特大城市，房地产经纪服务的对象呈现出两个变化趋势：一是购房群体中高收入群体比重加大；二是置业投资购房客户群体增加。而这两类客户对房地产经纪服务的"专业"、"高效"、"规范"要求更高，对房地产经纪服务的价格敏感度却相对较低。因此，房地产经纪连锁经营模式获得了良好的市场条件，并得以快速发展。目前已出现了拥有数千家经纪门店的超大型连锁经营机构。但是，一方面

由于我国房地产经纪业发展的区域不平衡性，另一方面也由于房地产经纪服务对象消费偏好的差异性，单店经营模式以其低成本优势，在中小城市以及大城市的低价位房地产市场中仍占据着一定的市场份额。

第三节　房地产经纪机构的组织系统

一、房地产经纪机构的组织结构形式

（一）企业的组织结构

企业的组织结构是企业组织内部各个有机构成要素相互作用的联系方式或形式。组织结构是企业资源和权力分配的载体，它在人的能动行为下，通过信息传递，承载着企业的业务流动，推动或者阻碍企业使命的进程。由于组织结构在企业中的基础地位和关键作用，企业所有战略意义上的变革，都必须首先在组织结构上开始，以求有效、合理地把企业内的全体成员组织起来，为实现共同目标而协同努力。

（二）房地产经纪机构的组织结构形式

房地产经纪机构的组织结构是指其企业内部的部门设置及其相互关系的基本模式。对于小型的房地产经纪机构而言，其内部的组织结构较为简单，对机构的经营影响不大。而对规模较大，特别是大型房地产经纪机构而言，其内部组织结构的合理与否，对机构的运作效率有很大影响。以下主要介绍大中型房地产经纪机构的内部组织结构。

1. 直线—职能制组织结构形式

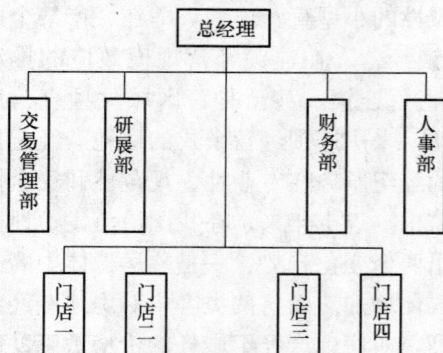

图 3-1　房地产经纪机构"直线—职能制"组织结构图

直线—职能制（Lineand Function System）又称直线—参谋制（Line and Staff System），是一种被广泛采用的企业组织结构形式。其特点是为各层次管理者配备职能机构或人员，充当各级管理者的参谋和助手，分担一部分管理工作，但这些职能机构或人员对下级管理者无指挥权（见图3-1）。这种形式的优点在于：①职能机构和人员一般是按管理业务的性质（如销售、企划、财务、人事等）分工，分别从事专业化管理，

能够较好地弥补管理者专业能力的不足，并减轻管理者的负担；②这些职能机构和人员只是同级管理者的参谋和助手，不能直接对下级发号施令，从而保证管理者的统一指挥，避免了多头领导。这种形式的缺点是：①高层管理者高度集权，难免决策迟缓，对环境变化的适应能力差；②只有高层管理者对组织目标的实现负责，各职能机构都只有专业管理的目标；③职能机构和人员相互间的沟通协调性差，各自的观点有局限性。

2. 事业部制组织结构形式

对于一些大型或特大型的房地产经纪机构而言，由于企业规模很大，业务繁多，不适于采用高层管理者高度集权的直线—职能制形式，就需要采用事业部制形式或分部制（Division System）。这一形式的特点是在高层管理者之下按商品类型（如住宅、办公楼、商铺）、地区（如东城区、西城区、南城区、北城区）或顾客群体设置若干分部或事业部，由高层管理者授予分部处理日常业务活动的权力，每个分部近似于一个小组织，可按直线—职能制形式建立其结构。高层管理者仍然要负责制定整个组织的方针、目标、计划或战略，并将任务分解到各分部，在他下面仍可按管理业务性质分设非常精干的职能机构或人员，对各分部的业务活动实行重点监督（见图3-2、图3-3）。

这种结构形式的优点是：①各分部有较大的自主经营权，有利于发挥各分部管理者的积极性和主动性，增强其适应环境变化的能力，由于房地产市场具有很

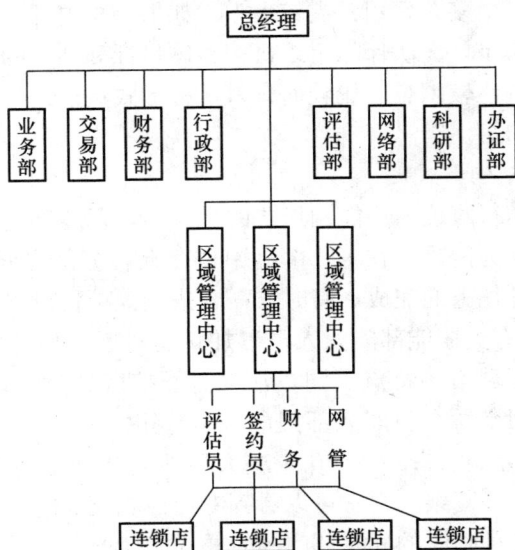

图 3-2　房地产经纪机构事业部制组织构架示意

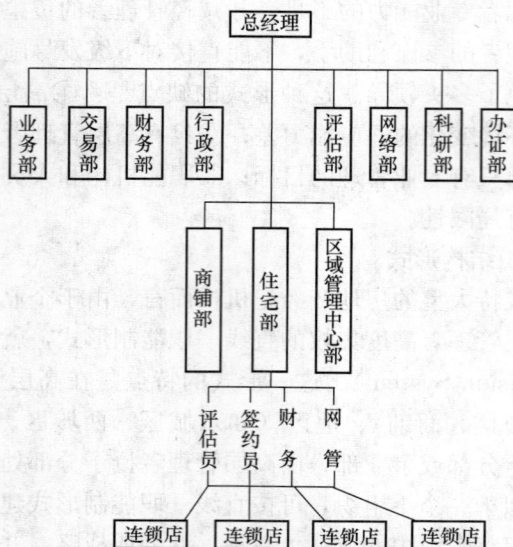

图 3-3 某房地产经纪机构事业部制组织构架示意

强的地域性、细分市场纷繁复杂，这一点尤为重要；②利于高层管理者摆脱日常
事务，集中精力抓全局性、长远性的战略决策。这种结构形式的缺点是：①职能
部门重叠，管理人员增多，费用开支较大；②如果机构内部权利分配不恰当，容
易导致各分部各行其是，无法保障组织机构整体目标和利益的实现；③各分部之
间的横向联系和协调比较困难。比较而言，这种形式更适用于特大型组织，在采
用时也应注意扬长避短。

3. 矩阵制组织结构形式

如前所述，在实行直线—职能制形式的机构中，职能部门按管理业务性质分
设，横向沟通协调较为困难；在事业部制中也存在各分部之间难以协调的问题。
为了通力协作，保证任务的完成，有时候需要按楼盘项目设置临时性的机构（如
某楼盘项目组），由有关职能部门派人员参加。而对于大型房地产经纪机构，由
于业务量大，不同区域市场特点不同，常常需要按区域分片设置常设性管理部
门，并通过这些部门来整合各职能部门的人员。矩阵制（Matrix System）的组
织结构形式由此产生（见图 3-4）。在一些大型的复合型房地产经纪机构中，这
种矩阵制组织结构更为复杂，常常可以看到专业性职能部门、按房地产类型或区
域分设的事业部和各种临时的项目部门同时并存的情况。

采用这种结构形式时，由职能机构派出、参加横向机构（事业部或项目组）

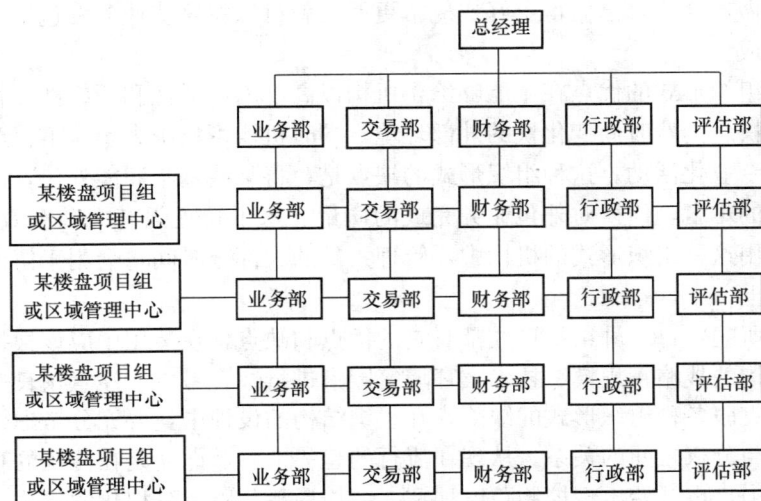

图 3-4 某房地产经纪机构矩阵制组织构架示意

的人员，既受所属职能机构领导，又接受横向机构领导。这就有利于加强横向机构内部各职能人员之间的联系，沟通信息，协作完成横向机构的任务。事实上，矩阵制是介于直线—职能制与事业部制之间的一种过渡形态。它试图吸收这两种形式的主要优点而克服其缺点，但是矩阵制的双重领导违反了统一指挥原则，又会引起一些矛盾，导致职责不清、机构间相互扯皮的问题，所以在实际运用中高层管理者必须注意协调职能部门与横向机构间的关系，避免可能出现的矛盾和问题。

4. 网络制组织结构形式

网络制（Network System）是一种最新的组织形式。在这种组织机构中企业总部只保留精干的机构，而将原有的一些基本职能，如市场营销、生产、研究开发等工作，都分包出去，由自己的附属企业或其他独立企业去完成。在这种组织形式下，企业成为一种规模较小，但可以发挥主要商业职能的核心组织—虚拟组织（Virtual Organization），依靠长期分包合同和电子信息系统同有关各方建立紧密联系。与传统的组织结构形式中机构的各项工作需要依靠各职能部门来完成的情况截然相反，在网络制组织结构形式下，经纪机构从组织外部寻找各种资源，来执行各项职能。

例如，房地产经纪机构可以将有些业务发包出去，特别是一些与经纪业务密切相关的业务，如权证代办业务等，房地产经纪机构如果认为某些业务由某些专业机构来做，会比自己做得更好或成本更低，就可以将这些业务发包给这些专业机构来完成。

这种组织形式的优点在于能够给予机构以高度的灵活性和适应性，特别适应科技进步快、消费时尚变化快的外部环境；同时机构可集中力量从事自己具有竞争优势的专业化活动。这种组织形式的缺点是，将某些基本职能外包，必然会增加控制上的难度，使得对外包业务完成的质量和水平缺乏强有力和有效的控制。因此，采用这种组织形式的机构中，管理人员的大部分时间将会用于协调和控制外部关系上。

综上所述，每一种组织形式都有它的优点和缺点，在运用中应该根据实际情况包括机构的战略、规模、技术、环境等因素进行综合考虑，注意扬长避短，灵活运用，克服各种组织形式的缺陷。在组织结构的设计中，要充分考虑控制跨度以及集权与分权之间的关系。从现在流行的趋势来看，即使是在传统的直线—职能制结构中，也开始出现控制跨度加宽，结构扁平化以及分权化的趋势。这些变化趋势都是为了应付激烈竞争情况下市场的千变万化，力求尽快做出反应，强化组织结构形式的灵活性。

二、房地产经纪机构的部门设置

不同类型的房地产经纪机构，如主营房地产代理业务的机构与主营房地产居间业务的机构，其部门设置会有很大差异，但不论这种差异有多大，各类房地产经纪机构内的部门不外乎四类：业务部门、业务支持部门、客户服务部门和基础部门。以下介绍这四类部门的一些可供选择的具体形式。一个新设立的房地产经纪机构可以根据自身的情况选择具体的部门形式。

（一）业务部门

业务部门一般由隶属于房地产经纪机构总部的业务部门和分支机构（主要是连锁店）构成。

1. 公司总部的业务部门

在没有连锁店的经纪机构中，业务部门是直接从事经纪业务的部门。而在有连锁店的经纪机构中，其业务部门的主要工作是业务管理和负责规模较大的业务项目。两者会略有不同。一般情况下，公司总部的业务部门也可以根据需要进行不同的设置。

（1）根据物业类别不同进行设置。由于不同类型的房地产在交易过程中客户对象、需求、交易手续等许多方面都具有不同的特性，因此，可以根据房地产类型来设置房地产经纪机构的业务部门，如住宅部、办公楼部、商铺部等。每一个部门负责各自类型的房地产经纪业务。

（2）根据业务类型不同进行设置。例如根据业务类型不同可以划分为买卖业务部、租赁部等部门。

（3）根据业务区域范围进行设置。例如根据业务覆盖区域不同划分为东区业务部、西区业务部、南区业务部、北区业务部等。

2. 连锁店（办事处）

一般在连锁店（办事处）必须有一名以上的取得房地产经纪人职业资格或两名以上取得房地产经纪人协理职业资格并登记的房地产经纪人员。

（二）业务支持部门

业务支持部门主要是为经纪业务开展提供必需的支持及保障的部门，包括交易管理部、网络信息部、研究拓展部、权证部等。这些部门的设置可以根据公司规模等实际情况的不同做一定的调整。

1. 交易管理部

房地产经纪机构要对所属经纪人的行为承担法律责任。交易管理部门主要负责对房地产经纪人与客户签订的合同进行管理，保障交易安全，维护房地产经纪机构的利益。

2. 网络信息部

主要职责就是负责信息系统软硬件的管理和维护。

3. 研究拓展部

主要职能包括负责市场调查分析，制定业务调整方案，研究开发新业务品种等。

4. 权证部

主要职能包括负责为客户到房地产交易中心办理房地产权过户、合同登记备案，以及协助客户办理有关商业贷款、公积金贷款申请手续等。

5. 法务部

主要职能包括负责草拟房地产经纪合同文本，审校机构一切对外合同，为客户提供法律咨询。

（三）客户服务部门

客户服务部门的工作是综合性的。它的主要职能既包含客户服务，同时也包括对房地产经纪人员业务行为的监督。客户服务部门是机构对外的窗口，也是获得社会认可的重要渠道，是房地产经纪机构形象的代表。而对房地产经纪人员行为的监督则是保证经纪人在提供服务时能够严格按照机构的要求提供规范服务的有效手段。

（四）基础部门

基础部门主要是指一些常设部门，如行政部、人事部、培训部、财务部等。

行政部主要负责机构的日常行政工作和事务性工作。

人事部主要负责人事考核、人员奖惩，制定员工培训方案，制定员工福利政策等事务。

培训部负责人员培训组织及培训考核。

财务部主要负责处理公司内的账务以及佣金、奖金结算等工作。

三、房地产经纪机构的岗位设置

（一）岗位设置原则

"因事设岗、因岗设人"是企业内部岗位设置的基本原则，这一原则要求以机构的业务流程为基础，在对业务流程进行细致分析的基础上定编定员，保证每一个岗位都有明确清晰的功能，并且能够充分发挥员工的作用。房地产经纪机构在进行岗位设置时应该详细、清晰和准确地描述这个岗位应该具体做哪些工作，这种描述不应该是笼统的，应该阐明主要工作职责、主要目标、任职条件、培训需求、职业规划等。没有描述或描述笼统是我们在岗位设置中经常容易犯的错误，而其直接后果是职责不明确而带来岗位设置重叠、工作相互推诿和效率低下。

工作丰富化是企业岗位设置时不容忽视的另一条原则。在岗位设置中，我们会容易过分强调岗位和工作分工的专业化，造成每一个岗位的工作内容过于固定、呆板，这种设计不利于员工的成长，也不利于员工主观能动性的发挥。而工作丰富化是指工作内容的纵向扩展，使员工所做的活动具有完整性，增强员工的自由度和独立性，增强员工的责任感。同时通过及时的工作反馈，使员工了解自己的绩效状况，并加以改进。

（二）主要岗位

1. 业务序列

（1）业务员岗位

直接上级：门店经理（存量房经纪机构）或是案场销售经理（新建商品房营销代理机构）。

主要岗位职责：

1）负责客户接待、咨询工作，为客户提供专业的房地产置业咨询服务；

2）了解客户需求，提供合适房源，进行商务谈判；

3）陪同客户看房，促成房产买卖或租赁业务；

4）负责公司房源开发与积累，并与业主建立良好的业务协作关系；

5）掌握客户需求，发掘及跟进潜在客户，做好对客户的追踪、联系；

6）热情接待，细致讲解，耐心服务，为客户提供满意的服务；

7）负责市场信息的反馈，定期对销售数据及成交客户资料进行分析评估，提交销售总结报告；

8）协助经纪门店经理或案场经理处理一般日常事务；

9）协助维护经纪门店或售楼处现场设施的完好及清洁。

（2）经纪门店经理岗位

直接上级：销售副总经理。

主要工作包括：

1）根据公司的授权负责该连锁店业务的运营及管理；

2）执行公司的有关业务部署；

3）负责对连锁店人员的管理和工作评估并及时将有关情况报告公司的有关部门。

（3）商品房销售案场经理岗位

直接上级：销售副总经理或营销总监。

主要岗位职责：

1）负责本项目销售楼盘的销售管理、代理项目运营管理、案场现场管理及团队管理工作；

2）负责年度销售目标制定、分解，根据销售计划，参与制定和调整销售方案、宣传推广方案，并负责具体销售方案实施；

3）负责项目案场销售工作的组织、实施和销售数据汇总与分析；

4）负责销售团队内部建设及对业务员的督导和培训；

5）负责销售渠道和客户服务管理，做好项目解释，及时处理案场各类突发问题，保证公司利益；

6）评估销售业绩。

（4）销售副总经理岗位

直接上级：总经理。

主要工作包括：

1）负责领导经纪门店或销售案场经理的工作，对各个案场实施宏观管理、控制；

2）负责销售员及各种资源在各案场中的调配；

3）负责组织各项目的前期谈判和准备工作，以及项目营销方案的审定；

4）负责销售员、案场经理的佣金发放、审核等工作。

2. 研发序列

在研发系列中，各岗位的直接上级均为所在部门的部门经理。

（1）项目开发岗位

主要工作是捕捉商机，即针对各种渠道得来的信息进行项目跟踪，与潜在客户（如房地产开发商）进行初步洽谈，形成某种意向后提交给上级。

（2）市场调研岗位

主要工作包括专案市场调研、热点楼盘市场调研、开发市场调研等。专案市场调研是指针对公司项目所做的市场调研工作；热点楼盘市场调研指围绕市场上新开项目、比较大型个案等做的市场调研工作；开发市场调研则是指通过日常的市场调研对未开盘个案、地块等信息的积累来为项目开发做一定的基础工作。

（3）信息管理岗位

主要工作是负责管理公司内部初期的商机信息及收集工作。

（4）专案研究岗位

主要工作是对公司项目进行市场专案研究，并撰写研究、策划报告。

（5）市场研究岗位

主要工作是针对房地产市场情况，包括供求情况、交易情况、政策法规等进行总体研究，并撰写研究报告。

3. 管理序列

（1）部门经理岗位

直接上级：分管副总经理。

主要工作是具体负责房地产经纪机构内各部门的工作计划制定、工作安排，监控各部门的工作进度，考核本部门的工作人员。

（2）副总经理岗位

直接上级：总经理。

主要工作是参与机构整体工作计划的制定，协助总经理分管房地产经纪机构内某一个或几个方面工作。

（3）总经理岗位

主要工作是负责房地产经纪机构的全面管理，包括组织制定和调整机构经营模式、内部组织结构、内部管理制度和任免各岗位的工作人员等。总经理对董事会（有限责任公司或股份责任公司）或投资人（合伙企业）负责。

4. 业务辅助序列

（1）办事员岗位

直接上级：所在部门的部门经理。

主要工作包括代办产权登记、不动产登记信息查询、抵押贷款代办等。

（2）咨询顾问岗位

直接上级：所在部门的部门经理。

主要工作是为客户提供信息、法律等方面的咨询。

5. 辅助序列

主要包括会计、出纳，较大规模的房地产经纪机构内通常还有秘书、前台接应、保安、司机、保洁员等岗位以辅助机构的正常运行。

复习思考题

1. 如何认识房地产经纪机构的特点？
2. 房地产经纪机构主要有哪些类型？
3. 房地产经纪机构的设立程序有哪些，应符合什么样的条件？
4. 房地产经纪机构设立需要哪些条件和程序？
5. 房地产经纪机构的主要权利和义务是什么？
6. 房地产经纪机构与房地产经纪人员之间的关系是怎样的？
7. 房地产经纪机构的经营模式有哪些？
8. 房地产经纪直营连锁经营与特许加盟连锁经营模式各自的优缺点是什么？
9. 房地产经纪机构的组织结构有哪些形式？
10. 房地产经纪机构内通常有哪些部门？
11. 房地产经纪机构内的主要岗位有哪些？
12. 房地产经纪机构内部岗位设置的基本原则是什么？

第四章　房地产经纪机构的企业管理

从一般意义上来说，企业管理是指通过计划、组织、控制、激励和领导等环节来协调人力、物力和财力资源，以期更好地达成组织目标的过程。房地产经纪机构的企业管理是指房地产经纪机构对其房地产经纪业务活动进行计划、组织、指挥、监督和调节等一系列职能的总称。房地产经纪机构的管理水平不仅直接影响到其自身的运作效率，制约着企业的发展，同时还影响到整个房地产经纪业的运行质量和服务水平。本章从房地产经纪机构的战略与品牌管理、人力资源与客户关系管理、运营管理和风险管理四个方面分别阐述房地产经纪机构企业管理的主要内容和主要方法。

第一节　房地产经纪机构的战略与品牌管理

一、房地产经纪机构的战略管理

（一）房地产经纪机构战略管理的含义

房地产经纪机构的战略管理是指房地产经纪机构确定其使命，根据组织外部环境和内部条件设定企业的战略目标，为保证目标的正确落实和实现进行谋划，并依靠企业内部力量将这种谋划和决策付诸实施，以及在实施过程中进行控制的一个动态管理过程。企业战略管理的含义可以从两个方面加以理解和把握：一是企业战略管理不仅涉及战略的制定和规划，而且也包含着将制定出的战略付诸实施的管理，因此是一个全过程的管理；二是企业战略管理不是静态的、一次性的管理，而是一种循环往复的动态管理过程，需要根据外部环境的变化、内部条件的改变，以及战略执行结果的反馈信息等，不断进行新一轮战略管理的过程，是不间断的管理。战略管理的任务就是通过战略制定、战略实施和日常管理，在保持这三者之间动态平衡的条件下，实现企业的战略目标。

（二）房地产经纪机构战略管理的内容

对于房地产经纪机构而言，其战略管理主要包括以下几个方面的内容：

1. 明确企业使命

　　企业使命包括企业的经营哲学、理念、宗旨等，它定义了企业所能提供的产品与服务，所开展的技术创新、市场营销等活动的性质与范围，是企业一切决策与活动所应遵循的指南与基础。虽然不同房地产经纪机构的使命有所不同，但其本质内容应该是相同的。现阶段，房地产经纪机构总的使命应该是以勤勉尽责的态度，遵循房地产经纪执业规范，以向委托人提供规范、优质、高效的专业服务为宗旨，促成合法、安全、公平的房地产交易。其具体使命可以是多种多样的，如将房地产经纪机构建成"沟通买卖双方的桥梁"、"专业化服务的提供者"、"为买卖双方节约时间、精力和金钱"、"更好地满足人们住房的需求"、"交易安全的保障者"等。

　　2. 外部环境与内部条件分析

　　战略制定的要点在于达到外部环境与内部条件的动态平衡，即要在了解外部环境和内部条件的基础上进行合理选择和配置。房地产经纪机构在制定发展战略时需要判别哪些方面会带来机遇，机构内部条件是否充足，资源配置是否合理，以应对环境的挑战，充分利用可能的机遇。整体上看，房地产经纪机构的外部环境分析通常包括三个方面：一是宏观环境分析，包括相关法律法规、行业发展政策、经济发展状况、投融资环境等方面的分析和研究。二是微观行业环境分析，包括市场供求状况、竞争对手的状况、消费者需求等情况的分析。三是市场分析，包括本地市场现状、市场成熟度、市场发展趋势等情况的分析。通过外部环境分析，在总体把握房地产经纪机构经营环境的基础上，识别出企业潜在的机会和风险，挖掘出企业发展的内在驱动力。而对机构内部条件的分析则侧重于对机构所拥有的资金、信息、人力等资源的数量以及资源运用能力的分析。

　　3. 制定战略目标

　　一个好的战略目标通常具有四个特征：时限性、确定性、综合性和现实性。时限性是指目标的完成有明确的期限。确定性是指目标的可计量性，能用具体的指标加以描述，但由于战略目标主要是定性指标，其确定性主要是指对目标的理解、执行、考核的认识是明确一致的。综合性和现实性是指企业的战略目标是企业整体实力的体现，并与企业当前的具体实际紧密结合，具有可操作性。

　　房地产经纪机构在制定其长期目标和短期目标时必须基于外部环境和内部条件，恰当的目标设置应遵循有一定难度，但仍在可能范围之内的原则。远期目标包括市场地位、业务领先程度、市场占有目标以及市场拓展计划等，近期目标则包括企业的财务指标、门店数量、业务数量、人员数量、区域知名度等。

　　4. 业务领域选择

　　业务领域选择是指企业现在已经提供的产品与服务的领域以及在未来一定时

间内拟进入或退出、支持或限制的某些业务领域，它为企业活动确定了界限，也因此为企业规定了某种环境界限。在某种程度上，它类似于商业计划中的市场选择，但战略层面的定位更具有前瞻性和全局性，而并不过多关注细节。

房地产经纪机构的业务领域选择包括区域选择、业务类型选择、市场范围选择、目标客户选择等。房地产经纪机构进行业务领域选择时，必须以其自身资源及发展前景为依据，既需要考虑到自身能力能否支撑，也要考虑到发展后期的盈利空间和可能的竞争态势等。

5. 经营模式选择

房地产经纪机构经营模式的选择包括企业组织结构、企业规模以及规模化经营方式的选择。

（1）组织结构的选择

房地产经纪机构建立什么样的组织结构，是否开设店铺主要是由其所面向的客户类型所决定的。一般而言，面向零散客户的经纪机构通常需要开设店铺，而面向机构类大型客户的经纪机构不一定要开设店铺，这就是为什么目前从事存量房居间的机构大多有店铺，而从事商品房销售代理的机构通常不设店铺的主要原因。但是，随着计算机信息技术的推广，即使是面向零散客户的经纪机构也有可能以网上虚拟店铺来代替实体店铺。如在一些特大城市出现的主要为外籍人士进行房屋租赁代理的机构，它不设店铺而是在互联网上推出专业的网页或网站，受理准备入境的外籍人士的委托，为其寻找合适的房屋，并代理其与出租方签订租赁合同等。

（2）企业规模的选择

房地产经纪机构对企业规模的选择，首先要遵循规模经济的一般原理，其次要根据房地产经纪机构的自身特点，着重考虑企业规模与以下三方面因素的匹配程度：信息资源、人力资源和管理水平。首先，房地产经纪机构以信息为主要资源，如果没有充足的客户信息和房源信息，那么开设过多的店铺或分支机构就会造成很大的浪费。其次，房地产经纪机构是服务性企业，人力资源是其最重要的资源，而且这种人力资源是专业性很强的人力资源，主要包括具有房地产经纪专业人员职业资格的业务人员和企业管理人员，因此房地产经纪机构经营规模的大小必须与其已拥有及可能拥有的人力资源实力相适应。最后，管理水平决定着房地产经纪机构在规模扩大时能否保持乃至提高其整体的服务质量和水准，所以也是房地产经纪机构在选择经营规模时必须充分重视的因素之一。管理水平一方面取决于人力资源中企业管理人员的数量和素质，另一方面还取决于房地产经纪机构是否建立了有效且相对稳定的管理模式，好的管理模式可以保证经纪机构避免因管理人员人事变动给企业管理带来的不稳定。

（3）规模化经营方式的选择

与任何企业一样，每一个房地产经纪机构都在不断谋求由小变大的发展。当房地产经纪机构发展到一定规模时，就必须认真考虑其规模化经营的具体方式，以实现规模效益的最大化。无店铺的房地产经纪机构进行规模化运作时，主要需要考虑企业内部机构的扩张、结构更新或设立更多的分支机构。而有店铺的机构通常会选择连锁经营的规模化运作方式。规模化使房地产经纪机构对资金的需求大幅增长，因此需要考虑资金的来源渠道，是在原有投资人范围内解决，还是吸收外来资金？如果选择在原有投资人范围内解决，房地产经纪机构可以采取开设分公司、全资子公司或直营连锁店的方式；如果选择吸收外来资金，则可以采取与他人合资成立经纪机构或采用特许加盟连锁经营的方式。目前，在我国一些沿海特大城市中出现了一些超大规模的房地产经纪机构，其规模化经营的方式虽然有所不同，但最主要的有直营连锁经营和特许加盟经营两种方式。

从外在形式来看，直营连锁经营和特许加盟经营都表现为统一的标识系统、统一的经营方式，但对于房地产经纪机构而言，这两种方式的内涵却有着很大的差别。

在直营连锁经营方式下，整个房地产经纪机构是在一个相对封闭的组织下进行运作，各连锁店之间虽然也可能存在利益竞争的关系，但是由于所有的连锁店都为同一机构所拥有，因此各连锁店的利益关系在整体上是一致的，各店面之间的矛盾可以通过内部的利益协调机制或者管理层的协调来解决。同时，因为各连锁店隶属于同一个所有者和管理者，所有者和管理者对各连锁店具有绝对的控制权，因此更容易管理，更容易贯彻和实施企业的经营理念。但是，随着连锁经营规模的不断扩大，这一模式对房地产经纪机构的人力、财力的要求也变得越来越高，扩张成本也相应提高。

特许加盟经营模式目前正在为越来越多的大型房地产经纪机构所接受，这些机构通过特许经营来实现低成本的高速扩张，迅速抢占更多的市场份额。但是由于每一家特许加盟连锁店都是独立拥有的，在目前我国房地产经纪服务市场尚处于发展的初期，市场竞争激烈，市场秩序有待规范，从业人员素质参差不齐的情况下，要求每一家特许加盟连锁店都按统一的标准提供服务是有一定难度的。此外比较而言，在特许加盟经营模式中实现信息共享的难度高于直营连锁模式。因此，采用特许加盟连锁模式要求房地产经纪机构必须拥有更为科学、有效的管理模式和高水平的管理队伍。

6. 战略控制

随着外部环境、内部条件的不断改变，房地产经纪机构原有的经营模式、经营区域、推广策略等都可能变得不再适应发展的需要。在这种情况下，房地产经纪机构就需要根据出现的新情况、新特点，按照企业使命，重新分析和调整具体的经营策略。特别是当外部环境和内部条件出现重大变动时，甚至可能需要对房地产经纪机构的战略决策进行相应的调整。

（三）房地产经纪机构的战略选择

房地产经纪机构的战略选择包括经营战略选择和扩张战略选择。

1. 房地产经纪机构的经营战略选择

房地产经纪机构的经营战略是指其面对激烈变化、严峻挑战的环境，为求得长期生存和发展而进行的总体性谋划。它是企业战略思想的集中体现，是企业经营范围的科学界定，同时又是企业规划（计划）制定的基础。具体地说，经营战略是在符合和保证实现企业使命的条件下，在充分利用环境中存在的各种机会以及不断创造新机会的基础上，确定企业同环境的关系，规定企业从事的事业范围、成长方向和竞争对策，合理地调整企业结构和分配企业资源。房地产经纪机构的经营战略主要有以下几种：

（1）低成本战略

低成本战略是一种以较低的总成本提供产品或服务，从而吸引广大顾客的战略。企业凭借其较低的成本，可以在激烈的市场竞争中获得有利的竞争优势。房地产经纪机构的低成本战略就是指在有效规模基础上，采取一系列措施最大限度地减少成本和费用。例如小型的房地产经纪机构，通常以几名房地产经纪人为业务骨干，以存量房市场为目标市场，以房屋租赁、买卖居间为主营业务。这类机构通常可以采用低成本战略，通过提高自身素质，面向消费者个体，利用成本小、灵活多变的优势，不断拓展业务范围。

（2）聚焦战略

聚焦战略是指房地产经纪机构把经营战略的重点集中在一个特定的目标市场上，为特定的地区或特定的客户提供特殊的产品或服务，即指企业集中使用资源，以快速增加某种产品的销售额和市场占有率。实施该战略的前提思想是：企业业务具有专一化，并且能够以更高的效率和更好的效果为某一狭窄的细分市场提供服务，从而超越在较大范围内提供服务的竞争对手。这一战略可以避免大而弱的分散投资局面，容易形成企业的核心竞争力。例如房地产经纪机构把目标客户定位在进入中国的大型知名跨国企业，经营战略的重点放在为这些跨国企业提供租房代理服务等。

（3）一体化成长战略

一体化成长战略是指房地产经纪机构利用自身的优势，使企业向深度和广度发展的一种战略。一体化成长战略有两种类型：一是纵向一体化。如具有较强优势的房地产经纪机构，通过提供房地产经纪服务的配套服务，如代办贷款、协办房地产产权转让手续等，使其服务内容向纵深发展，或是向下游联合或兼并相关服务机构组成联合体，统一规划和发展。再如房地产经纪机构根据市场需要和自身的条件，充分发挥自身在市场研究、房地产产品设计、融资能力等方面的优势和潜力，进入房地产开发领域或与房地产开发企业合并，组建经济联合体，向上游拓展企业的业务。二是水平一体化，是指房地产经纪机构兼并或联合同类同层次机构，通过规模经济加速发展的一种战略。

（4）多样化战略

1）横向多样化

横向多样化是以现有的市场为中心，向水平方向扩展服务领域，又称水平多样化或专业多样化。横向多样化有三种类型：一是市场开发型，即以现有服务为基础，开发新市场；二是产品开发型，即以现有市场为主要对象，开发新的服务类型；三是产品、市场开发型，即以新开拓的市场为主要对象，开发新的服务类型。这种战略由于是在原有的市场、产品（服务）基础上进行变革，因而新产品（服务）内聚力强，开发、生产、销售技术关联度大，管理变化不大，比较适合原有产品（服务）信誉高、市场广且发展潜力还很大的大型企业。例如一些大型房地产经纪机构开拓、新增房地产金融服务和不动产理财业务，可充分发挥房地产经纪机构的客户资源优势，在机构内部管理构架变动不大的前提下，将房地产经纪服务产业链链接到金融、理财领域。

2）多向多样化

多向多样化是指虽然与现有的产品、市场领域有关，但是通过开发完全异质的服务和市场来实现经营领域多样化。这种多向多样化包括多种类型：一是技术关系多样化，即以研究技术或生产技术为基础，以异质的服务为对象，开发异质服务，这种模式通常适合于技术密集度较高的行业中的大型企业；二是市场营销关系的多样化，即以现有市场领域的营销活动为基础，打入不同的市场，适合于技术密度不高，市场营销能力较强的企业；三是资源多样化，即以现有的物质基础为基础，打入异质产品（服务）、市场领域，求得资源的充分利用。例如易居中国，作为首家在美国上市的中国轻资产地产概念股，其创新性提出"一体两翼"商业模式，打造以房地产为主线，并在房地产上游咨询以及房地产的下游家居同时发展，通过乐居来引导客户，搭建线上支付，线下交易的房地产经纪平台；并整合上游克而瑞信息集团提供的房地产数据集成及信息咨询服务，以及下游家居房商、易居资本为客户提供涵盖家居、建材、金融等一系列的延伸服务。最终立足实现"成为中国房地产现代服务业的整合者和领导者"的战略目标。

　　3）复合多样化，即在与现行经营业务没有明显关联的市场中寻求成长的策略。如资金关系多样化，这是指一般关系的资金往来单位随着融资或增资的发展，上升为协作单位；人才关系多样化，当发现企业内部具有专利或特殊人才时，就利用这种专利或技术向新的事业发展；信用关系多样化，这是指接受金融机关的委托，重建由于资本亏本濒临破产的企业或其他经营不力的企业；联合多样化，这是指为了从现在的事业领域中撤退或者为了发展大型事业，采用资本联合的方式进行多样化经营。

　　2. 房地产经纪机构的扩张战略选择

　　长期以来，我国的房地产经纪机构主要分为两大类：以新建商品房销售代理业务为主的机构和以存量房经纪业务为主的机构。这两类机构在经营理念、经营模式、人员结构等方面均存在着较大的差异。房地产经纪机构扩张战略的选择，主要取决于企业资金实力、品牌的知名度以及企业发展的整体战略。从目前房地产经纪机构所实施的扩张战略来看，主要有以下几种选择：

　　（1）跨地域市场扩张战略

　　2000 年以后，一些特大型房地产经纪机构陆续开始实施跨地域市场扩张战略，即从其公司注册地城市向其他城市扩张的战略。在这一扩张战略的优势在于企业能够在不改变业务领域和经营模式的情况下，拓展服务地域，扩大企业的规模。我国房地产市场和房地产经纪行业发展所存在的地区差异，为这种扩张的成功实施提供了条件。采用这一扩张战略可能碰到的问题是由房地产市场的地域性所导致的"水土不服"，这一劣势可以通过强化管理以及分支机构人员本土化等手段加以解决。

　　（2）跨专业市场扩张战略

　　随着企业规模的不断扩大，一些特大型房地产经纪机构已不再满足于目前提供服务的专业市场，开始向其他专业市场扩张。在这种扩张战略中，房地产经纪机构可以充分利用自己在原有专业市场上形成的优势资源，将其经营范围扩大到其他专业市场。如原来主要经营存量房经纪业务的机构，利用自己庞大的业务门店作销售渠道，承销新建商品房；或是以新建商品房销售为主的机构，利用自己与开发商的良好关系以及在新建商品房销售中积累的大量客源，形成存量房经营的无形网络。实施跨专业市场扩张战略的机构，往往具有拟拓展市场中现有机构所不具备的资源优势和经营模式，因而具有一定的竞争优势，能够使其快速占领所进市场中的未充分开发的部分。但是，由于不同专业市场所适用的经营模式以及对从业人员的素质要求存在一定的差异，跨专业市场扩张可能会遭遇因经营模式和人员"移植"而带来的"异体排斥"问题。这就要求采用这种扩张模式的机构，要认真研究制定与拟进入专业市场相适应的经营联动、有效对接的详细可行的操作性方案。

（3）跨行业扩张战略

房地产经纪行业是房地产中介服务行业中的一个分支行业，它与同属房地产中介服务行业的房地产估价、房地产咨询在专业上具有很强的关联性和互补性。房地产经纪机构在经营过程中所积累的信息资源、社会关系资源，对房地产估价和房地产咨询业务都具有良好的支撑作用。正因为如此，在英美等西方发达国家，一些特大型的房地产服务企业往往兼营房地产经纪、房地产估价和房地产咨询等业务。在我国，一些特大型的房地产经纪机构也开始尝试跨行业的扩张。但由于我国《房地产估价机构管理办法》（2005年建设部令第142号）中规定房地产估价机构的股东必须是在本机构执业的注册房地产估价师，使得目前房地产经纪机构的跨行业扩张主要是向房地产咨询以及相关的房地产信息服务、房地产媒体（特别是网络等新媒体）扩张。

（4）综合性扩张战略

综合性扩张战略是指房地产经纪机构选择同时进行跨地域市场、跨专业市场或跨行业的扩张，这通常是个别顶尖房地产经纪机构所选择的扩张模式。这种扩张模式一方面能够在享有每种扩张模式优势的同时还能获得因不同模式叠加而产生的"整体大于部分之和"效应，另一方面也需要同时面对不同扩张模式所带来的困难和问题，是一种难度较大的扩张模式。目前在我国大陆的房地产经纪业内，已经出现超大型房地产经纪机构与超大型房地产开发企业建立战略联盟，从而实施综合性扩张的先例。

综上所述，每一种扩张模式都各有其优缺点，房地产经纪机构应根据自身的实际情况作相应的选择。大型、小型房地产经纪机构都要拓宽自己的业务或深化业务领域，但具体做法上存在差异性，对于规模较大的房地产经纪机构应在其成熟及核心领域加强上下游业务的开发，以提供全方位的房地产专业服务，努力发展成综合的房地产服务商。对于规模较小的房地产经纪机构，应注重市场细分，根据自身优势确定进入的领域，做强，做出知名度，并掌握该领域的资源优势，成为细分市场的领导者。同时，无论采用以上哪种扩张模式，都会对房地产经纪机构的资金实力、人才队伍、管理水平和研发能力提出更高的要求，以上任何一项的不足都会导致"短板效应"即木桶的最大盛水量，是由最短的那块木板所决定的，从而对企业的经营产生不良的影响。

【案例】"链家地产"的战略发展

链家成立于 2001 年，是一家综合性房地产服务公司，其业务从二手房交易经纪业务起步，逐渐覆盖租赁、新房交易、资产管理、海外房产交易、互联网平台。链家目前已覆盖北京、上海、深圳、重庆等 28 个城市，门店约 8000 家，旗下房地产经纪人员超过 15 万名。自 2010 年初，"链家地产"与 IBM 公司共同构建了基于"链家地产"战略转型的合作框架，从业务规划和 IT 规划两方面着手，重新梳理、优化业务运营和管理流程、业务规则和思维。

除了搭建后台支撑体系，"链家地产"的销售有效模型和城市准入模型，可以将房源、客户关系、渠道开拓、战略、销售力量提升等所有能力的评估在 IT 模型中展现出来，既可以评价出当前"链家地产"的强弱项，也能够实时提醒"链家地产"在发展扩张过程中需要均衡哪些能力。同时，各个相关部门在同一个销售有效模型下做事，不同城市的成功模式可以进行转换、复制，提高公司的整体竞争力和业务扩张能力。在重塑客户服务体系方面，"链家地产"将委托量、成交率、成交总价和费率四项指标计算出的综合值作为绩效来管理门店、考核经纪人。

二、房地产经纪机构的品牌管理

（一）房地产经纪机构品牌管理的含义

由于房地产经纪机构向市场提供的是一种专业服务，而服务本身所具有的无形性、生产和消费的同时性、客户对服务质量较难评价等特点，使得消费者对房地产经纪机构服务的甄别和认知在很大程度上依靠品牌，房地产经纪品牌是社会公众通过对房地产经纪企业及其服务的品质和价值等认知而确定的商号和商标，包括视觉形象和效果、市场定位、文化品位、实力信誉、服务水平和附加价值等，是多层面因素的集成和凝结，也是房地产经纪机构对市场和消费者的庄严承诺。因此对于房地产经纪机构来说，品牌管理具有更为重要的意义。

房地产经纪机构的品牌管理是指房地产经纪机构以自身的特点及服务特色为核心，为树立企业形象和提升客户感知价值所进行的企业品牌建设、品牌维护等一系列活动和过程。其中，客户感知价值的大小取决于客户对服务过程和服务结果的期望和实际感受之间的综合权衡。

房地产经纪机构品牌管理的目标是提升客户感知价值，造就忠诚客户和良好口碑。房地产经纪机构的品牌建立以客户对企业服务的感知价值为核心。房地产经纪机构的品牌维护主要通过影响客户价值感知的途径，利用交互过程中良好的态度、快捷灵活的服务、合理的价格以及良好的客户关系来实现。

（二）房地产经纪机构品牌管理的内容

房地产经纪机构品牌管理的主要内容是品牌建立和品牌维护，通过制定企业的品牌战略、品牌识别系统以及积极的推广宣传，树立企业在市场中独一无二的形象和标识；通过遵循品牌维护的基本原则、提升服务质量、建立客户关系以及品牌的理性延伸、创新、联动等手段和方法对品牌进行有效的维护。

1. 房地产经纪机构品牌的建立

（1）制定企业的品牌战略

建立品牌的首要工作是制定企业的品牌战略。品牌战略是指企业对自己品牌的期望目标以及为达到这一目标的主要途径所作的筹划。它是关系到一个企业兴衰成败的根本性决策，是企业品牌经营的提纲和总领，是实现持续发展的前提与保证。如果缺乏一个对品牌整体运作的长远思路，将导致企业经营的混乱无序，这无疑是对品牌资源的极大浪费。品牌战略一定程度上可提高行业壁垒，排斥新的竞争者进入，从而扩大规模，降低成本，稳定盈利。

品牌战略中的基础部分是品牌规划，即对品牌愿景、品牌定位和品牌结构的研究、筹划，其质量高低决定了整个品牌战略的成败。

品牌愿景，即企业对自己品牌的总体期望。品牌愿景告诉股东、员工以及消费者，该品牌未来发展的方向是什么以及未来品牌能达到什么样的目标等，是引领品牌前进的方向。品牌愿景不仅能够为品牌带来清晰的、长远的目标，还可以增加内部员工的凝聚力和工作的积极性，同时，为品牌延伸范围进行严格的界定，并对品牌核心价值、识别系统等方面的规划限定了基调。

在规划企业的品牌愿景时，必须注意一些关键因素，如品牌愿景规划之前要有适合的文化，要形成对品牌愿景作用认同的氛围；要强调全员参与，广泛听取企业内各方的意见，注重发挥关键影响者的作用；要兼顾消费者的意见，但又要有前瞻性，将当前利益与长远利益进行有机的结合；要考虑品牌愿景的可细化性，形成分阶段的品牌愿景，通过品牌愿景的逐阶段完成，鼓励员工士气，增强全面实现品牌愿景的信心。

品牌定位，即对品牌所涉及的产业（或行业）以及细分市场类型、品牌承诺和品牌个性的确定。其中，品牌承诺是企业对购买该品牌产品（或服务）的客户所承诺的核心内容。品牌个性，即该品牌的产品（或服务）在同行业、同类产品（或服务）中的独特性。

品牌定位就是给某一具体品牌在消费者心目中确定一个有价值、比较稳定的位置。这一位置的价值来源于品牌的承诺及其个性，也就是说，品牌承诺对客户是有效用的，而且这一承诺是独特的，能够满足特定顾客群体的特定需求。"有价值"、"独特"是品牌定位的两个重要原则。此外，品牌定位还有三个原则——"可信"、"稳定"和"量力而行"，也是在品牌定位时必须遵守的，否则将影响品牌战略的可行性，也不可能获得品牌效益。

品牌结构，即下属品牌组成，以及品牌与下属品牌的层次关系。一般而言，一个企业的品牌结构通常由三个层次构成：第一层次：企业品牌，即代表整个企业的品牌；第二层次：事业品牌，即代表各业务类型的品牌；第三层次：产品品牌，即代表某类产品（或服务）的品牌。

（2）建立品牌的识别系统，并进行品牌传播

品牌识别是指区别于竞争对手的，客户可以感知和产生联系的视觉要素和其他要素。其中包括图形、文字、色彩、声音以及促销和公关手段等，它们构成品牌的形象特征。尽管文字和图形是最主要的品牌识别标志，但运用得当的其他形式也能为品牌创造极其独特的识别途径。品牌传播以品牌规划为基础。只有通过品牌规划确定了某个品牌的价值、个性、视觉、结构，才有可能选择合适的专业公司、合作伙伴以及传播方式来进行品牌宣传，使消费者知道并了解这一品牌。现代的品牌传播是以"双向沟通"的方式实现的。研究、分析及确定社会（市场）的需求，特别是未来的消费潮流、"时尚"的概念，则是品牌传播者的首要任务。例如链家14周年品牌营销，深度挖掘链接与用户间的情感纽带，以"链家14年，连接每个家的故事"为创意出发点，打造《最麻烦的客户》和《最难买的房子》两支品牌视频广告，以"病毒式"传播方式刷爆朋友圈，上线仅1周在线播放量突破1000万，还通过贺岁档影院贴片，第三季跑男和《芈月传》视频网站贴片覆盖全国客户，结合"链家14年，我们一直离家不远"微信朋友圈广告，精准定向投放14个目标城市，使链家品牌的社会责任感与人文关怀迅速获得提升。

2. 房地产经纪机构品牌的维护

房地产经纪机构品牌的维护，是指企业针对外部环境的变化对品牌造成的影响所进行的维护品牌形象、保持品牌的市场地位和品牌价值的一系列活动的统称。

基于房地产经纪机构的业务特点，房地产经纪机构品牌的维护主要应侧重以下两个方面：

（1）通过服务质量的全面提高，提升客户感知价值，保持和扩大企业品牌的影响力

房地产经纪机构的服务质量是影响客户感知价值的重要因素之一。因此，房地产经纪机构，首先，需要加强企业员工的思想教育，树立客户至上的服务理

念，以热情周到的服务，提升客户的满意度，为其感知价值的提高奠定基础；其次，需要加强企业员工的技能培训并建立快捷、便利、规范的工作程序，为客户提供快捷、便利的服务，以提高客户对服务过程的满意度，进而提升其感知价值；最后，通过制定合理的价格，减少客户的成本支出。

（2）通过建立良好和持续的客户关系，强化客户的归属感和品牌忠诚

房地产经纪服务的过程，既是企业品牌建立和推广的过程，也是客户关系建立的过程。首先，通过为客户提供服务，让客户获得足够的信息以充分了解和感受企业的服务，了解企业的品牌；其次，在服务过程中，以优质的服务获得客户对品牌的尊重；通过和客户建立起友谊关系，进而赢得客户的信任；最后，客户由信任而生成对品牌的忠诚，客户和企业成为良好的长期合作伙伴。

第二节　房地产经纪机构的人力资源与客户关系管理

一、房地产经纪机构的人力资源管理

随着房地产经纪行业竞争的加剧，房地产经纪机构必须加强自己的核心竞争力。由于房地产经纪行业属于"轻资产"行业，一定意义上说是劳动密集型行业，即主要依靠人力而非资本进行发展的行业。因此，房地产经纪机构的组成人员就是其核心竞争力。由此可见，房地产经纪机构加强自身的人才队伍建设的重要性。

（一）房地产经纪机构人力资源管理的含义和特征

房地产经纪机构的人力资源管理是指房地产经纪机构运用现代管理方法，对人力资源的获取（选人）、开发（育人）、保持（留人）和利用（用人）等方面所进行的计划、组织、指挥、控制和协调等一系列活动，最终达到实现企业发展目标的一种管理行为。这些活动主要包括企业人力资源战略的制定，员工的招募与选拔，培训与开发，绩效管理，薪酬管理，员工流动管理，员工关系管理，员工安全与健康管理等。

房地产经纪机构人力资源构成较为复杂，对人员专业性的要求也与一般企业有所不同。房地产经纪机构的构成人员通常包括有专业技能的房地产经纪专业人员、策划专员、投资顾问、交易手续代办以及管理人员等。其中，房地产经纪专业人员和其他房地产经纪服务人员通常是构成房地产经纪机构的主体。房地产经纪机构人力资源管理具有以下几个特征：

1. 合法性

房地产经纪机构的人力资源管理符合房地产经纪行业管理中有关房地产经纪专业人员职业资格登记管理的规定。

2. 人本性

房地产经纪机构的人力资源管理必须采取人本取向，始终贯彻员工是企业的宝贵财富的主题，强调对人的关心、爱护，把人真正作为资源加以保护、利用和开发。

3. 互惠性

房地产经纪机构的人力资源管理必须采取互惠取向，强调管理应致力于获取组织的绩效和员工的成就感与成长的双重结果；强调组织和员工之间的"共同利益"，并重视发掘员工的主动性和责任感。

4. 战略性

房地产经纪机构的人力资源管理应聚焦于为组织创造财富、创造竞争优势的人员的管理上，即以员工为基础，以知识员工为中心和导向，是组织最高层所实施的一种决策性和战略性管理。人力资源管理是对于全部人员的全面活动以及招聘、任用、培训、发展的全过程的管理。

（二）房地产经纪机构人力资源管理的内容

房地产经纪行业的地位日益凸显，需要有更专业更职业的经纪人提供服务，在欧美发达国家，委托方会根据经纪人的品牌级别和知名度而支付不同的经纪佣金。因此培养符合行业需求的职业经纪人或品牌经纪人，对于提升房地产经纪机构业务量及其未来发展潜力具有重要意义，房地产经纪机构人力资源管理应重点加强人才队伍建设，通过提高进入门槛、加大培训和继续教育支持力度、建立合理的薪酬机制及奖惩措施等途径实现。

房地产经纪机构人力资源管理的内容包括以下十个方面：

1. 岗位分析与设计

对房地产经纪机构中的各个工作岗位的性质、结构、责任、流程以及胜任该岗位工作人员的素质、知识、技能等，在调查分析所获取相关信息的基础上，编写出岗位说明书和岗位规范等人事管理文件。

2. 人力资源规划

把企业人力资源战略转化为中长期目标、计划和政策措施，包括对人力资源现状分析、未来人员供需的预测，确保企业在需要时能获得所需要的人力资源。

3. 员工招聘与选拔

根据人力资源规划和工作分析的要求，为企业招聘、选拔所需要的人力资源并录用安排到相应的岗位上。根据企业新员工招聘来源的不同，可分为外部招聘和内部选拔。外部招聘是指从企业外部吸收具备相应能力和资格的人员，然后编制到相关岗位的过程。外部招聘的程序分为编制宣传手册、广告宣传、招聘测试、招聘决策等。内部选拔是添补空缺的一个重要途径，是对员工的一种有效激励。内部选拔的优点是有利于提高员工的士气和工作绩效，有利于形成奋发向上的工作氛围，形成良好的企业文化；缺点是吸收不到企业外的优秀人才，容易造成自我封闭，使企业缺乏新鲜的活力。内部选拔又分为内部调用和内部提升两种。内部调用是指需要的岗位与原来的岗位层次相同或者略有下降。内部提升是指在企业内部将员工的职位提高到更高的层次。

4. 绩效考评

对员工在一定时间内对企业的贡献和工作中取得的绩效进行考核和评价，及时做出反馈，以便提高和改善员工的工作绩效，并为员工培训、晋升、计酬等人事决策提供依据。

5. 薪酬管理

包括对基本薪酬、绩效薪酬、奖金、津贴以及福利等薪酬结构的设计与管理，以激励员工更加努力地为企业工作。如通过改变佣金分成关系，提高底薪和提成比例，提供员工工作待遇，激发员工的服务积极性。

6. 员工激励

采用激励理论和激励措施，对员工的各种需要予以不同程度的满足或限制，引起员工心理状况的变化，以激发员工向企业所期望的目标而努力。

7. 培训与开发

一方面，通过培训提高员工个人、群体和企业整体的知识、能力、工作态度和工作绩效水平，进一步开发员工的智力潜能，以增强人力资源的贡献率。另一方面，强化专业的销售服务培训，提高员工的服务质量，从个人层面，提高员工的执业素养。

8. 职业生涯规划

从行业层面，提高员工对房地产经纪职业的认同感和行业自豪感，并通过鼓励和关心员工的个人发展，帮助员工制定个人发展规划，以进一步激发员工的积极性、创造性。

9. 人力资源会计

与财务部门合作，建立人力资源会计体系，开展人力资源投资成本与产出效益的核算工作，为人力资源管理与决策提供依据。

10. 劳动关系管理

协调和改善企业与员工之间的劳动关系，进行企业文化建设，营造和谐的劳动关系和良好的工作氛围，保障企业经营活动的正常开展。需要注意的是：当房地产经纪机构需要终止与员工的劳动关系时，必须慎重考虑解除的前提和法律方面的问题，严格遵守终止合同关系时要遵循的相关程序，并将这些行为内容做成人事管理文件存档以规避可能出现的劳动争议。

（三）房地产经纪机构人力资源管理的主要方法

1. 设计科学的薪酬制度

房地产经纪机构的薪酬制度是以房地产经纪机构与房地产经纪人员之间的经济关系为基础而建立的。良好的薪酬制度不但能使企业员工士气旺盛，勇往直前，尽其所能地为企业服务，而且能吸引其他机构的优秀员工进入本企业。研究与设计良好的薪酬制度是促使公司经营成功的关键之一。

（1）薪酬制度的制定原则

薪酬制度的制定要遵循以下的原则：①底薪与奖金分离；②简明扼要，易于执行；③管理方便，符合经济原则；④公平合理，有激励作用；⑤在同行业中有竞争力；⑥适时动态调整；⑦在机构内部各类、各级职务的奖酬基准上，适当地拉开差距。

（2）薪酬支付方式

在我国房地产经纪机构中薪酬的支付方式大体分为以下几种：

1）固定薪金制。即有保障底薪，无论业绩如何，都能获得固定的薪金收入。这一薪金制度对业务员生活最有保障，企业人员流动性较低，与顾客的关系容易保持常态。但其最大的缺点是缺乏薪酬设计应有的激励效应。

2）佣金制。即没有保障底薪，其收入完全视个人业绩而定，业绩高则薪酬高，业绩低则薪酬低，甚至没有薪金。佣金制激励大，刺激性强，业务员的"危机意识"最高。但由于无底薪，企业在管理上存在较大的难度，人员流动性较大。有些业务员为了取得业绩，甚至不择手段，可能对公司的信誉产生严重的影响。

3）混合制。即将固定薪金制和佣金制混合运用，比如，工资加代理佣金、销售佣金加提成比例等。它融合了上述两种支付方式的优点，并避免了它们的缺点。如某房地产经纪机构设计的"薪酬模式=底薪+提成+奖金+补贴+分行分红+其他福利"就属于混合制，混合制是我国目前大部分房地产经纪机构所采用的一种模式。

2. 建立有效的激励机制

企业实行激励机制的最根本目的是正确地诱导员工的工作动机，使他们在实现组织目标的同时满足自身的需要，实现自身的价值，增加其满意度，从而使他们的积极性和创造性继续保持和发扬下去。由此可见激励机制的实施效果在一定程度上决定了企业兴衰。如何运用好激励机制也就成为各个企业亟待解决的重要问题。

房地产经纪机构通过激励机制的建立和合理使用，可以吸引、保留、激励企业所需要的人力资源，激发员工工作热情，调动工作积极性，强化员工的归属感和责任感，鼓励员工尽其所能创造优秀的业绩。

（1）目标激励

通过设置适当的工作目标，把员工的需要与工作目标紧密联系在一起，从而调动员工的积极性。心理学家认为，个体对目标看得越重要，预期实现的可能性越大，目标所起的激励作用就越大。因此，设置目标要合理、可行。在选择和确立目标时，要对目标的效果和实现目标的概率做出科学的价值评估与判断，使目标的设置具有科学性。同时要注重将长远目标与近期目标相结合，集体利益和个人利益相结合，只有那些经过努力能够实现、实现之后能够获得利益的目标，才是真正具有激励作用的目标。

（2）情感激励

积极的情感可以焕发出惊人的力量，消极的情感会严重妨碍工作。企业的领导者如能和员工建立起真挚的感情，用自己积极的情感去感染员工，打动和征服员工的心，就能起到激励作用。领导关心员工，关心员工家属，信任员工并给员工以热情的支持，那将是一股巨大的无形力量，可以增强员工战胜困难的信心和勇气，从而使他们千方百计地克服困难，取得突出成绩。

（3）尊重激励

尊重是加速员工自信力爆发的催化剂，尊重激励是一种基本的激励方式。上下级之间的相互尊重是一种强大的精神力量，它有助于企业员工之间的和谐，有助于企业团队精神和凝聚力的形成。如果管理者不重视员工感受，不尊重员工，就会大大打击员工的积极性，使他们认为工作仅是为了获取报酬，激励从此大大削弱。这时，懒惰和不负责任等情况将随之发生。

（4）参与激励

现代人力资源管理的实践经验和研究表明，现代的企业员工都有参与管理的要求和愿望，创造和提供一切机会让员工参与管理是调动他们积极性的有效方法。因此，让员工恰当地参与管理，既能激励员工，又能为企业的成功获得有价值的意见。通过参与管理，形成员工对企业的归属感、认同感，可以进一步满足员工自尊和自我实现的需要。

3. 加强自身企业文化建设和制度建设

　　针对当前房地产经纪人员高流失率及从业人员违规问题，房地产经纪机构应通过企业文化增加员工的归属感，培养员工良好的职业行为习惯。通过企业文化建设，凝心聚力，通过考核制度建设，明确权责，改进从业人员的不良行为。房地产经纪从业人员要有较强的专业基础知识和很高的专业化操作水平，而我国现阶段房地产经纪从业人员还没有达到这个水平。房地产经纪机构可以通过公司内部管理制度对员工的执业能力进行考核，通过公司内部管理提高经纪人的入职门槛，进而提高企业的服务水平与运营效率。如房地产经纪机构可通过考核制度的改革和完善，改进经纪人的行为。当前房地产经纪行业普遍采用的考核制度主要考核经纪人网络发布房源数量、联系客户人次、带看客户人次等。

　　企业发展需要员工的支持，员工不是一种工具，其主动性、积极性和创造性将对企业生存发展产生巨大的作用。而要取得员工的支持，管理者就必须在管理当中灵活运用不断创新的激励机制，提升员工的满意度和归属感，充分发挥和调动员工的主观能动性，增强组织的活力和凝聚力。只有这样，企业才能在竞争中立于不败之地。

二、房地产经纪机构的客户关系管理

（一）房地产经纪机构客户关系管理的含义和作用

1. 房地产经纪机构客户关系管理的含义

　　客户关系管理（CRM，Customer Relationship Management），源于"以客户为中心"的市场营销理论，是一种旨在改善企业与客户之间关系的管理机制。从解决方案的角度讲，是市场营销的科学理论与信息技术的整合，是以客户为核心的企业营销的技术实现和管理实现。所以，CRM既是一种现代经营管理理念，又是一套技术解决方案。具体来讲，客户关系管理是一种以客户为中心的经营策略，它以信息技术为手段，通过对相关业务流程的重新设计以及相关工作流程的重新组合，以深入的客户分析和完善的客户服务来满足客户个性化的需要，提高客户满意度和忠诚度，从而保证客户终生价值和企业利润"双赢"策略的实现。

　　现今，不同的行业领域对客户关系管理的概念有不同的解释。一方面是不同的行业领域根据自身的业务特点或要求，有不同的理解侧重；另一方面，客户关系管理概念本身具有较强的开放性，随客户需求的变化而改变，其内涵也在不断地丰富和发展。然而CRM的核心思想主要由三个方面构成：一是客户是企业发展的重要资源之一；二是对企业与客户发生的各种关系进行全面管理；三是进一步延伸和健全企业的服务链管理。

房地产经纪机构客户关系管理的核心内容是从客户的角度出发，充分运用客户的生命周期理论，对客户进行分析研究，努力提高客户的信任度、忠诚度和满意度，实现留住老客户，吸引更多新客户的目的。

2. 房地产经纪机构客户关系管理的作用

（1）客户关系管理是房地产电子商务的重要手段

客户关系管理使房地产经纪机构有了一个基于电子商务的面向客户的前端工具。房地产经纪机构通过客户关系管理，借助通信、互联网等手段，利用企业以及合作企业的共享资源，对已有客户自动地提供个性化的解释、解答、现场服务等支持和服务，并优化其工作流程，使之更趋于合理化，从而更有效地管理客户关系。

（2）客户关系管理为服务研发提供决策支持

客户关系管理的成功在于数据库的建立和数据挖掘。房地产经纪机构通过收集的资料可了解客户，发现具有普遍意义的客户需求，合理分析客户的个性化需求，从而挖掘具有市场需求而企业尚未提供的服务内容、类型，以及需要完善和改进之处等高附加价值的深加工信息，在经纪机构研发环节中为确定服务品种、内容等提供决策支持。

（3）客户关系管理为适时调整内部管理提供依据

房地产经纪机构客户关系管理系统是企业整个内部管理体系的重要组成部分，机构通过对反馈的信息分析，可以检验企业现有内部管理体系的科学性和合理性，以便及时调整内部管理的各项政策制度，以适应企业发展的需要。

（4）客户关系管理为选择客户策略提供决策支持

在客户关系管理中，通过挖掘和分析客户信息来预测客户的未来行为，能使房地产经纪机构在正确的时间，向正确的客户提供正确的服务。客户分析系统一般包括客户分类分析、市场活动分析、客户联系时机优化分析等。通过客户分类分析，可以找出企业的重点客户，使企业可以将更多的精力投放在能为企业带来最大效益的重点客户身上；通过市场活动影响分析，企业知道客户最需要什么；通过客户联系时机优化分析使企业学会掌握与客户联系的最佳时机。客户关系管理要做到与不同价值客户建立合适的关系，使企业盈利最大化。

（5）客户关系管理能够提高经纪机构相关业务的效果

房地产经纪机构通过客户关系管理，对业务活动加以计划、执行、监视和分析，通过调用房地产经纪机构外部的通信、媒体、中介机构、政府部门等资源，与客户发生关联。此外，在协调企业其他经营要素的同时，实现企业内部资源共享，提高企业相关业务部门的整体反应能力和事务处理能力，强化业务活动效果，从而为客户提供更快速更周到的优质服务，吸引和保持更多的客户。

（二）房地产经纪机构客户关系管理的主要内容

客户关系管理的核心是"以客户为中心"，视客户为企业的一项资产，以优质的服务吸引和留住客户。对于房地产经纪业务来说，客户关系管理的关键在于充分运用客户的生命周期理论，对客户进行研究，尽量延长客户的生命周期，并争取更多的客户。

1. 留住老客户

房地产作为一种商品，其消费具有一定的生命周期，客户有可能会重复购买，也有可能买进后卖出，或卖出后买进。而且相比于获取新客户，留住老客户的成本要低得多，因此房地产经纪机构首先要想方设法通过满足客户需求来留住客户。为了留住客户，房地产经纪机构可以从以下四个方面入手：

（1）提供个性化服务

要想实现留住客户的目的，就必须为客户提供满意的服务，这就要求房地产经纪人员掌握专业知识，熟悉市场，了解客户需求。通过对成交客户资料的研究，分析客户的行为特点，确定客户的服务级别，并为特殊的客户提供个性化服务。比如，对于来自国外的客户，由于文化、生活习惯的差异，导致居住偏好有很大的区别，通过研究成交资料，可以了解他们的居住及生活偏好，并运用在服务过程中，以帮助他们及时准确地找到满意的物业，从而提高客户的满意度。

（2）正确处理投诉

通过对投诉的正确处理，可以将因失误或错误导致的客户失望转化为新的机会，并强化房地产经纪机构诚信经营和为客户服务的品牌形象。即使问题不是由房地产经纪机构的过错造成的，机构也应该及时给予解释并尽可能地给予协助解决，给客户留下良好的印象，从而提高客户的感知价值。

（3）建立长久合作关系

对于企业客户，在房地产经纪服务中，房地产经纪机构通常可以通过介入开发项目的前期运作，与开发商形成稳定的结构纽带关系；通过成功的项目合作与开发商形成长久的合作伙伴关系。对于个人客户，房地产经纪机构要根据客户价值，挑选出有价值的个人客户，并与其建立长期合作的关系。

（4）积极沟通客户

房地产经纪机构的沟通对象包括开发商、业主、购买者和承租人等，房地产经纪机构要与他们进行积极的、及时的沟通。客户俱乐部是房地产经纪机构与客户沟通的有效载体，房地产经纪机构除了基本的会员服务，诸如免费发放会刊杂志、丰富的楼盘或房源信息、政策法规咨询、优先优惠认购等，还可以定期安排一些会员活动，比如会员沙龙、投资分析讲座、家居服务活动等，增进对客户的了解，为客户提供力所能及的帮助，建立与客户的友好关系，取得客户的信任甚至信赖，以实现真正赢得客户的目的。

2. 争取新客户

房地产经纪机构除了留住客户外，还可以从下列几方面入手积极争取更多的客户：

（1）鼓励客户推荐。可以通过折扣返点，推荐积分等手段鼓励已买房客户介绍朋友购买。

（2）给新客户提供附加服务，比如有奖销售、限时优惠，吸收新客户加入客户俱乐部享受各种会员服务等。另外，考虑到新客户缺少置业经验或者工作繁忙，给他们提供一些装修和购置家具等方面的建议，以提高客户的满意度；对于开发商客户，为其提供新楼盘设计、市场定位的参考建议，也是建立良好客户关系的有效办法。附加服务体现了企业对客户的关怀，对完善企业形象很有好处，能够从侧面促进企业业务的发展。

（三）房地产经纪机构客户关系管理的主要方法

1. 创建客户关系管理系统

房地产经纪机构客户关系管理系统是信息技术、软硬件系统集成的管理方法和应用解决方案在房地产经纪机构的应用。该系统由客户联络中心、客户资料数据库、客户分析子系统、决策支持子系统等构成，其中，客户资料数据库是客户关系管理的核心。

2. 建立和维护客户资料数据库

客户资料数据库是由房地产经纪信息及销售管理信息所组成。建立客户资料数据库包括信息的输入与存储，整理分析，数据输出等工作。首先，在客户资料数据库中，客户信息可通过客户电话咨询、登门访问及电子商务门户收集（即客户访问企业网站或企业手机 APP）获得，这些信息的形式包括电话记录，访问表格，电子邮件及网页表单等，信息整理后被导入客户资料数据库。客户资料数据库作为房地产经纪机构的主要客户资源，是开展经纪工作的基础，必须对其进行实时备份以保证数据的完整性和安全性。

3. 利用客户分析子系统进行客户的分析和管理

把保存在客户资料数据库中的客户信息按客户群体分类整理后，利用客户分析子系统对其进行管理和分析，通过数据挖掘，揭示客户的基本特点、分析影响其购买行为的主要因素并对客户进行有针对性的分类，对重点客户进行有效的识别和重点关注。客户分析子系统可以提供和输出客户表单管理、营销表单管理、客户资料管理、营销服务质量分析以及客户行为分析等的分析结果。

4. 通过决策支持子系统发现问题并提出针对性的解决方案

利用决策支持子系统，房地产经纪机构可以根据客户分析的结果，全面了解和掌握企业的营销状况；及时发现客户关系管理中存在的问题；发现企业经营活动各个环节是否协调一致，并在此基础上，提出有针对性的解决方案并将其纳入企业下一步的经营决策。

5. 利用客户俱乐部等形式深化与客户的沟通与联系

房地产经纪机构可以将客户俱乐部，又称"客户会"，作为有形的客户资料库，纳入其客户关系管理系统。通过举办讲座、沙龙、论坛、看房等活动，吸引现有客户和潜在客户加入客户会，增加与客户的交流，扩大企业的社会影响，既达到项目对外宣传推广的目的，还可能创造出新的商业机会。在与客户的交流过程中，房地产经纪机构还可以通过征询客户的意见和采纳客户的合理化建议，使得今后的营销活动更具有针对性，以更加有效地提高客户的满意度和忠诚度。客户会能够为客户数据库提供大量的数据，是企业与客户直接沟通的纽带，其重要性越来越得到房地产经纪机构的认可。

第三节 房地产经纪机构的运营管理

一、房地产经纪机构的业务流程管理

（一）房地产经纪机构业务流程管理的含义和主要内容

1. 房地产经纪机构业务流程管理的含义

房地产经纪机构运营的核心内容就是开展房地产经纪业务。这些业务涉及房地产经纪机构内部的不同部门和人员，而这些部门和人员的活动之间存在着一定的内在联系和先后次序要求。房地产经纪业务流程，实质上就是为达到促成买卖双方交易这一目标而进行的一系列逻辑相关活动的有序集合。其中，活动（如带客户看房）是指最小单位的、不可分割的行为。为了高效地开展房地产经纪业务，房地产经纪机构内各部门及各类人员之间需要持续不断地进行信息交流和传递，从而保证各部门、各人员的活动都能满足房地产经纪业务的内在关联及先后次序要求。这就必须对房地产经纪机构实施业务流程管理，即对房地产经纪业务活动的先后次序、部门及人员分工以及信息传递等制定规则，并监督实施。

在业务流程管理中，信息传递是关键。和其他行业一样，房地产经纪机构内业务运营过程中的信息传递一般是通过会议、谈话等人与人之间的直接交流来进

行的。在这种情况下，往往会出现信息传递的失误，造成管理者和被管理者的理解偏差甚至误解。因此，随着信息技术的不断发展，越来越多的企业开始选择信息化的业务流程管理，房地产经纪机构也是如此。

2. 房地产经纪机构业务流程管理的主要内容

房地产经纪机构业务流程管理的主要内容就是流程分析和再造。一般包括以下环节：

（1）对现有流程进行调研；

（2）绘制现有流程图，对流程图中的每个活动进行描述；

（3）组织小组讨论，找出流程中每个阶段存在的问题；

（4）将问题分类，确定解决问题的先后顺序；

（5）针对某一问题，寻找解决问题的方法；

（6）选择最好的解决方案，安排专人负责实施；

（7）评估实施结果，修正解决方案，重新实施；

（8）解决下一个问题，直至问题全部解决；

（9）进行新一轮的流程分析和重组。

房地产经纪机构业务流程再造，是以活动为基本单位来分析活动之间的内在逻辑关系——串联、并联或反馈，再根据这些活动之间内在的逻辑关系重新设计各项活动的关联秩序及相应的分工模式和信息传递规则。业务流程再造有利于房地产经纪机构最大限度地实现功能集成和管理职能集成，打破传统的职能型组织结构，建立过程型组织结构，以实现企业在速度、质量、效率、成本和客户满意度等方面的巨大提高。例如"链家地产"在创立公司初期就通过"百易安二手房资金托管"，将二手房交易的资金管理环节外包，自身专注于提供二手房前期交易和后期产权过户的办理，通过流程的优化有效地解决了二手房交易中买卖双方的顾虑，使二手房交易流程规范化、透明化，创建了"京城"二手房交易新流程，也树立了我国存量房交易的范例。随后对公司内部收集房源流程进行优化，确保了房源的真实存在、真实委托和真实价格，最终使链家地产赢得了市场。

业务流程改造的基本原则是：执行改造流程时，参与的人越少越好；在流程服务对象（顾客）看来，越简单越好。根据这一原则的要求，可以采用以下改造策略：

（1）将几个工序合并，由一个人完成。房地产经纪机构可以凭借信息技术的支持，把分割成许多工序或工作的流程按其自然形态进行重组。例如，可以将与房屋有关的各种协议、合同、确认书以及合同的变更、撤销等合并到合同签订信息流程进行统一管理。

（2）将完成几道工序的人员组成小组或团队共同工作，构造新流程。如将负责不动产登记信息查询、登记过户手续代办等活动的人员组成团队，以团队方式开展流程中的工作等。

（二）房地产经纪机构业务流程管理的辅助手段

房地产经纪机构业务流程管理可以采取的主要方法和措施包括：

1. 建立有效的组织保障

运用业务流程管理模式主要在于处理好各流程之间的关系，合理地在各流程之间分配资源。因此，房地产经纪机构必须建立有效的组织保障，这样才能保证流程管理工作的连续性和长期性。有效的组织保障包括：建立业务流程管理机构，这一机构可以归入管理流程中；配备强有力的领导来负责内部的流程管理工作；制定各流程之间的动态关系规则。

2. 建立流程管理信息系统

流程管理需要大量的信息，必须以快速而灵敏的信息网络来支持。通过流程管理信息系统，决策者可以及时掌握必需的决策信息。流程管理信息系统的建设，一方面要构造公司内部的信息网络；另一方面要与公司外部的信息网络连接，充分利用外部的信息资源。

3. 重塑企业文化

以流程管理模式来构造企业的运行规则，与传统的企业运行规则完全不同。房地产经纪机构必须建立与流程管理相适应的企业文化。与流程管理相适应的文化基础是团队精神，即工作小组成员之间的信任感、默契感和积极向上的精神风貌等。

4. 培养复合型人才

为了充分挖掘和利用知识和信息的价值，给客户提供满意的服务，房地产经纪机构需要对员工进行相关工序和作业能力的培训。通过业务流程重新整合，对外部的顾客来说，流程变得更为简便，但内部的工作将变得更加复杂。复杂的工作需要配备高素质、全能的人才。因此，运用流程管理模式的房地产经纪机构，必须加强对员工的教育、培训和辅导。

二、房地产经纪机构的信息管理

（一）房地产经纪机构信息管理的含义

从一般意义上来讲，信息管理是人类综合采用技术的、经济的、政策的、法律的和人文的方法和手段对信息流进行控制，以提高信息的利用效率、最大限度地实现信息效用价值为目的的一种活动。

从微观的角度来看，信息管理的目标包括两个方面：一是建立信息集约，即在收集信息的基础上，实现信息流的集约控制；二是对信息进行整序与挖掘，实现信息的质量控制。从宏观的角度来看，信息管理的目标是为了提高社会活动资源的系统功能，最终提高社会活动资源的系统效率。

房地产经纪机构的信息管理是指房地产经纪机构搜集、加工整理、储存房地产经纪信息，通过建立管理系统最大限度地实现房地产经纪信息效用价值的一种活动。房地产经纪信息是指房源、客源信息、房地产市场信息、房地产经纪行业信息等与房地产经纪活动有关的信息的综合。

（二）房地产经纪机构信息管理的意义

信息管理渗透到现代房地产经纪机构运作的各个环节，房地产经纪行业内无论是业务人员还是管理人员，都已经离不开信息管理系统的支持。信息管理系统成为经纪人顺利开展工作，提高业绩的工具。首先，为了适应企业数字化管理的需要，业务人员必须把业务和计算机操作结合，把信息发送到企业的内部网，利用公盘获取更多的信息；其次，随着网络化经济时代到来，房地产信息服务企业随之出现，专业的房地产网站增多，经纪人面对越来越多的网民客户，为了适应市场环境的变化，信息管理的掌握和运用是必然的选择，也是提高业绩的法宝。很多大规模的房地产经纪机构都利用经纪机构信息管理系统进行房源、客源以及经纪人的管理；营销方式上，互联网已经成为房地产经纪企业重要的营销手段，一些发展迅速的经纪企业更加重视在传统营销方式之上应用网络的复合式营销。例如有些房地产经纪机构的企业网站或手机 APP，不仅仅是作为企业实力和规范的体现，同时还是作为企业信息管理的重要工具。此外，很多经纪人员打破传统门店经营模式，开始经营网上店铺，如在新浪二手房网注册的经纪人可以在这里发布房源信息，制作房源详情页，与客户在线交流，并且可以调用数据库的小区视频。

（三）房地产经纪机构信息管理的内容

房地产经纪机构信息管理的内容主要包括以下几个方面：

1. 房地产经纪信息的搜集

房地产经纪信息是房地产经纪活动中十分重要的资源，但经纪信息不是自然而然地被经纪人所掌握，而是要通过有意识、有目的的劳动才能将其收集起来。由于房地产经纪信息量大、覆盖面宽，所以其收集应从多个方面入手。通常可从以下途径进行收集：

（1）收集报纸、广播、电视、杂志等公开传播的房地产经纪信息；

（2）从开发商、银行、政府相关部门等单位调查、收集房地产经纪信息；

（3）通过门店接待、上门拜访、信函或电话询问、人群聚集场所直接采集；

（4）利用互联网、联机系统等计算机网络获取；

（5）利用微信朋友圈、微信群、QQ群等网络社交工具采集。

2. 房地产经纪信息的加工整理

通过各种渠道获取的房地产经纪信息，其本身的内容、形式各种各样，这给查询、储存、利用带来了很大的难度，所以需要进行房地产经纪信息的加工整理。

房地产经纪信息加工整理的程序通常包括鉴别、筛选、整序、编辑和研究这五个环节。

（1）鉴别

鉴别就是对房地产经纪信息的准确性、真实性、可信性进行分析，判断误差的大小和时效的长短，剔除人为、主观的部分，使之准确、客观。鉴别是房地产经纪信息加工整理的第一步、是一项非常重要的基础性工作，也是后续加工整理环节有效开展的重要保障。

（2）筛选

筛选就是对已鉴别的房地产经纪信息进行挑选。在挑选的过程中，既要考虑到当前的需要，又要兼顾到以后的需要。在考虑当前需要时主要考虑信息的深度，而后者则主要考虑信息的广度。通过筛选，可以减少信息的数量，将无用信息删除，将有用信息保留，这样既可以减少后续整理加工的工作量，又可以减少以后查询所需的时间。

（3）整序

整序就是将不同的、杂乱无序的房地产经纪信息按一定标准、方法加以整理归类。整序的主要方法就是分类，将相同的信息归为一类，将性质相似的类别排在一起。这样做的主要目的是为了便于查询，能够减少查询时间。

（4）编辑

编辑就是对整序后的信息进行具体的文字整理过程，是整个加工整理过程中最关键的工作。在编辑的过程中要注意简单明了、重点突出，同时要注意语义表达的准确性。

（5）研究

研究是一种较高层次的信息加工整理步骤。它是在对大量信息综合分析的基础上，经过分析、判断、思考，产生具有深度和新价值的信息。房地产经纪人要经常对信息进行综合的分析和研究，以提高自身判断、思考能力，在挖掘市场内在规律的基础上，对其未来发展趋势有一个相对准确的预测。

信息通过加工整理之后，通常以表格、图片、文字报告等形式展现出来。其中表格是最常见的一种形式。房地产经纪机构对本机构业务类信息的整理，通常采取这种表格形式，一般可分为日报表、周报表、月报表等。日报表一般就是将当日发生的房地产经纪信息加以归类，主要是以数据为主。周报表是在日报表的基础上，通过将一周七天的日报表数据汇总得出，除了数据的汇总，还附有一些文字分析，阐述本周的房地产经纪业务状况，并分析原因等。月报表是建立在周报表的基础上，文字的分析更为详细，并预测未来房地产经纪业务的变化情况。

在房地产经纪机构的诸多信息表格中，有一种非常重要的表格——客户登记表。客户登记表是客户资料中最重要的报表。通过客户登记表既可以反映客户人数的变化、所属区域变化、产生客户区域变化的原因；还可以反映客户需求的变化、变化的原因；并且可以反映政策的变化所导致的销售情况的变化以及退房的人数、原因等。

房地产经纪机构通过信息加工整理而产生的新信息，通常以文字与表格相结合的形式来反映。例如，新楼盘的结案分析，其中会有反映销售过程、进度、业绩的表格以及对销售过程中得失的文字分析。

3. 房地产经纪信息的储存

在房地产经纪信息的管理中，除了房地产经纪信息的搜集和加工整理之外，还应该注重房地产经纪信息的储存。因为房地产信息无法完全依靠文字来描述的，例如户型设计、建筑外观、地理位置等，这些信息必须依靠图形来进行描述，必要的时候还需要影像资料的辅助才能很好地展示物业的信息。因此。需要一种可靠的、能够储存多媒体信息的方式，将同一个房源的不同资料放在一起，以便查询和维护。

在各类房地产经纪信息中，房源信息尤其重要，它就像是房地产经纪机构的"存货"。房源信息的储存，经历了不同载体的演进过程：

1）纸张载体

将房源的有关信息记录在纸张上，按照一定的标准装订成册，这是以"纸张"作为载体的房源信息处理方式。因为在对房源资料进行查询、更新时效率较低，这种方式已逐渐被淘汰。目前，仍旧采用这种方式管理房源信息的一般是小型的单店式房地产经纪机构。

2）计算机

利用计算机记载、更新房源信息，比"纸张载体"的效率要高，但相对于更先进的计算机联机系统而言，它在信息共享等方面仍存在较大不足，因此具备足够经济实力的经纪机构，往往宁愿投入更大的成本，建立计算机联机系统。

3）计算机联机系统

计算机网络技术的发展，使房源信息的处理更为便捷，信息的传递也更为快速。这是目前许多大型房地产经纪机构所采用的房源信息处理方式。它具有的超大容量的信息存储、自动化的信息处理和快速传输等功能，大大提高了房源信息处理的效率。

计算机联机系统也大大提高了经纪机构内的从业人员协同办公的意识，比如某个房地产经纪人跟业主沟通之后，把最新的情况写在了备注里，通过联机系统，其他的同事很快就可以了解到该信息。

房地产经纪机构在日常业务记录和档案管理工作中，应当充分利用计算机等现代化手段搜集、记录、整理房地产经纪信息和文件资料，既减少了手工操作，提高了工作效率，还降低了人为因素对信息内容的干扰，更便于信息的保存。

（四）房地产经纪机构信息管理的原则

1. 重视房地产经纪信息的系统性

由于房地产市场和房地产经纪活动的纷繁复杂，房地产经纪活动所需要的信息不是零星的、孤立的、个别的，而是大量的、系统的、连续的，涉及房地产经纪活动的方方面面。重视系统性，就是要通过房地产经纪信息管理，一是保证房地产经纪信息的完整性，尽可能全面准确地反映房源、客源、市场和行业的实际状况；二是保证房地产经纪信息在时间上的连续性；三是对房地产经纪信息及时进行更新和维护，以保证其时效性。

2. 加强房地产经纪信息的目的性

房地产经纪信息直接作用于房地产经纪活动的过程之中，而这种活动是人们有意识、有目的的自觉行为，因此它具有比其他信息更明显的目的性特征。房地产经纪信息管理，包括搜集、加工、整理和利用都应围绕房地产经纪活动的目的而展开，如某一个待售楼盘，某一套代售房源，或是房地产经纪机构自身着重专注的某类市场、某类客户等。只有这样，才能节约房地产经纪信息的获取成本，提高房地产经纪机构的经济效益。

3. 提高房地产经纪信息的时效性

随着时间推移以及房地产市场环境和市场主体的不断变化，房地产经纪信息的有效性也随之发生变化，因此，提高房地产经纪的时效性，是房地产经纪机构信息管理的重要任务之一。提高房地产经纪信息的时效性，一方面要对信息库进行及时的更新和维护；另一方面要提高信息利用的效率，尽量使信息在最短的时间内发挥作用。

4. 实现房地产经纪信息的共享性

信息共享是房地产经纪机构信息管理所要实现的主要功能之一。计算机网络技术的发展，为房地产经纪信息的共享提供了手段。在房地产经纪信息管理中引入计算机网络可改变原有的信息处理和查询方式，提高信息管理和利用的效率。计算机网络可以传递的多媒体信息包括文字、图片以及三维动态模拟信息等，其传递的信息量也不是传统媒体所能企及的，而且计算机网络可以突破时间、空间的限制，能够在不同地方、任何时段为客户提供服务。

（五）房地产经纪机构信息管理系统

房地产经纪机构为了及时搜集掌握准确、可靠的信息，快速加工和处理信息，并对这些信息加以高效率的利用，必须建立一个功能齐全和高效的信息管理系统，以加强和完善对房地产经纪信息的管理。

1. 房地产经纪机构信息管理系统设计的原则

（1）网络化原则

21世纪是信息化、网络化的时代，房地产经纪信息的网络化管理是必然趋势。首先，房地产经纪信息的网络化彻底改变了传统的广告媒体宣传，发放售楼书等耗费成本较大的信息发布和管理方式，可以在较短的时间内实现对海量数据的上传、处理，使房地产经纪信息在尽可能短的时间，最大限度地展现给市场，并得以有效的利用，从而节约大量的时间和成本。其次，网络化管理还为房地产经纪机构实现信息共享提供了平台。最后，网络化管理可以通过网络公开性，突破房地产交易时间和空间的局限，可以将房地产经纪机构服务的触角扩展到计算机网络可以到达的所有角落，这也是房地产经纪机构信息管理的必然趋势。

（2）共享原则

信息共享，是房地产经纪机构信息管理的必然趋势。房地产经纪机构需要通过其信息管理系统，建立企业的信息共享平台，既可以提高企业内部办公与信息交流效率，同时为协同办公提供基础。信息共享平台的主要功能有：解决房地产经纪服务过程中参与各方在沟通、协作、控制等方面存在的问题，实现企业内部资源共享的最大化，提高办公效率；增强部门职能，增强信息引导和信息服务，为全面实现网上办公建立基础；建立共享资源库，为企业管理者提供基础决策信息。

（3）协同原则

协同的最基本含义是协同工作，也就是多人相互配合完成同一目标。协同概念包含四个方面的含义：人的协同、信息协同、应用协同和流程协同，其中，人的协同是核心内容。"产品协同商务之父" Jim Hepplemann 指出：以人为本的协同工作将成为今后衡量企业是否真正具有竞争力的核心。

协同原则要求房地产经纪信息管理系统的设计，在提供信息共享平台的基础上，构筑协同办公的平台。协同办公平台首先是一个沟通的平台，用以全面实现沟通过程的时效性、完整性和有效性；其次是一个管理和协作平台，能够实现团队协作，比如，项目管理、流程管理、事务管理等。这样才能做到随需应变、动态适应，实现柔性管理；再次是知识中心和应用运行支持平台。人和行为的协同就要以人为中心重新组织应用、数据、信息和知识。

2. 房地产经纪机构信息管理系统的架构

房地产经纪信息是房地产经纪机构最重要的经营资源，房地产经纪机构必须对房地产经纪信息进行有效的管理。由于计算机系统具有超大容量的信息存储功能、自动化信息处理和快速传输功能，因此，计算机系统成为房地产经纪机构进行信息管理的重要工具。目前国内一些大型的房地产经纪机构都非常重视建立企业的计算机信息管理系统。房地产经纪机构信息管理系统通常包括以下子系统：

（1）数据管理系统

这类系统把现有房源信息、销售合同、费用凭证、需求客户等以一定的数据格式录入计算机里，以数字的形式保存起来，可以随时查询和维护，实现企业内部信息的数字化，并可通过局域网与互联网的对接实现与企业外部的信息交流。

（2）流程控制系统

这类系统把企业已经规范的一些流程以软件程序的方式固化下来，使得流程所涉及的岗位员工的工作更加规范高效，减少人为控制，同时提升客户满意度。比如客户前来付款，财务人员打开信息系统，输入客户的名称和交易代码，就可以直接显示该客户的详细交易信息，如何时前来咨询、何时登记、何时签订合同等信息，并且可以显示出该客户的费用支付情况等信息，而这些信息是对不同岗位信息的综合。

（3）辅助决策系统

这类系统通过对信息化的原始数据进行科学的加工处理，运用一定的计算模型，为管理和决策提供基础数据支持。以成本和费用控制为例，通常是通过月末的数据报表才能了解到资金的流向以及进行事后控制。而采用计算管理系统后，实现了对每一笔业务情况的及时录入，并可以及时归纳各科目费用，按岗位、按部门、按项目进行汇总，掌握费用支出动态。同时还能够针对某些需重点控制的费用或费用率制定计划，并就计划的落实情况进行跟踪和考核，发现异常可及时调整，从而实现了对费用的实时控制，并根据具体情况进行调整。

第四节 房地产经纪机构的风险管理

一、房地产经纪机构风险管理的含义与主要内容

（一）房地产经纪机构风险管理的含义

企业风险是指由于企业内外环境的不确定性、生产经营活动的复杂性和企业管理能力的有限性而导致企业的实际收益达不到预期收益，甚至导致企业生产经营活动失败的可能性。企业风险管理是对企业内可能产生的各种风险进行识别、衡量、分析、评价，并适时采取及时有效的方法进行防范和控制，用最经济合理的方法来综合处理风险，以实现最大安全保障的一种科学管理方法。

由于我国的房地产经纪较西方发达国家尚处在一个初级发展的阶段，房地产经纪领域的法律法规、行业规范、市场经验等都相对缺乏。加之房地产经纪行业本身涉及面广、不确定性多，房地产经纪机构、经纪人和交易双方三者之间的利益存在不均衡性，容易产生各类纠纷，导致各种风险。因此必须对房地产经纪活动中可能存在的风险给予高度重视及深入地研究，并通过制定系统的风险防范措施加以规避，因此，加强房地产经纪机构的风险管理具有非常重要的作用。

房地产经纪机构的风险管理，是指房地产经纪机构对其在房地产经纪活动中可能产生的风险进行识别、衡量、分析，并在此基础上有效地处置风险，以最低成本实现最大安全保障的过程和方法。

从房地产经纪活动中的民事法律关系来看，各相关主体的联系主要是通过与房地产经纪的相关合同，例如代理合同、居间合同、行纪合同等来完成的。因此作为经纪机构与房屋产权人、购房者等合同主体，签订合同最基本的目的旨在交易过程中尽可能避免风险，实现交易目的，获得预期利益。从房地产经纪业务自身来看，房地产经纪业务其所涉及的交易方式、合作单位、客户、信息等，其特征都较为复杂，也较容易发生变化，这就令房地产经纪机构所面临的风险也具有复杂、多变等特点。

风险是客观存在的，不可完全避免，只要房地产经纪机构、人员要开展房地产经纪业务，就必然伴随着风险。实际业务操作过程中，有些经纪机构或经纪人员为了回避风险，在开展业务时缩手缩脚，或是在业务操作中设置不必要的"过滤门槛"，使业务拓展的效率降低，从而影响了收益。这一种对待风险的态度过于保守，是不正确的。

房地产经纪机构的风险管理基于对待风险的合理态度。对待风险要坚持两个

原则：一是不能过于保守，要合理承担风险；二是不能盲目乐观，要正确衡量风险的发生概率及其后果，使风险与收益对等。

1. 合理承担风险

要获得收益，就必须承担相应的风险，收益越大风险也越大。这是房地产经纪机构、经纪人在经纪业务中必须明白的一点。因此，在开展经纪业务时，要同时对风险与收益两方面进行衡量，尤其要注意不能为了回避风险，而令工作的效率和业务收益过低，从而失去竞争力。

2. 风险与收益对等

在经纪业务中存在的风险是各不相同的。这要从风险发生的概率与后果两方面去衡量。有些风险较常发生，但它带来的损失可能较小，后果并不严重；而有些风险虽然较少发生，但它一旦发生，带来的后果较为严重，损失巨大，甚至有可能"拖垮"一个经纪机构。当然，也有些风险是既容易发生，又会带来严重损失的，对于这种风险，经纪机构或经纪人员更要注意严加防范。任何提高工作效率、提供给客户更好的服务，或获得更高业务收费的措施都可能伴随风险，必须仔细考量承担的风险与可能获得的收益，如果无法承担某些风险带来的损失或者风险使公司价值急速贬值或减少，则坚决回避；如果决定承担相应风险，则要使风险与收益对等。

（二）房地产经纪机构风险管理的主要内容

房地产经纪机构风险管理的主要内容包括风险识别、风险衡量和企业风险处理三个方面。

风险识别是风险分析和管理中的一项基础性工作，其主要任务是明确机构风险的存在，并找到主要的风险因素，为后面的风险衡量和风险处理奠定基础。

风险衡量是运用一定方法对风险发生的可能性或损失的范围与程度进行估计和衡量，确定已识别的风险对房地产经纪机构的影响程度。

风险处理是针对不同类型、不同规模、不同概率的机构内外部风险，采取相应的对策、措施或方法，将风险损失对房地产经纪活动的影响降到最小限度。

二、房地产经纪机构风险的主要类型

目前，我国房地产经纪机构主要面临的风险主要分为外部风险和内部风险。外部风险属于政策类变动带给企业的经营风险，不可控性大；而内部风险属于企业管理范畴内的，只要高度重视、加强防范和控制并加以管理，就可以将风险降低到最低程度。

外部风险是指来自法规政策方面的风险，在房地产交易的过程中有可能出现国家法律法规颁布、修改或废止的情况，从而可能带来交易中所涉及税费的变化、甚至交易中某一方不愿将交易继续下去的风险。因此，房地产经纪机构应当在合同的附则中约定出现政策变更时的处理办法，以免出现交易双方都不愿承担政策变更后的多余费用支出而导致合同无法履行的情况。

房地产经纪机构的内部风险主要有两大类：行政处罚风险和民事赔偿风险。

（一）行政处罚风险

1. 未按政府部门要求公示相关信息引起的风险

房地产经纪机构及其分支机构应当在其经营场所醒目位置公示下列内容：营业执照和备案证明文件；服务项目、内容、标准；业务流程；收费项目、依据、标准；交易资金监管方式；信用档案查询方式、投诉电话及 12358 价格举报电话；政府主管部门或者行业组织制定的房地产经纪服务合同、房屋买卖合同、房屋租赁合同示范文本；法律、法规、规章规定的其他事项。

分支机构还应当公示设立该分支机构的房地产经纪机构的经营地址及联系方式。房地产经纪机构代理销售商品房项目的，还应当在销售现场明显位置明示商品房销售委托书和批准销售商品房的有关证明文件。

根据《房地产经纪管理办法》规定，房地产经纪机构在开展业务前必须完成上述内容的公示，如未进行公示，一经被相关政府部门查处，则将面临被行政处罚的风险。

2. 不与交易当事人签订书面房地产经纪服务合同引起的风险

房地产经纪机构接受委托提供房地产信息、实地看房、代拟合同等房地产经纪服务的，应当与委托人签订书面房地产经纪服务合同。房地产经纪服务合同应当包含下列内容：房地产经纪服务双方当事人的姓名（名称）、住所等情况和从事业务的房地产经纪人员情况；房地产经纪服务的项目、内容、要求以及完成的标准；服务费用及其支付方式；合同当事人的权利和义务；违约责任和纠纷解决方式。

房地产经纪机构提供代办贷款、代办不动产登记等其他服务的，应当向委托人说明服务内容、收费标准等情况，经委托人同意后，另行签订合同。

如违反上述要求，一旦发生纠纷，则难以保障房地产经纪机构的利益。

3. 违规收取服务费引发的风险

房地产经纪服务实行明码标价制度。房地产经纪机构应当遵守价格法律、法规和规章规定，在经营场所醒目位置标明房地产经纪服务项目、服务内容、收费标准以及相关房地产价格和信息。

房地产经纪机构不得收取任何未予标明的费用；不得利用虚假或者使人误解

的标价内容和标价方式进行价格欺诈；一项服务可以分解为多个项目和标准的，应当明确标示每一个项目和标准，不得混合标价、捆绑标价。

房地产经纪机构未完成房地产经纪服务合同约定事项，或者服务未达到房地产经纪服务合同约定标准的，不得收取佣金。

两家或者两家以上房地产经纪机构合作开展同一宗房地产经纪业务的，只能按照一宗业务收取佣金，不得向委托人增加收费。

根据《房地产经纪管理办法》规定，有违反上述要求并构成价格违法的，由县级以上人民政府价格主管部门按照价格法律、法规和规章的规定，责令改正、没收违法所得、依法处以罚款；情节严重的，依法给予停业整顿等行政处罚。

4. 经纪服务合同未由经纪人签字引起的风险

房地产经纪机构签订的房地产经纪服务合同，应当加盖房地产经纪机构印章，并由从事该业务的一名房地产经纪人或者两名房地产经纪人协理签名。

根据《房地产经纪管理办法》规定，有违反上述要求的，由县级以上地方人民政府建设（房地产）主管部门责令限期改正，记入信用档案；对房地产经纪人员处以1万元罚款；对房地产经纪机构处以1万元以上3万元以下罚款。

5. 未尽告知义务引起的风险

房地产经纪机构签订房地产经纪服务合同前，应当向委托人说明房地产经纪服务合同和房屋买卖合同或者房屋租赁合同的相关内容，并书面告知下列事项：是否与委托房屋有利害关系；应当由委托人协助的事宜、提供的资料；委托房屋的市场参考价格；房屋交易的一般程序及可能存在的风险；房屋交易涉及的税费；经纪服务的内容及完成标准；经纪服务收费标准和支付时间；其他需要告知的事项。

房地产经纪机构根据交易当事人需要提供房地产经纪服务以外的其他服务的，应当事先经当事人书面同意并告知服务内容及收费标准，书面告知材料应当经委托人签名（盖章）确认。

根据《房地产经纪管理办法》规定，有违反上述要求的，由县级以上地方人民政府建设（房地产）主管部门责令限期改正，记入信用档案；对房地产经纪人员处以1万元罚款；对房地产经纪机构处以1万元以上3万元以下罚款。

6. 擅自对外发布房源信息引起的风险

房地产经纪机构与委托人签订房屋出售、出租经纪服务合同，应当查看委托出售、出租的房屋及房屋权属证书，委托人的身份证明等有关资料，并应当编制房屋状况说明书。经委托人书面同意后，方可以对外发布相应的房源信息。

根据《房地产经纪管理办法》规定，有违反上述要求的，由县级以上地方人民政府建设（房地产）主管部门责令限期改正，记入信用档案，取消网上签约资格，并处以 1 万元以上 3 万元以下罚款。

7. 擅自划转客户交易结算资金引起的风险

房地产交易当事人约定由房地产经纪机构代收代付交易资金的，应当通过房地产经纪机构在银行开设的客户交易结算资金专用存款账户划转交易资金。交易资金的划转应当经过房地产交易资金支付方和房地产经纪机构的签字和盖章。

根据《房地产经纪管理办法》规定，有违反上述要求的，由县级以上地方人民政府建设（房地产）主管部门责令限期改正，取消网上签约资格，处以 3 万元罚款。

8. 未按规定如实记录业务情况或保存房地产经纪服务合同引起的风险

房地产经纪机构应当建立业务记录制度，如实记录业务情况。房地产经纪机构应当保存房地产经纪服务合同，保存期不少于 5 年。

根据《房地产经纪管理办法》规定，有违反上述要求的，由县级以上地方人民政府建设（房地产）主管部门责令限期改正，记入信用档案；对房地产经纪人员处以 1 万元罚款；对房地产经纪机构处以 1 万元以上 3 万元以下罚款。

9. 不正当行为引起的风险

房地产经纪机构和房地产经纪人员不得有下列行为：①捏造散布涨价信息，或者与房地产开发经营单位串通捂盘惜售、炒卖房号，操纵市场价格；②对交易当事人隐瞒真实的房屋交易信息，低价收进高价卖（租）出房屋赚取差价；③以隐瞒、欺诈、胁迫、贿赂等不正当手段招揽业务，诱骗消费者交易或者强制交易；④泄露或者不当使用委托人的个人信息或者商业秘密，谋取不正当利益；⑤为交易当事人规避房屋交易税费等非法目的，就同一房屋签订不同交易价款的合同提供便利；⑥改变房屋内部结构分割出租；⑦侵占、挪用房地产交易资金；⑧承购、承租自己提供经纪服务的房屋；⑨为不符合交易条件的保障性住房和禁止交易的房屋提供经纪服务；⑩法律、法规禁止的其他行为。

根据《房地产经纪管理办法》规定，有上述①、②项行为，构成价格违法的，由县级以上人民政府价格主管部门按照价格法律、法规和规章的规定，责令改正、没收违法所得、依法处以罚款；情节严重的，依法给予停业整顿等行政处罚。

根据《房地产经纪管理办法》规定，有上述③～⑩项行为的，由县级以上地方人民政府建设（房地产）主管部门责令限期改正，记入信用档案；对房地产经纪人员处以 1 万元罚款；对房地产经纪机构，取消网上签约资格，处以 3 万元罚款。

（二）民事赔偿风险

1. 未尽严格审查义务引起的风险

未尽严格审查义务，指的是房地产经纪机构或经纪人因为客观条件的限制或一些主观上的原因，对房源等相关信息未严格实施审查。比较常见的是房屋的质量、产权、销售许可等问题，因为这些问题往往需要深入调查才能了解清楚，而一般的经纪机构是很难组织人力对每一套房源进行深入调查的。另外，在当前很多地方，房屋管理部门未设立通畅的房屋权属查询渠道，一旦业主不予配合查询，则房地产经纪机构根本无法确保房屋权属的真实性。

在上述主客观因素影响下，为促成交易，有些经纪人会凭自己的"推理"对有些信息加以补充，如当客户问房源的质量情况时，经纪人觉得自己看到的该房源的质量好像没有什么问题，于是就随口回答说："没有问题"。而万一客户在成交后发现，该房源存在某些质量隐患，就极有可能与经纪人或经纪机构发生纠纷，从而引发风险事故。

因此，经纪人应尽可能全面地掌握房源的相关信息，而对于某些不清楚的方面，当客户询问时，则要如实告知，以免引起不必要的纠纷。

2. 协助交易当事人提供虚假信息或材料引起的风险

目前，经纪人在开展经纪业务时，由于许多具体的操作由经办人直接办理，许多操作无法集中处理，因而存在不少由于不规范的业务操作引起的风险事故，如虚报成交价、乱收费、伪造客户签名等，这些不规范的操作容易与客户发生纠纷，从而给经纪机构带来经济或名誉上的损失。

（1）虚报成交价

虚报成交价通常是在客户的"要求"下进行的。它分为"高报"与"低报"两种。"高报"是指在向有关部门报告成交价时，所报的成交价高于实际的成交价。客户要求"高报"的原因往往是为了在向银行办理购房按揭时，能够争取到更大金额的贷款。"低报"则是与"高报"相反，即在向有关部门报告成交价时，所报的成交价低于实际的成交价。客户要求"低报"的原因一般是为了少交有关的税费。

因为经纪人在房地产交易中起着见证的作用，对成交价也有见证的责任，所以不论是"高报"还是"低报"，经纪人都要负相关的法律责任。另外，在当前操作模式下，无论贷款还是缴税均需提供网签合同，而网签合同又是由房地产经纪机构操作的，故"高报"与"低报"成交价格对于房地产经纪机构而言均无法脱离干系。

（2）伪造签名

有时候，由于一些经客户签名的文件因某种原因不符合有关部门的要求，有些经纪人为了贪图一时的方便或怕客户责怪，会重新准备文件并"伪造"客户的签名。这样做会引起两种后果：一是被有关部门或单位发现，然后该文件被退回经纪机构，要求重新递交一份客户亲笔签名的文件，这样就拖延了交易的办理时间，影响了工作效率，有时甚至会引起客户的不满；二是当客户出现违约情况时，如客户在交易中途突然决定取消交易、不支付服务费等，这些并非客户亲笔签名的文件，将无法保障经纪机构的合理利益。

3. 承诺不当引起的风险

经纪人对客户进行承诺时，如果没有把握好分寸，一味地迎合客户的心理，做出无法兑现或其他不适当的承诺，就容易引起纠纷，有时甚至会带来不必要的经济损失，也给经纪机构的形象带来损害。

在经纪业务开展过程中，容易出现承诺不当现象的环节主要有：房源保管、服务协议的签订等。

（1）房源保管风险

有些业主（委托人）在将房源委托给经纪机构进行销售或租赁时，会将该房源的钥匙交予经纪机构保管、使用。而不少经纪人为了带客户看楼时的方便，甚至会主动向业主（委托人）要求将房源的钥匙交予其保管。其实，这样一来，经纪机构就要承担该房源的保管风险了。

按照我国现行的法律，经纪机构一旦接受了业主（委托人）所委托房源的钥匙，就要对该房源履行保管责任，该房源若是发生失窃或是被人为损坏等情况，所造成的损失皆由经纪机构负责赔偿。特别是对于一些装修较为豪华、家私电器较为名贵的房源来说，经纪机构所要承担的风险更大。因此，经纪人在接受房源的钥匙时，应就是否对房源履行保管责任等问题，与业主（委托人）签订有关协议，尽量规避房源保管的风险。

【案例1】

某房地产经纪机构与业主签订了房源的独家代理合同。为了方便经纪人带客户看楼，该业主将该房源的钥匙交予经纪机构保管。该房源配备了较为齐全的家私电器。过了一段时间，该房源还未达成交易，却发生了失窃事件，其门锁并未有被损坏的迹象。有关部门经过一系列的调查，一直不能查清失窃的真相所在。

按照我国现行的法律，经纪机构一旦接受了业主（委托人）所委托房源的钥匙，就要对该房源履行保管责任，该房源若是发生失窃或是被人为损坏等情况，所造成的损失皆由经纪机构负责赔偿。所以，这一失窃事件所造成的损失由该接受委托的经纪机构承担。

（2）房地产经纪服务合同签订中的风险

目前，很多经纪人的法律、法规意识较弱，在与客户签订服务协议时，往往一味地迎合客户的要求，从而在协议中写下某些难以兑现的承诺条款。而一旦客户要求兑现该条款，就会令经纪机构陷入非常被动的境地，甚至最终引起客户的不满，令经纪机构受损。

【案例2】

经纪人刘某在与买家胡某签订服务协议（即委托合同）时，根据胡某的要求，在合同的附加条款里注明：保证一个月内办妥过户手续，如未办妥，将取消此项交易。在一般情况下，这也是不难做到的。但是偏偏胡某要购买的该套房屋，其业主的配偶不同意出售，拖了差不多一个月，都没有说服该配偶同意。因此，胡某在一个月后，就取消了此项交易。刘某所付出的大量劳动也变成了"无用功"。

经纪人在与客户签订协议时，要有较强的法律、法规意识，不能一味迎合客户的要求而在协议中写下难以兑现的承诺条款，避免服务协议风险。

4. 产权纠纷引起的风险

产权风险就是指买卖双方签订买卖合同甚至交付定金后才发现，由于房屋产权的种种问题，房屋无法交易，也无法过户。由于历史、政策等原因使现有的存量房的产权情况千差万别，但主要分为以下几类：商品房、已购公房、共有产权房、经济适用住房。

每个经纪人都必须意识到产权确认在存量房交易中的重要性。这些在交易签约前未做产权确认而引发的纠纷大量出现，不仅浪费了经纪方、买卖双方大量的时间和精力，甚至给客户造成了经济损失，同时也不利于存量房市场的健康发展。

（1）产权瑕疵风险

房屋买卖中确认房屋产权是否存在瑕疵是首要问题。存量房是否即将被征收、是否已经抵押或涉案被查封、产权共有人的意见等均将成为影响房屋能否上市的重要因素，而有的产权证明有可能已发放多年，无法清晰显示产权现有的状态。因此，为使交易顺利进行，经纪人在为客户提供经纪服务之前应当到房屋所在地的房地产产权登记部门查询该房屋的权属情况，包括该房屋是否抵押、是否受司法限制等，并如实告知买方情况。

【案例3】

经纪人张某在为客户李某提供房地产经纪服务过程中，适逢周末不能到房管部门进行查证。仅凭业主一方面的陈述和业主出示的一本登记日期为六年前的房产证，经纪人张某就代买方李某向业主支付了一万元的购房定金。星期一张某到房管局查询时方发现该物业除了抵押给银行外，还因业主欠债被某法院查封了。当张某再慌张联系业主时，业主已杳无音讯。最后张某只得向李某偿还了一万元定金。

【案例4】

经纪人小丁向客户推荐了一处已抵押物业，并口头告知其抵押的情况，客户表示愿意接受并支付了定金。但此后该客户以小丁并未告知其抵押情况为由要求取回定金。根据相关法律规定，在无法证实已告知受让人抵押情况下，经纪人小丁只能退还该笔定金。

（2）产权转移风险

目前，我国的不动产交易采取的是登记要件主义，即房屋必须经过房屋管理部门的过户登记，房地产权利才发生转移。所以，经纪人在促成买卖双方签订了房地产买卖合同后，应立即协助买卖双方到房屋所在地的房屋管理部门办理产权过户手续；若双方发生房屋买卖纠纷，应尽快向法院提出诉前财产保全或诉讼财产保全，将房屋查封，防止房屋转移。

一些特殊性质的房屋如集资房、经济适用住房、限价商品房、共有产权房等，法律法规对其上市交易有一系列的限制性规定，未达到相关条件则无法上市。有些房地产经纪人对法律法规了解不多，而客户的法律意识也较为薄弱，往往会认为这种房地产交易只要办理了公证手续即可达到产权转移的目的，于是容易产生交易纠纷。

【案例5】

客户马某看中北京市昌平区回龙观某小区的一套存量房，价格较为便宜，但房屋性质为经济适用房，且未满五年。马某出于房价较低的考虑，且在某房产经纪机构的撮合下，最终与业主签署了买卖合同，并约定待房屋满五年后再办理过户手续。后因房价上涨较快，业主提出解约要求，并称该房屋买卖合同无效。

客户马某非常不满，投诉至建委。在建委的协调之下买卖双方最终解约，同时，建委要求该经纪机构退还佣金，并对其进行了处罚，理由是操作国家禁止交易的房屋买卖业务。

5. 经纪业务对外合作的风险

经纪人在从事经纪业务中为了开拓业务必然会与一些单位或机构、个人进行一些合作，利用各自的资源增加客户群、提高服务效率以促成更多的交易。常见的合作伙伴有抵押贷款代办机构和其他房地产经纪机构等。选择具备合法资质的合作伙伴，对促成交易、保障交易安全有着非同小可的意义。否则，由于合作带来的不可预见的风险则会接踵而至。

（1）代办房地产抵押贷款风险

对于经纪机构而言，最重要的合作伙伴——抵押贷款代办机构的选择最具直接影响。专业的担保公司主要是靠对银行贷款流程的熟悉和良好的信誉服务客户，为贷款者提供专业服务，其价值主要体现在为贷款者节省时间和减低风险。经纪人在为客户代办银行抵押贷款及过户手续时，除了对抵押贷款代办机构的合法资质进行严格审核外，还应对其内部架构、业务操作流程、人员素质等做出综合评估方能选定。

某些私人设立的代办机构有名无实，无法担负审查、代理申请银行抵押贷款的职责，在获取房地产经纪人员或买卖双方的信任后，借此诈骗客户物业或银行贷款，存在严重的经济诈骗行为。房地产经纪人员对抵押贷款代办机构的资质审查不严格、对整个交易过程的跟进不及时则极有可能令自己陷入困境。

【案例6】

买方刘某通过经纪人张某与业主以人民币35万元达成了房屋买卖，买方支付了定金1万元。为方便办理手续，业主将房产证交给了张某。为监控交易过程的安全，本应由张某所在公司指定的抵押贷款代办机构为其代办相关手续，但买方坚持要委托其认识的抵押贷款代办机构进行贷款。

张某多次说服买方未果，最终只得将房产证交给了买方委托的抵押贷款代办机构。随后张某就没再追问此事，以为正在办理银行抵押贷款。过了一段时间，张某联系买方，询问贷款办得怎么样了，买方推说银行未批出抵押贷款。张某起疑遂到房管局进行查证，却发现该物业已被过户至一不知名人士的名下。等再联系买方时，买方及抵押贷款代办机构均已人去楼空。

经查，该抵押贷款代办机构与买方是同一伙人，他们制作虚假签名，然后到房管局办理过户手续，将物业过户到第三人的名下收取房款后逃跑。

因此，经纪人亦将为自己的过失承担相应的民事法律责任。

（2）同行合作风险

房地产经纪人员在进行业务活动过程中，常会存在与其他同行合作获取房源、客源，达成协议共同分配佣金等的情况。这些合作形式应以合法、不串通损害买卖双方利益为前提，否则，一旦侵犯了买卖双方的合法利益，被发现存在私自收费、谋取差价等行为的话，轻则追究民事法律责任及行政责任，重则追究刑事责任。

有的经纪人会认为合作双方只要签订了内部协议就是合法可行的，出问题时还可以根据这份协议去追究对方的责任。须知，这份所谓的协议因其前提已违法而并没有法律效力，是不能作为依据的。在买卖双方追究的时候，经纪人员无可避免要承担相应的法律责任。

【案例7】

经纪人田某有一客户急需找某小区一手物业，刚巧旧同事李某（在其他房地产经纪机构任职的经纪人）有此小区的关系房源。于是田某和李某拟定了一份协议，协议规定：由于是一手内部转名的物业，向买方客户另行加收楼价的10%作为手续费。除应收的佣金以外此部分手续费对半分成。

随后，田某与陈某签订了售价为42.9万元（原售价为39万元）的《购房确认书》，并告知陈某其中包括支付3.9万元作为手续费，方能从一手内部认购人手中购得该物业。当时陈某同意并付了钱。田某满以为陈某已清楚知道内情并无异议且已付了钱。于是田某与李某带陈某到开发商处签订了买卖合同（该合同上显示是39万元）。不料随后陈某即以经纪人诈骗为由要求田某退还3.9万元的手续费，并投诉到消费者协会。消费会经调查相关情况，认为经纪人田某和李某存在合同欺诈行为。消费会责令他们退还多收款项并不得收取任何佣金，同时经纪机构管理部门对田某及李某做出罚款1万元、责令停止执业一年的处罚。

6. 道德风险

（1）房地产经纪人员道德风险

某些房地产经纪人员为了个人的利益，置经纪机构的利益于不顾，做出一些损害经纪机构的利益与形象的举动。这种经纪人员的道德风险也是经纪机构要重点防范的，尤其是在一些财务监管制度不够完善的公司，房地产经纪人员的"可乘之机"较多，风险发生的机会也就较大。

房地产经纪人员的道德风险主要表现为：为了自己的个人利益，将房源或客户资料外泄；利用经纪机构的房源与客户资源，私底下促成双方交易，为自己赚取服务佣金；私自抬高房源的售价，赚取其中的"差价"；收到较大金额的服务佣金或订金后，携款潜逃等。

其中，尤其要注意的是房源或客户资料外泄的现象。因为房源或客户资料是经纪机构的核心资源，一个经纪机构所掌握的房源或客户资料越丰富，其市场竞争力越强。有些经纪机构为了获取竞争对手的房源或客户资料，会用金钱买通竞争对手机构的经纪人员，让他们为其提供需要的资料。

对房地产经纪人员道德风险的管理是一项长期、系统的工作，它要求经纪机构一方面要不断完善各项管理制度，另一方面则要不断培养房地产经纪人对机构的归属感、忠诚感，提高其道德修养。

（2）客户道德风险

经纪机构在与道德较差的客户打交道时，稍有不慎，就会发生风险事故，有些事故还会带来比较严重的后果。作为经纪机构，不可能去衡量每一位客户的道德水准，但如果能对这些类型的风险事故有比较全面、深入的了解，就可以防患于未然。

① "跳单" 风险

买卖双方的客户在经纪人的 "牵引" 下，有时会有所接触。如经纪人带买家去看楼，该房源的业主因为要去开门，也在看楼现场，因此买卖双方就有了相互接触的机会。这种时候，有些客户为了免予支付服务佣金，会在不引起经纪人注意的情况下，给对方留下联系电话，然后私底下达成交易。这种现象就是业内人士所说的 "跳单"。

在与买卖双方的沟通过程中，经纪人付出了时间、精力及电话费、交通费等 "成本"，而 "跳单" 现象不仅没能给经纪人带来收益，还令经纪人的这些 "成本" 付诸东流。若是经常出现这种现象，则会给经纪人或经纪机构带来经济负担，不利于经纪业务的开展。

防止客户 "跳单" 的措施一般是在带客户看楼前，要求其签订 "看房委托协议"，承诺不会与业主（委托方）私下交易，如出现私下成交的情况，则客户仍需向中介公司缴纳佣金。

② 利用伪造证件诈骗

有些客户会通过提供假房产证、假身份证等来进行诈骗，经纪人如果防范心理不强，或是业务操作不规范，就有可能让他们诈骗成功，从而给经纪人、经纪机构带来经济损失或形象的损害。

因此，在要发生交易时，经纪机构应对该房源的产权人身份等进行确认，以防止某些业主（委托人）虚报其物业权属资料等，从而给交易造成不便或令交易 "告吹"。一般情况下，在收受买方定金之前，经纪人就应对该房源的产权证、产权人或其合法代理人身份等进行确认，以辨别其真伪。只有在确认产权证、产权人或其合法代理人身份证等皆为真实无误时，才可收取定金。

③ 故意隐瞒房屋存在的瑕疵

房源业主深知自身房屋的优势和劣势，但为了顺利实现交易，而夸大优势，并故意隐瞒房屋本身的瑕疵，若经纪方或房屋购买者对这些瑕疵在交易前并未察觉，便为后期交易留下纠纷隐患。

④ 对经纪人人身安全的威胁

经纪人经常要带客户去房源看楼，很多时候还只能由一个经纪人带客户前往看楼，这就给一些犯罪分子提供了可乘之机。这些犯罪分子往往会假扮成要看楼的"客户"，然后在看楼过程中，伺机抢夺经纪人的财物等，甚至危及经纪人的生命安全。

因此，为了规避、防范这种风险，经纪人在带客户看楼之前，应对客户的身份资料进行详细的登记，最好能让其出示有效证件（如身份证等），将其号码登记下来，以起警示作用；同时应提高专业能力，提高对房屋的勘察能力，以尽可能全面准确地掌握房屋的真实状况；另外，外出看楼应在店中留下记录及预计返回时间，以方便同事及时发现异常情况。

三、房地产经纪机构风险识别

主动识别经纪业务中的各类风险，是进行风险防范的必要前提。上文已详细阐述了在经纪业务开展的过程当中较常见的几类风险。经纪机构或经纪人应以此为出发点，在日常工作中加以注意。但是，在实际的工作当中，经纪机构或经纪人所面临的风险是非常复杂、多样的，远不止上文提到的那些类型。这就要求经纪机构要建立较为系统的风险识别系统，同时，房地产经纪人则要不断提高自己的风险识别能力。

（一）建立风险识别系统

每一个经纪机构的规模、运作构架不同，因而风险识别系统也难有统一的模式。总体来说，经纪机构在建立风险识别系统时，要遵循两个基本原则：一是尽量以不影响日常的工作效率为前提，二是要全面考察。虽然建立完善的风险识别系统至关重要，但若是因此影响了工作效率，从而间接地降低了公司的盈利能力，则未免得不偿失。全面考察原则，即针对每一个工作环节进行考察，识别其风险，这是保证风险识别的有效性的重要方式。

根据经纪机构的经营特点，应切实把握风险识别的两个切入点：投诉处理和坏账处理。

1. 投诉处理

从某种程度上说，投诉处理最能反映经纪机构在业务开展过程中存在的问题，这些问题往往就是引发风险事故的"隐患"。所以，经纪机构应重视投诉，并通过对投诉问题的了解、处理，识别其中的风险因素。

经纪机构面临的投诉主要来自两方面：一方面是客户，这是最常见、最值得重视的；另一方面则是其他从业的经纪人，这种情况比较少见，但也是识别风险的一个渠道。

经纪机构应设有专门的工作人员负责投诉处理，他们必须具备较高的专业能力，能够到位地与客户进行沟通、协调，从而保证投诉处理的质量与效果，维护经纪机构的良好形象。同时，更重要的是，他们必须及时将投诉中存在的风险因素进行归纳、总结，并向公司有关部门的负责人反馈，使公司的风险防范系统不断得到改进和完善。

2. 坏账处理

房地产经纪业务的应收款，通常是指经纪机构在提供了服务之后，客户承诺支付而未取得的服务费用，当客户拒绝支付或款项严重逾期时，应收款则转化为坏账。多数情况下，客户不会无缘无故不支付服务费用，因此，对这些坏账的处理，是发现经纪机构或经纪人在业务操作过程中存在问题的一个渠道，同时也是识别风险的一个切入点。

因为与收益息息相关，经纪机构一般比较重视坏账处理。在这里要特别注意的一点是：在对坏账进行追查、追讨的过程中，工作人员要深入了解客户不愿支付服务佣金的原因，若是从中发现了公司业务操作中的风险因素，应及时向有关部门或负责人反馈。

（二）提高风险识别能力

这是针对经纪机构的工作人员（尤其是经纪人）而言的。首先，经纪人要树立风险防范意识，这是提高风险识别能力的基本前提。其次，经纪人要对可能发生的各类风险有所认识。这一点通常要依靠经纪机构的培训，以及经纪人自己的信息收集。再次，经纪人的业务操作流程要尽量规范化。规范化业务流程本身具有防范风险发生的作用，在现实中，很多风险的发生，正是经纪人贪图方便、不按规范的流程操作的原因所致。另外，经纪人还应不断巩固、加强自己的各项专业能力，这也是提高风险识别能力的有效手段。

四、房地产经纪机构风险防范

根据我国目前房地产经纪行业的特点，如相关的法律、法规还在不断完善当中，行业本身的涉及面广、不确定性多，容易产生各类纠纷等，必须制定系统的风险防范措施。这里列举一些常见措施，这些措施主要从经纪机构的管理机制入手，包括对外承诺标准化、投诉处理、权限控制与分配等。

（一）对外承诺标准化

对外承诺包括口头承诺和书面承诺两方面，在这里主要指的是书面承诺，如交易委托合同、房源钥匙保管协议等。进行对外承诺，其目的主要是在客户心中建立足够的交易信心，从而最终令交易顺利完成。因此，在经纪业务的开展过程中会出现这样的风险事故：有些经纪人在工作中为了迎合客户心理，开出一些无法兑现的承诺，最后却令客户丧失信心，破坏经纪机构或该经纪人的形象，甚至引起法律纠纷。所以，在进行对外承诺时，经纪机构或经纪人必须注意的一点是，所承诺的内容一定是有能力兑现的。为了切实做到这一点，就必须要实行对外承诺标准化。它主要从以下三个方面入手。

1. 制定标准的对外承诺文本

制定规范、标准的对外承诺文本，是实行对外承诺标准化的关键。经纪人在开展经纪业务时，使用标准的承诺文本，能最大限度地防范对外承诺中存在的风险。

2. 展示标准化文本

展示标准化文本，主要是对客户展示各类标准化文本。这是一种通过外部监督的方式来防范对外承诺风险的措施。即经纪机构将本公司所用的文本（包括合同、协议、证明等各类文本），装订成册，在客户面前展示，使客户知道标准文本的样式。这样，在签署相关文件时，客户如果发现经纪人给他们提供的文本不同于标准文本，他们就会拒签，从而防止发生经纪人乱开承诺的风险事故。

3. 规范档案与印章管理

档案，主要指各类对外承诺文本，也包括在经纪业务开展过程中涉及的其他文件、文本。经纪机构应建立系统的档案管理制度，对各类档案的管理责任人、保管方式、保管期限等均应做出明确、详细的规定，避免档案遗失或其他因档案管理不当带来的风险。

印章管理，也要建立起明晰、系统的管理制度，对管理责任人及如何使用等都要有详细的说明。经纪机构的每一个营业点通常都配有相关的印章，使用的频率高，如果管理不当，极易发生风险事故。

（二）权限的控制与分配

在开展经纪业务的过程中，涉及各类事务的处理，要最大限度地保证这些事务进行正确的处理，就必须根据每一项事务的涉及面、重要程度等进行分类，然后将各类事务分配予相关的工作人员负责处理。这些责任人的权限必须明确、清晰，尽量让每一项事务皆有专人负责，以便激发工作人员的责任感，使他们既能保证处理质量，又能保证工作效率。

在进行权限的控制与分配时，必须注意的一点是：负责处理某项事务的工作人员必须具备相应的能力，即对所负责的事务进行辨别、判断，从而做出决策的能力。

（三）门店责任人培训

目前，我国大多数的经纪机构采用连锁经营模式，经营地点分散，经纪机构很难对各个业务操作环节实行集中、统一管理。因此，为了保证业务操作的规范，防范由业务操作不规范引起的风险，经纪机构必须对各个经营地点的责任人（一般是指该分店的店长及分店秘书）进行到位的培训。

对责任人的培训包括两个方面。一个是上岗前的系统培训，即对业务操作涉及的各个环节进行详细、透彻的讲解，使他们全面掌握公司规定的操作要领及相应的意义。另一个方面，是指上岗后的培训，包括定期或不定期的各类培训，这是保证士气与操作规范的重要手段。尤其是在公司出台了新的规定时，更是必须对责任人进行到位的培训，才能将新规定真正贯彻下去。

（四）建立监察稽核体系

对各个经营地点实行定期或不定期的检查稽核，建立起系统的监察稽核体系，是保证业务操作规范的重要措施。各个经营地点在开展经纪业务时拥有一定的自主权，但经纪机构为了保证公司的顺利运作，避免各种不规范操作引起的风险，也会制定相关制度对各个经营地点的业务操作进行指导、规范。进行检查稽核时，主要是考查各个经营地点对这些制度的落实、执行情况。

（五）风险转移

经纪业务涉及的工作环节众多，经纪机构往往很难对每一个环节都进行到位的风险控制。因此，有不少经纪机构会将某些工作环节交予其他专业公司处理，从而实现一定程度的风险转移，如"链家地产"在创立公司初期就推出"百易安二手房资金托管"，选择国有银行为买卖双方提供"居间担保"，因此规避了某些自身难以控制、管理的风险因素。

复 习 思 考 题

1. 房地产经纪机构战略管理包括哪些主要内容？
2. 房地产经纪机构经营战略的选择有哪些类型？
3. 房地产经纪机构扩张战略的选择有哪些类型？
4. 房地产经纪机构如何进行品牌建立和维护？
5. 房地产经纪机构客户关系管理的作用有哪些？
6. 房地产经纪机构如何进行客户关系管理？
7. 房地产经纪机构选择经营模式时主要应考虑哪些内容？
8. 房地产经纪机构人力资源管理的内容有哪些？
9. 房地产经纪机构的业务流程管理的内容有哪些？
10. 房地产经纪机构的信息管理包含哪些工作？
11. 房地产经纪机构主要面临哪些风险？

12. 房地产经纪活动中哪些行为会导致行政处罚类风险?
13. 房地产经纪活动中哪些行为会导致民事赔偿类风险?
14. 如何进行房地产经纪机构风险的主动识别?
15. 房地产经纪机构应如何正确对待风险?
16. 房地产经纪机构风险防范的措施有哪些?

第五章 房地产经纪门店与售楼处管理

目前，房地产经纪门店和商品房售楼处是房地产经纪机构开展房地产经纪业务的基本场所，是房地产经纪机构基层组织和房地产经纪人员开展日常工作的场所，因此，房地产经纪门店与商品房售楼处的管理，是影响房地产经纪机构经营效益和品牌形象的基础环节。本章介绍房地产经纪门店开设与商品房售楼处设置的工作程序，以及经纪门店和售楼处日常管理的基本内容。

第一节 房地产经纪门店管理

一、房地产经纪门店的开设

（一）门店的开设程序

目前在我国，以存量住房经纪业务为主的房地产经纪机构，大多采用有店铺经营模式。门店是房地产经纪机构承接、开展存量房经纪业务的基层组织和具体场所，是房地产经纪机构企业形象展示的主要窗口。开设房地产经纪门店必须充分考虑房地产经纪机构的经营范围和目标市场定位，以符合房地产经纪机构自身的长远发展为前提，周密筹划，合理设置。具体而言，一般应按照以下步骤依次进行：

第一，区域选择。也就是确定在哪个（或哪些）区域设置门店。首先要确定目标市场，找准服务对象，然后再依据目标市场、服务对象选择最佳的区域。

第二，店址选择。也就是在所确定的城市区域内选择最佳位置的店铺，且能办理得到门店营业执照。

当门店所在区域确定后，必须进行周密的市场调查，对区域内现有的商业网点，包括竞争的门店、客流集中地段、客流量和客流走向、交通路线、停车位等进行实地调查。如果区域内有竞争对手，还要深入调查竞争对手的客户上门量、看房量等指标。

在市场调查充分完成的前提条件下，一般同一区域应确定若干备选店址（至少不低于两个），对备选店址的经营成本、广告性、客流量、潜在交易量等指标进行对比分析，并在此基础上测算每个门店的投资回报率，比较并选择最优店址。

第三，租赁谈判和签约。选定门店，应及时与门店业主商谈租赁事宜。通过市场调查及筛选可确保谈判具有客观性及合理性，能切入谈判要点和重点。待双方达成租赁共识，便签订正规的租赁合同。

第四，开业准备。确定门店的具体位置后，应完成工商注册取得营业执照，并进行房地产经纪机构备案，在二手房交易需要网签的地区，还应办理相关网签入网申请，获得密钥。需要抓紧时间投资改造、装修，并拟定切实可行的实施方案，以保证门店开业前的准备工作有条不紊地进行。

（二）门店设置的区域选择

由于城市内部不同区域存量房市场的客源、房源以及市场状况均有差异，房地产经纪机构应根据自身的目标市场定位来选择设置存量房业务门店的具体区域。

具体而言，就是要根据各区域客户的消费形态、结构，同类型客户和业主的集中程度，以及房地产的存量、户型、周转率、价格等与房地产经纪机构目标市场的吻合程度来选择设置门店的区域。对于房地产经纪机构而言，目标区域的选择是否准确，将直接关系着经营的好坏。

选择目标区域前，房地产经纪机构首先应对所在城市各区域的存量房市场进行调查和分析。调查和分析的内容主要应包括：

1. 房源状况

（1）房屋存量情况，调查区域内存量房屋的总套数，以及套型、面积等情况，可按空置、出租、自住等房屋状态进行区分。

（2）业主户数及结构，包括现有业主的年龄、性别、职业、文化程度、置业情况（初次置业、二次置业、多次置业）等基本情况。

（3）房屋转让率及出租率，这两个指标将直接影响到区域内市场开拓的潜力。

2. 客源状况

客源状况主要是指客流量，包括现有客流量和潜在客流量，客流量大小是门店经营成功的关键因素。通常门店应尽量设置在潜在客流量最多、最集中的地点，以便最大限度吸纳客户。对客流量的分析包括多方面的因素：

（1）客流类型。门店的客流通常分为三种类型，即自身的客流，是指专门为购房或租房而寻求经纪服务的客流；分享客流，指从临近的竞争对手的客流中获得的客流；派生客流，指事先没有购买目标，无意中进店了解相关知识及信息等所形成的客流。

（2）客流的目的、速度和滞留时间。不同区域客流规模虽可能相同，但其目的、速度、滞留时间存在较大差异，须经过实地调查和分析后，作为门店选址的重要依据。

3. 竞争因素

同业竞争是不可避免的，同业门店与门店之间的竞争所产生的影响是不可忽视的，所以，在门店选址时必须分析将来面临的竞争形势。通常情况下，在开设地点附近如果同业竞争对手众多，但门店经营独具特色，会吸引一定的客流。与之相反，则要避免与同业门店毗邻。另外，追求差异化竞争，也是避免同业竞争的方式之一，随着房地产市场对交易服务专业化程度要求的不断提升，房地产经纪服务市场细分也是必然的。

4. 周边环境

门店周围是否有商业集中区域、居民社区或人流旺地等因素，都对门店选址有较大的影响。

（三）门店的选址

1. 门店选址的原则

（1）保证充足的客源和房源

门店应保证有一定规模的目标客户，目标客户量主要是房源量和客源量。通常情况下，门店的影响力在区域内通常有一个相对集中、稳定的范围。一般是以门店为中心，以周围 1000 米距离为半径划定的范围作为该门店的可辐射市场。半径在 500 米内的为核心区域，通常门店可在该区域内获取本门店客户总数的 55％～70％；半径在 500～1000 米之间的为中间区域，门店可从中获取客户总数的 15％～25％；半径在 1 000 米以外的为外围区域，门店可从中获取客户总数的 5％左右。门店选址时，应力求较大的目标市场，以吸引更多的目标客户，故门店所处位置不能偏离选定区域的核心。

（2）保证良好的展示性

房地产经纪门店不仅是直接承揽存量房经纪业务的场所，还是房地产经纪机构对外展示企业形象的主要窗口，因此选择店址应尽量保证其有良好的展示性。具体而言，一个好的门店必须具有独立的门面，而且门面应尽量宽一些。同时，门店前不应有任何遮挡物。可在门店大门处用大幅招牌或灯箱展示机构的企业形象。

（3）保证顺畅的交通和可达性

门店周围的交通是否畅通是检验店址优良与否的重要标志之一。一般来说，要求与门店有关的街道人流量大且集中，交通方便，道路宽阔，车辆进出自由且停车方便。

（4）保证经营的可持续性

门店选址时，必须具有发展眼光，不仅要对目前的市场状况进行深入的研究，同时对未来的市场发展也要有一个准确的评估和预测。在门店的经营过程中，外部环境的变化是无时不在的，如交通状况，同行竞争等因素时常会发生变化，所有这些可变的因素最好能在门店创建初期就有所考虑。就门店选址而言，选定的地址应具有一定的商业发展潜力，在该地区具有竞争优势，以保证在今后一段时期内能够持续经营并盈利。

（5）满足工商登记和机构备案的要求

工商登记对企业的注册地址有相应的要求，比如房屋为商业用途或办公用途，而且须有房屋权属证明或租赁合同。房地产经纪门店的选址如果与这些管理部门的要求不符，则无法完成工商登记和机构备案从而影响门店开业。因此，选址时不能忽视这一重要条件。

2. 竞争对手分析

房地产经纪机构在进行门店选址时，首先要对竞争对手进行详尽的调查，即以选定门店的地点为中心，对 1000 米半径，尤其是 500 米半径距离内的同业门店的发展状况、营运状况进行调查。调查竞争对手的目的是为了了解竞争对手的经营动向、服务手段及技巧。一般可以采取观察法、电话咨询法等。通过对竞争对手分析还可以掌握选择区域目标客户群的真实特性，并针对客户的真正需求，有针对性地制定诸如改进服务形象、完善售后服务等经营策略。

另外，对竞争对手经营效益的分析也是至关重要的工作。经营效益分析的主要内容包括：各竞争门店的经营成本和成交额估算、所占市场份额、区域市场的潜在成交额及目前市场的饱和程度、介入竞争后可能获取区域内的市场份额等。

3. 门店环境研究

（1）临路状况

门店所面临的街道是门店客流来源的通道，其通达程度对门店的客流量有很大影响。大多数情况下，街道与街道的交接之处（如转角、十字路口、三岔路口），客流较为集中，越往道路中间，客流则逐渐减少。门店如能设置在这种地方，店面会较为显眼，便于吸引客流。因此，在门店布置时，应尽量将门店的正门设置在人流最大街道的一面。

（2）方位

方位是指门店正门的朝向。门店正门的朝向会影响到门店的日照程度、时间和受风情况，从而在一定程度上影响客流量。通常门店正门朝南为佳。

（3）地势

门店的地势高于或低于所面临的街道，都有可能会减少门店的客流。通常门店与道路基本同处一个水平面上是最佳的。

（4）与客户的接近度

客户的接近度是指目标客户接近门店的难易程度。接近度是衡量待选门店客户是否容易接近门店的准则。门店与客户的接近度越高越好。通常衡量客户的接近度应考虑的因素包括：门店前路的宽度、人流量及停留性；人流的结构及行为特点；道路的特性；邻居类型、同业门店的情况；离社区主入口的距离以及是否便于停车。

4. 门店开设的可行性研究

门店开设的可行性研究是在对区域的市场存量、客户需求程度、周转率、交易的活跃和关注程度等机会因素分析的基础上，通过盈亏分析，以确定是否投资、投资的方式、投资的数额及规模等的过程。门店开设的可行性研究中关键的指标包括经营成本、损益平衡、销售额和区域必要市场占有率等。其中经营成本的估算，包括以下项目：

（1）门店购买费用或门店租金，一般采用租赁的形式，租金按合同采用年付、季度付或其他付款方式；

（2）门店装修费（包括招牌、橱窗、灯光、地段、墙面等）；

（3）门店登记注册费；

（4）办公用品购置费（电脑、复印机、打印机、收银用设备等）；

（5）员工工资福利；

（6）广告费；

（7）水电费、物业管理费；

（8）税费和管理费；

（9）办公用品费（纸、笔、宣传手册及单张等）；

（10）其他杂费。

门店租赁费用、员工工资福利费用、办公用品配置费用、广告费是主要费用。房地产经纪机构可根据自身的发展规划进行适当的调整，由以上费用的累计总和，可以估算出计划期限（如月、季度）内的经营成本。

计划期限内的经营成本加上同期门店应得的正常利润，即为门店损益平衡点的销售额。损益平衡点的销售额占门店所在区域市场的比例即为该门店的区域必要占有率。若选择区域销售额所要求的区域必要市场占有率比较低，则风险较低；反之，风险就较高。假设选择区域的市场规模为每月 1000 万元，如果销售额达 300 万元即可达到损益平衡点，即区域占有率为 30％。如果销售额每月需达 700 万元才可达损益平衡点，那么区域占有率为 70％，相对于前者，风险是非常高的。当然，区域必要市场占有率具体多少才可作为门店选址的依据，应根据目标区域内的行业竞争情况，以及本公司门店在类似区域市场上的市场占有率情况来决定。

（四）门店的租赁

1. 了解出租人是否有权出租店铺

了解出租人是否具有不动产权证或预售合同及银行抵押合同等证明产权的文件非常重要。应要求出租人出示身份证件，对照是否与产权证明文件吻合。若店铺为公司物业，应该由公司法人同意或董事会同意。如果是转租店铺的话，要有店铺所有权人同意转租的证明。

2. 了解门店实际状况

门店使用条件的好坏将直接影响门店以后的经营活动，所以一定要仔细查看包括门面大小、墙体、地板、空调系统、消防系统、水、电、通信及安全性能等实际情况是否符合开店需求。同时要了解周边门店租金大致的水平。对门店实际状况进行全面的了解，以利于与出租人协商签约的细节，并详细写入合同中。

3. 协商租赁条件

门店经营成本中租金所占成本的比率很高，所以必须谨慎考虑和核算，应全面考虑门店经营的可行性和可持续性，特别要注意以下环节的协商：

（1）租金价格及调整

确定首年年租金，再确定递增或递减的起始年度及其比例，同时还要确定租赁所产生的税费缴付问题。租赁税费通常包含在租金中，由产权人向店铺所在地相关税收部门纳税。租金价格的谈判以尽可能降低租赁成本为原则，列出客观、合理的降价理由。

（2）交付方式

门店租金的交付方式有多种，最常见的有按月结算、定期交付两种。选择哪种交费方式要根据房地产经纪机构自身情况和出租人条件来定。一般情况下，出租人会收取相当于两个月月租的资金作为押金（退租后应按双方合同签署条件退还），签约前两年租金一般不作递增，两年后按双方约定比率逐年递增。

（3）附加条件

附加条件的约定不可忽略，因为附加条件可以起到一定的降低成本的作用。通常附加条件中最关键的有：免租装修期的协商；招牌位及停车位的实际确认和谈定也至关重要，要确认真正使用时与选址时所观察到的招牌位大小是否一致；门店格局改造、系统修缮等费用是否由出租方承担或在租金中扣除。另外，还包含允许转租和优先续租等条件的谈定。这些做法有利于调整经营策略时妥善处理租赁双方的关系。

4. 合同签署

签署合同应遵照国家和所在城市政府有关房屋租赁管理的规定，签署由政府主管部门统一制定的房屋租赁合同，并在当地房屋租赁管理部门进行备案。这样操作的目的是为了保护门店租赁双方的利益，保证租赁关系的合法性。同时，在办理营业执照及税费登记时，也必须提供正式的房屋租赁合同。

（五）门店的布置

具有强烈视觉冲击力和美感的门店形象设计、布局以及舒适的店堂环境能增强对客户的吸引力，有助于提升门店的竞争力，创造有利的外部经营环境。

1. 门店的形象设计

（1）门店形象设计的基本原则

门店的形象设计与装潢，要符合房地产经纪行业的基本特征，并充分考虑客户的消费心理等因素。它必须符合下列基本原则：

1）符合经纪机构的形象宣传

根据经纪业务的经营特征，制定相应的装修措施。设计风格要与经纪机构的形象宣传、主色调等保持一致，尽量给人简约、干练的视觉感受。

2）注重个性化

设计风格要独具匠心、个性化、便于识别，做到"出众"但不"出位"。这一点尤其对新开业的经纪机构来说尤为重要。门店设计既要显示出房地产经纪行业的特点，又要显示出自身与众不同的个性追求。

3）注重人性化

门店设计要符合房地产经纪机构本身的目标客户群的"口味"，突出针对性，提升门店给客户带来的亲切感。

（2）门店形象设计的要点

1）招牌的设计

门店招牌往往就是吸引顾客的第一个诱因。门店招牌是一种十分重要的宣传工具。招牌的种类较多，通常情况下门店所拥有的招牌位是上横招牌，即位于门店正上方的条形招牌。

招牌在设计的时候可突出房地产经纪机构的形象标识、业务范围及经营理念等元素，字形、图案造型要适合房地产经纪机构的经营内容和形象。在顾客的招揽中，招牌起着不可缺少的作用。招牌应是门店最引人注意的地方，必须符合易见、易读、易懂、易记的要求。反之，便会降低招牌的宣传效果。

2）门脸与橱窗的设计

门店的门脸和橱窗十分重要，是门店形象的重要组成部分。精心设计的门脸与橱窗是门店形象设计的重要内容。

门脸的设计一般采用半封闭型的设计。门店入口适中、玻璃明亮，客户能一眼看清店内情形，然后被引入店内。橱窗是向客户展示物业信息及塑造公司形象的窗口，所以在设计时一定要便于客户观看，同时要突出经纪机构的特色，注重美观和良好品质。

2. 门店的内部设计

门店的形象设计是一个整体，内外和谐统一才算成功。原则上内部设计风格要与外观风格保持一致，重视统一性、协调性、注重灯光效果，合理利用墙体等展示空间。

门店的内部设计不仅包括建筑表面的装饰，还包括内部布局的设计。门店的布局设计包含了内部场地的分配、通道设置、设备与用具的摆放等。良好的内部布局会给客户和业主带来一种宾至如归的享受。基于房地产经纪业务具有标的大、隐私性强等特点，并结合经纪业务流程的特点，在布局方面应进行适当的功能区分，设置接待区、会谈区、签约区、工作区及洗手间等功能区域，满足为客户和业主服务流程各阶段的服务对环境的需求。在设计风格上住宅类门店可突出居家的特征，可考虑音乐背景等的衬托，增强客户及业主的舒适感及安全感。

另外，在布局设计方面还必须考虑网络及电话的合理布线，电脑配置等事宜。同时，房地产经纪业务人员的工作服装配备也是内部设计不可缺少的一个环节，这种重要性在针对高端客户群中表现得尤为明显。工作服装的颜色应考虑与整体色调的和谐，同时要注重工作服装的品质及领带、丝巾、工牌、名片等细节的搭配。因为工作服装的品质和细节的统一可以反映出经纪机构的实力和管理水平，而且还可能影响到客户对服务品质的感知和评价。

大型房地产经纪机构可以通过设计统一的 VI（Visual Identity），对内加强员工凝聚力，对外树立机构的整体形象，并运用到门店的形象设计中。

（六）门店的人员配置

门店内应配置的主要人员就是房地产经纪人员和门店的管理人员（店长或店

经理）。其中，业务人员通常应配置 6～10 人。对于发达城市，由于门店租金较高，为了充分提高门店资源的利用率，降低单位佣金收入的门店租金成本，可分两班（或以上）配置经纪人员，规模可以 15～20 人。一个门店通常应该配置一名店长或店经理；如果门店内分两组（或以上）配置经纪人员，则可对各业务组配置经理，并由其中的一名经理兼任店长或店经理。对于单店模式的房地产经纪机构，应配置会计、出纳人员（可由具有相应资质的管理人员兼任）。

二、房地产经纪门店的日常管理

（一）店长岗位职责

店长是门店日常管理的责任主体，其岗位职责通常包括：

1. 门店日常管理工作，规范房地产经纪人员行为，确保完成和超额完成本门店的考核指标；

2. 接受公司领导及所在区域的总监、区域经理的指导和帮助；

3. 参与并了解本门店经纪人员的每单业务的洽谈，并促成合同的签订；

4. 关心本门店经纪人员的业务进程，协调解决门店内、外经纪人员之间的业务纠纷；

5. 经营门店业务，提高业绩，降低门店成本。对日常操作业务的风险严格把关；

6. 落实公司及各部门的各项工作要求；

7. 定时召开门店会议；

8. 参加公司的各类会议和培训；

9. 及时上交各类表单；

10. 及时了解并关心经纪人员的思想动态，与公司经常性地沟通；

11. 协助解决门店内的投诉、抱怨及其他各类问题；

12. 做好每套业务的售前、售中、售后服务工作，特别是客户回访工作；

13. 建立业务档案，做好网络无效信息的清理；

14. 保管好相关客户的财务和资料，相关费用及时上交；

15. 严格执行公司的培训带教制度，严格培训带教所在门店的经纪人员。

（二）门店的任务目标管理

门店的营业绩效通常以每月业绩的表现为衡量标准，而业绩目标的设定或分配，原则上必须依据经营计划订立目标，内容不仅涵盖佣金收入金额，也需包括委托数量、带看数量、成交单数、其他营业收入等其他项目，因为只有控制好过程才能控制结果。

1. 门店目标的设定

店长根据门店年度营业计划及月度利润目标设定当月营业收入目标，设定时需要参考上月营业实绩、人员现状等要素。

2. 目标设定原则

（1）数量化：必须有明确的数量表示；

（2）细分化：必须细分至分段时间及人员指标；

（3）挑战性：衡量团队的能力，每月设定一定的超额量；

（4）可行性：不能设定不切实际的目标，那将毫无意义；

（5）及时调整：遇到条件因素影响或团队的不断成熟，需阶段性调整目标。

3. 目标设定参考因素

经纪人员上月业绩；经纪人员的数量；经纪人员操作技能及工作态度；营销及广告力度；未来市场及政策的动向及营业额之预测；季节性变动；新客户开发的可能性；利润目标及成本控制。

4. 营业目标定位

房地产经纪门店的营业目标包括：营业收入目标（团队及个人）；利润目标（成本控制目标）；租售签约单数（团队及个人）；需求/房源委托签约数量（团队及个人）。

5. 营业目标的分配方法

（1）店长自行估计法

由店长单方面授予经纪人员业务指标额的方法，实行此办法，店长必须正确的掌握每一个经纪人员的工作能力。但若完全由店长单方面设定业务指标额，经纪人员完全没有参与时，经纪人员将缺乏达成目标的共识。

（2）经纪人员自行预估法

由经纪人员自行设定个人目标之方法，实施此办法的优点在于经纪人员会产生达成分配额的责任感，相反的，其缺点在于易产生因分配额过大或过小，导致公平性与可靠性的欠缺。

（3）历史实绩推估法

由过去的实绩算出其分配额的方法，此法唯一可取之点是具有数字上的客观性，其缺点就是光看实际情况，难以反映房地产经纪人员的达成动机。

（4）共同责任分担法

将团体目标额平均分配于各经纪人员的方法，必须将团队的目标融入个人的目标、团队的意愿融入个人的意愿。缺点在于若原封不动根据实际分配下去，长期不求变通的话，易流于形式化、表面化，并且无法做到按劳分配。

6. 制定个人目标的过程

（1）根据公司目标和个人历史业绩确定业务目标；

（2）确定月度目标，分解为成交量；

（3）确定开发房源目标；

（4）确定开发客户目标；

（5）确定每日工作量目标。

（三）门店目标客户管理

目标客户基本上由其对应的经纪人员自行管理，但目标客户也是门店的珍贵资源，只有在经纪人员自行管理的基础上结合店长的集中管理，确定其成交可能性，进而运用店长丰富的房地产经纪经验，加速其成交，才是最可行最有效的管理方式。

1. 目标客户的定义标准

门店的目标客户通常分为两大类：委托出售/出租目标客户和委托求购/求租目标客户。

根据目标客户成交的可能性的大小，可将目标客户进行等级划分。

房地产经纪门店目标客户分级　　　　　　　　　　表 5-1

客户等级	委托出售/出租客户	委托求购/求租客户
0 级—成约客	即将委托	即可成交
A 级—有望客	7 天内	一个月内/7 日内
B 级—希望客	1 个月内	2 个月内/两周内
C 级—潜在客	比较条件再说	半年内/到期客户
D 级—暂弃客	会选择别家	有兴趣、时间不定
E 级—无望客	已选择别家	目前不可能

以上是通常的分类，但实际上由于店长的资历、能力有异，客户分类可有所不同，具体客户的级别也会因经纪人员的努力而不断提升直至成交，因此客户分类也是动态的。店长应灵活设定具体的指标，有效地指导经纪人员分类判断并实施有效跟进。

2. 目标客户管理方式

（1）目标客户管理的方式及差异分析

房地产经纪门店的目标客户管理有经纪人员个人管理和门店店内集中管理两种形式。这两种管理方式各有所长，其对比分析见表 5-2 所示。

目标客户管理的方式及差异分析　　　　　　　　　　　　　表 5-2

项目	门店店内集中管理	经纪人员个人管理
优点	① 较易实施目标客户的分类管理 ② 能准确把握目标客户的分类，易于整理 ③ 客户不易漏失	① 能整体掌握自己的目标客户 ② 可迅速掌握目标客户动向 ③ 店长较易查核 ④ 个人易订立工作计划、创造优异业绩 ⑤ 能适切的掌握每个目标客户
负责人	店长或行政助理	经纪人员本人
资料保管	店长或行政助理保存	经纪人员个人保管
注意事项	① 资料不可遗失 ② 需紧迫盯人，不容懈怠 ③ 目标客户的真正需求及迅速跟进实施	① 所制作的目标客户资料不仅可供本人之用，亦可与店内其他同仁流通 ② 要与个人其他档案有所区别 ③ 对目标客户的补充、客户访问计划，需及时与店长进行沟通 ④ 要求经纪人员定期提出报告

根据上述方式分析，应在房地产经纪人员个人客户管理基础上实行店长集中管理制度。

（2）集中管理办法

① 由于目标客户是经纪人员个人开发、募集或轮值门店接待而产生的，所以在第一个阶段的目标客户应由经纪人员自行管理（7~15 天）；第二阶段则应由店长以多年的实务经验来考量，评估目标客户是否值得继续下功夫。

② 房地产经纪门店目标客户集中管理的效能包括：店长充分掌握目标客户资料，易预估当月或下月全店成交的可能情况；经纪人员的时间安排与拜访洽谈工作会更具效率；店长可根据每一个目标客户的特性，给予经纪人员相应的建议；能够把握目标客户的总数，对目标客户的补充工作，较易掌握；集中管理目标客户，故对客户的成交可能性可排列先后顺序且有所取舍，进而减少目标客户的漏失。

第二节　商品房售楼处管理

一、商品房售楼处的设置

（一）售楼处设置的工作程序

售楼处，在房地产经纪行业内又常被称之为"案场"，是新建商品房经纪业务中销售环节进行的主要工作场所，同时也是以新建商品房经纪业务为主的房地产经纪机构下设项目组的所在地。严格来讲，售楼处设置并不是房地产经纪机构的工作，而是房地产开发商在项目规划设计时就应予以考虑的。但是，目前在我国商品房市场上，有些开发商未能在项目前期进行充分考虑，以致到了项目销售阶段，房地产经纪机构不得不帮助开发商来进行售楼处的设置。还有一种较常见的情况是，房地产经纪机构的服务越来越向商品房开发的前期延展，在项目前期就与开发商建立了业务关系，作为一种服务，代理或协助开发商进行售楼处设置的工作。在这种情况下，售楼处设置一般应按照以下程序进行：

1. 售楼处功能确定

售楼处的基本功能是展示商品房项目的信息、提供商品房销售的场所。但是，展示商品房信息的内容会因商品房项目情况的不同有很大差异。如是否包含样板房，与项目的工程进度有关。如有些项目在开盘时无法提供真实的样板房展示，则售楼处现场就有必要按 1：1 比例提供搭建的样板房仿真品。再如，销售的商品房是全装修房，售楼处就必须提供装修建材、设备的样品展示。此外，房地产开发商有时会对售楼处的功能有多样化的考虑（如以后改作会所、商铺等）。而售楼处的功能，直接影响售楼处的面积大小、选址要求、视觉形象等。因此，设置售楼处的第一步就需要房地产经纪机构充分了解房地产开发商的要求和项目的特性，并与开发商充分沟通、认真研究确定售楼处的主要功能。

2. 售楼处的选址

售楼处的位置，对售楼处的功能实现具有直接影响。但售楼处位置的选择，受到项目自身条件（地理位置、规划布局、施工进度等）的制约。房地产经纪机构应根据具体项目的售楼处功能定位与项目条件，认真研究，寻找到两者的平衡点，据此选定售楼处的位置。

3. 售楼处的布置

售楼处布置包括售楼处户外功能布置、内部功能区域布置、人流动线设计、装修装饰风格及档次设计等。布置售楼处应根据售楼处的功能、项目目标客户的类型（收入、年龄、职业等）、经费预算等因素，综合考虑后确定布置方案。

4. 售楼处管理制度的制定

售楼处管理制度包括工作流程、关键内容说辞、接待时间、保洁要求等。其中工作流程是最为核心的部分，主要包括客户接待的流程、签约流程、收款流程、交房流程等。关键内容说辞，是对销售人员向客户解说重要事项（如房源、合同条款、价格、交房时间、贷款办理、交易登记与产权等）的具体内容、表述方式的规定。应根据项目的具体情况和项目营销方案进行制定。

5. 售楼处工作团队的组建

售楼处的工作团队一般情况下包括销售人员、管理人员和辅助人员三大类。具体人数及构成应根据项目的房源数量、销售期、市场推广方式等情况综合考虑而定。

（二）售楼处的选址

如前所述，售楼处选址应在售楼处功能要求与项目自身条件约束之间寻求平衡点。具体而言，则有以下必须注意的事项：

（1）保证售楼处的可视性。尽量保证从项目周边的主要道路上能看到售楼处。

（2）保证售楼处的通达性。保证车辆能从项目周边的主要道路上直接行驶到售楼处门口。

（3）保证售楼处的空间容纳性。在销售关键环节（如开盘、交房）或举行重大活动时，售楼处会集聚大量的人流，要保证售楼处室内、室外容纳大量人流的空间，室外还要考虑停车、举行仪式的场地。

（4）保证售楼处与项目（特别是样板房）之间通达的便捷性。虽然售楼处一般都设在项目现场，但受项目规模、出入口安排、建筑施工状况等因素影响，不同位置的看房路线长短是不一样的，应尽量在靠近样板房、出入口的位置设置售楼处。当然，对于规模较大的项目，要综合考虑各销售期通行的便捷性。

（5）保证进出售楼处人员的安全性。由于商品房预售时，项目施工尚在进行之中，因此，售楼处选址应尽量设置在项目较早完工或可在销售工作结束后再行施工的部分，以减少安全隐患。

（6）尽可能减少售楼处的浪费。搭建临时售楼处，会产生大量的浪费，并产生很多建筑垃圾，既不环保，也不经济。如果商品房项目中具有能满足售楼处基本功能的建筑单位（如会所、商铺等），应尽量在这些建筑单位中设置售楼处。

（三）售楼处的布置

1. 户外功能布置

售楼处的户外功能包括广告功能、广场功能、停车场功能、通往样板房的道路功能等。可在售楼处的高处设置项目标识，在售楼处外靠近主要道路的位置设置大型户外广告牌。室外应有较大面积的空地，以作为举行项目营销活动时的广场，客流多时也可作为人流驻留的场地。室外场地应专门开辟停车场，以备有车客户停车。如果项目开设看房专车，还要另设专用的停车区及供客户候车的座椅、凉棚等。项目有真实样板房的，要开辟从售楼处通往样板房之间的通道。

2. 人流动线设计

　　为了保证各类信息的充分展示，应对售楼处内的客户人流动线进行合理设计，并据此安排不同功能区域的具体位置。以下是某售楼处分别对首次来访客户和二次来访客户的流动线设计：

　　（1）首次来访客户

　　停车→入/出口→接待台→休息区→影音展示区→模型展示区→样板房→建材展示→开发商品牌展示→洽谈区→休息区→入/出口。

　　（2）二次来访客户

　　停车→入/出口→接待台→洽谈区→入/出口。

　　3. 装修装饰风格

　　售楼处的建筑外形、外墙立面的用材、色调，均应与项目本身的建筑风格协调、统一；内部装修风格和档次应根据目标客户的偏好进行设计；家俱、装饰品等应选择有利于激发客户购买欲的品种；并可适当地配置背景音乐烘托气氛，但要注意背景音乐的文化属性与项目定位的统一；也可结合开发商及经纪机构的品牌元素。

　　（四）售楼处的人员配置

　　售楼处内销售人员的数量，应根据项目销售单位的多寡而定，但售楼处的大小也是必须考虑的因素，面积较大或分层布局的，应相应配置更多人数的销售人员。此外，要考虑销售人员数量对销售人员积极性的影响，人数太少，缺乏竞争，容易造成销售人员的懈怠心理，影响总体销售业绩；而销售人员数量过多，可能会导致销售人员之间的恶性竞争，甚至影响客户的感受。

　　售楼处的管理人员即案场经理，是非常关键的人员，他（她）对案场团队的管理能力，直接影响项目的销售业绩。应根据项目的特性、销售难点及房地产经纪机构内相关资质人员的过往经历、业绩情况，合理选择配置。售楼处也是收取定金、首付款的场所，因此应配置专门的会计和出纳人员。

　　此外，根据房地产经纪机构对销售过程管理的制度，可相应配置办证员（负责办理登记、贷款等手续）、文员（负责文件准备、填写报表等）、网管（负责计算机系统、影音展示设备维护）、司机（负责看房车辆使用与维护）、保安（负责售楼处安全、秩序维护）、保洁等人员。

二、商品房售楼处的日常管理

　　（一）商品房售楼处的物业管理

　　作为销售楼盘的前沿，售楼处（包括样板房）的地位日渐提升。售楼处（包括样板房）在展示、沟通、交易等基本功能的基础上，除了在设计建造的"硬件"方面张扬项目个性，凸显项目品质之外，通过加强"软件"层面的开发——对售楼处（包括样板房）的管理和服务，从而使其功能得以进一步扩展。

对于购房者，在参观样板房或在售楼处进行买卖洽谈时，置身于整洁有序的环境并感受到细致周到的良好服务是十分重要的。经纪人员在洽谈买卖合同时，为购房者提供其所关心的和需要了解的诸如物业服务收费标准、服务项目、安全措施等涉及后期物业管理方面的咨询，使之感受超前提供的专业化物业管理服务，已成为现时房地产项目传递营销理念、展现楼盘特色、营造销售气氛、树立企业形象的有效辅助手段，对促进商品房销售具有一定作用。

因此，房地产经纪机构应秉承既往的管理经验，运用成熟先进的管理理念，配备专业的管理服务人员，为售楼处及样板房提供良好的管理服务。售楼处（包括样板房）日常物业管理工作主要包括如下内容：

1. 接待服务

负责售楼处（包括样板房）客户的接待服务工作，委派适合的工作人员热情接待并解答客户关于项目后期物业管理的咨询，体现高档次的服务水准和管理水平。

2. 工程技术服务

负责售楼处（包括样板房）及外围附属区域的设施设备的运行及维护保养，以及日常的工程小修工作等。

3. 安保服务

负责维持案场秩序及迎送客户工作，负责售楼处（包括样板房）物业设施之安全。

4. 保洁服务

负责售楼处（包括样板房）及外围附属区域的日常保洁维护工作。

售楼处（包括样板房）日常物业管理工作的内容详见表5-3。

售楼处（包括样板房）日常物业管理工作的内容　　　　表 5-3

服务项目	服务内容
接待服务	迎宾准备茶饮 清理接待处 提供客户物业管理事项咨询
工程技术服务	设施设备的运行及维护保养 日常小修工作
服务项目	服务内容

续表

服务项目	服务内容
保安服务	门岗服务 停车场交通管理 售楼处周边巡视 看房通道提供指引及维护服务 防火、防盗
清洁服务	日常服务 样板间清洁 为客人提供看房服务 卫生间保洁 售楼处清洁 垃圾清理
	定期保洁服务 特殊装修材料清洁（大理石、木地板、地毯等）

（二）商品房售楼处的人员管理

1. 售楼处销售人员岗位职责

（1）业务准则

① 销售工作必须坚持开发商利益导向以及客户满意导向。

② 在对外业务交往中，不得泄露公司机密。

③ 一切按财务制度办事，客户交款应到售楼处办理，个人不得收取客户定金及房款。

④ 不得以任何形式收取客户钱物及接受客户宴请，如有必要须事先向经理请示。

⑤ 所有客户资源均为公司所有，员工不得私自保留客户资源或向客户推荐其他项目。

⑥ 不得再为其他任何房地产开发企业策划、接洽其他房地产项目。

⑦ 必须遵守销售流程，完成接听电话、接待客户、追踪客户、签订认购书、签署合同、协助办理贷款、督促客户按期付款、办理入住等手续。

（2）客户接待要求

① 销售人员按顺序接待客户（顺序由经理事先排定），今日最后接待者的后一名业务员即为次日第一个接待者，依次顺延。

② 当日负责楼面接待客户的销售人员在接待区、洽谈区等候、其余人员在工作区接听电话、追踪、联系客户。

③ 楼面接待的销售人员负责向客户翔实地介绍项目情况，引导客户参观样板房，与客户签订房屋认购书。

④ 销售人员应积极主动接待客户，认真解答客户的提问，不得使用"不知道、不了解"等用语，如遇不明白的问题及时向有关人员了解，落实清楚后尽快答复客户，不得以生硬、冷漠的态度接待客户。

⑤ 严格按照开发商的承诺回答客户提问，向客户介绍，不准超范围承诺。

（3）客户登记要求

① 售楼处员工应每日及时、详细、真实地填写客户来电登记表、客户来访登记表，并及时按经理要求定期上报。如有隐瞒或上报虚假客户的行为，一经发现，将按公司的有关规定处理。

② 销售人员与客户的每次接触都要详细记录，填写客户档案表。

③ 销售经理有权随时抽查员工的工作记录，包括报表、笔记。

（4）客户确认要求

① 销售人员接听电话或接待客户后应认真填写客户各种登记表，接待客户前要询问。

② 客户的确认，均以第一次接听电话，接待客户时登记为准。

③ 销售人员之间严禁争抢客户，在工作中对客户的确认有争议时，应立即通报经理，由经理调查、协调后裁定。

2. 物业管理人员岗位职责

物业管理人员岗位职责包括：售楼处、样板房物业管理服务的日常运作及监督、控制；解答客户关于后期物业管理事项的咨询；收取及审阅售楼处、样板房各工作岗位记录，跟进所列问题；记录员工考勤，员工排班，检查员工仪容仪表是否符合标准；售楼处水吧服务，保持高档次水准；对售楼处、样板房、外围清洁总体工作负责；按照各项清洁标准监督、检查清洁员的工作；做好清洁员的岗前训示、工作分派；熟悉公司背景、了解公司组织架构；熟悉公司员工手册等各项规定；熟悉售楼处、样板房、园区环境、设备，熟悉保安监控的重点，分派保安岗哨有关工作，做好岗前训示、确定巡视，及时纠正保安人员的违规行为。检查售楼处水吧饮料登记单，核实账物是否相符；检查水吧服务用品、设施，保证其完好、清洁，监督、检查器皿的消毒工作；检查样板房各类用品、设施，保证其完好与正常使用，避免丢失与人为损坏；检查售楼处库房登记单，核实账物是否相符。

3. 工程技工岗位职责

工程技工岗位职责包括：做好售楼处的各种设施、设备的日常维护保养工作；每天定时对售楼处的设施设备等部位认真巡查，发现问题马上解决；对提出的报修、维护等问题立即做出反应，争取尽快解决问题；对随时发生的情况要予以大力配合，并在售楼处举行的各种活动中予以工程上的支持；对各种设备建立档案，定期进行检修并做好检修记录，对重要设备进行运行记录；制定切实可行的节约能源措施，提出实施方案。

4. 保安员岗位职责

保安员岗位职责包括：为售楼处提供安全、高效、礼貌的保安及迎宾服务；保持整洁仪容仪表；维持停车场的秩序，保持畅通和有序状态，维护企业形象；坚持礼貌用语，保持正确的站立、动作姿势，以微笑来迎接惠顾售楼处的客户，并尽可能对客户的提问给予满意的答复；对可疑人员应及时报告；发现有客户遗留物品应立即报告并上交，严禁擅自打开遗留物品；下雨天应站在门前发放雨伞套，协助客户将雨伞装入伞套后再进入售楼大厅；夜班定时巡查外围、走廊和各区域重点设施；检查大厅内灭火器是否正常、照明指示灯是否正常工作；夜间停车场无停闲杂车辆；如发现设施被毁坏须予以记录并通知经理；如果发现火警，迅速赶到现场扑灭初起发生的火灾并查明原因。

5. 保洁员岗位职责

保洁员岗位职责包括：为售楼处提供高效、高质量的清洁维护服务；保持整洁仪容仪表；对客户询问礼貌解答；负责大厅地面、大厅内各种设施、卫生间、办公区域、门窗清洁以及样板房的清洁及成品保护和外围清洁。

复 习 思 考 题

1. 开设房地产经纪门店应按什么程序来进行？
2. 选择房地产经纪门店的设置区域时，应对所在城市的存量房市场调查哪些内容？
3. 房地产经纪门店选址应遵循的原则是什么？
4. 怎样对房地产经纪门店的开设进行可行性研究？
5. 租赁房地产经纪门店需把握哪些要点？
6. 房地产经纪门店的形象设计与内部设计应注意哪些要点？
7. 房地产经纪门店的人员配置有何要求？
8. 房地产经纪门店店长的岗位职责有哪些？

9. 怎样进行房地产经纪门店的任务目标管理和目标客户管理？

10. 商品房售楼处设置的工作程序是怎样的？

11. 商品房售楼处选址时应注意哪些事项？

12. 怎样布置商品房售楼处？

13. 如何为商品房售楼处进行人员配置？

14. 如何进行商品房售楼处的物业管理？

15. 如何进行商品房售楼处的人员管理？

第六章 房地产经纪业务

房地产经纪业务是房地产经纪机构及房地产经纪人员实现房地产经纪的独特功能从而取得收入的根本，是房地产经纪工作的核心。房地产经纪业务包括房地产经纪机构及房地产经纪人员为促成委托人与第三方的房地产交易而开展的基本业务，以及与基本业务相关联，有利于进一步协助委托人规范、高效、安全地完成房地产交易的各项延伸服务。本章阐述房地产经纪基本业务的主要类型、流程及其网络化运作方式，介绍房地产经纪延伸服务的主要类型。

第一节 房地产经纪基本业务的分类

一、新建商品房经纪业务与存量房经纪业务

在我国，根据房地产经纪服务的标的房地产所处市场类型的不同，理论上可以将房地产经纪业务分为土地经纪业务、新建商品房经纪业务和存量房经纪业务。但从实际情况看，目前我国房地产经纪业务主要集中在新建商品房市场和存量房市场，土地市场上的业务比较少。

新建商品房市场上的业务主要是新建商品房销售代理与租赁代理，且大多为卖方代理，即房地产经纪机构代理房地产开发企业出售或出租其开发的商品房。这类业务的特点是委托方相对强势，房源批量化，业务运作成本较高。由于房地产开发企业属企业客户，且通常具有较雄厚的资金实力和较多的房地产专业人员，因此房地产经纪机构在从事此类业务时，必须在业务谈判、合同签订以及房地产营销策划与实施等方面具备更高的专业水平。新建商品房销售（租赁）代理业务的标的通常是一个楼盘或一个楼盘的某一部分的批量房地产，其销售或出租的对象却是分散化的个体，因此，销售（租赁）期比较长。同时，由于每套房屋的独特性，使得每套房屋的成交可能性不同，通常不能在同一时段全部销售（租赁）完毕，因此，在这类业务中，房地产经纪机构与房地产开发企业之间的佣金结算相对较为复杂。同时，在此类业务的运作中还需要投入较大量的广告费，以及售楼处、样板房的搭建和装修等费用。

随着房地产经纪行业的发展，一些综合实力强的房地产经纪机构在承接新建商品房营销代理业务过程中，逐渐增加服务内容，如为房地产开发企业提供开发项目前期的市场调研、产品定位，甚至项目投资分析，从而使房地产经纪业务向房地产开发的全过程延伸，出现了房地产全程代理业务。

存量房市场上的房地产经纪业务涉及面更广，类型更为丰富。按交易方式可分为存量房买卖经纪业务和租赁经纪业务。按服务方式，存量房经纪业务既有采用居间方式进行的，也有采用代理方式进行的。采用代理方式的存量房经纪业务中，既有卖方代理业务又有买方代理业务。从客户类型来看，存量房经纪业务既有面向分散的个体客户的，也有面向企业客户的。存量房经纪业务的基本共性是标的房地产以单宗房地产为主。

从我国房地产市场的发展历程来看，在房地产经纪行业发展的早期阶段，新建商品房经纪业务曾经是房地产经纪业务中最主要的业务类型，但随着存量房市场的发展，存量房经纪业务显现出更快的增长势头。在一些特大城市，存量房经纪业务已逐步超过新建商品房经纪业务而占据主体地位。从长远来看，由于存量房交易不受土地资源有限性的限制，并且随着社会经济发展而更趋活跃，因此，存量房经纪业务的增长空间更大，将成为房地产经纪的主要业务。

长期以来，房地产经纪机构在以上两类业务上大多采取专攻其一的方式，即要么主要经营新建商品房经纪业务，要么主要经营存量房经纪业务，但是，在发达城市，已有一些房地产经纪机构开始进行两类业务融合的尝试，如有些原来主要从事存量房经纪业务的房地产经纪机构，利用庞大的经纪门店网络来承销新建商品房。而原来主要从事新建商品房经纪业务的房地产经纪机构，则将自己庞大的客户群转化为存量房经纪业务的客户资源，以此作为开展存量房经纪业务的基础。新建商品房经纪业务与存量房经纪业务的融合，俗称"一、二手业务联动"。这种融合使房地产经纪机构能充分利用自身资源，拓展发展空间，但是，这种融合也面临许多具体操作上的困难，如两类业务的经纪服务方式不同，佣金收取方式不同，房地产经纪人员对两类业务的工作积极性有明显差异，因此如何制定合理的利益分配机制以促使房地产经纪人员在两类业务上合理投入精力，是解决这一困难的关键；再如，两类业务对房地产经纪人员的能力要求不同，如何使原来只从事一类业务的房地产经纪人员能同时胜任两类业务，也是一个不容忽视的问题。

二、房地产买卖经纪业务与房地产租赁经纪业务

根据房地产经纪活动所促成的房地产交易类型，理论上可以将房地产经纪业

务分为房地产转让经纪业务、房地产租赁经纪业务和房地产抵押经纪业务。但是，从目前我国房地产经纪行业的实际运营情况来看，房地产经纪机构所促成的交易主要是房地产买卖和房地产租赁。房地产买卖是房地产转让的一种主要形式，目前房地产买卖经纪业务主要涉及新建商品房期房买卖、新建商品房现房买卖和存量房买卖。

房地产买卖涉及房地产产权和大额交易资金的转移，因此，房地产买卖经纪业务事关交易双方的重大财产安全问题，特别需要房地产经纪机构在开展这类业务时切实保障交易安全，要特别注重对交易标的房地产产权的查验以及对交易资金的安全保障。

房地产租赁经纪是指房地产经纪机构为使房屋承租方和出租方达成租赁交易而提供的经纪服务。房地产租赁主要包括：新建商品房出租、存量房屋出租和转租。在房屋租赁交易中，租赁双方的权利义务关系持续时间较长，相互之间会产生复杂的债权债务关系，因而特别需要房地产经纪机构持续地提供沟通、协调等服务。由于租赁交易当事人重复交易的频率远远高于买卖交易的频率，在开展房屋租赁经纪业务时，房地产经纪机构更应注意与客户建立长期的合作关系。

三、住宅经纪业务与商业房地产经纪业务

根据房地产的用途类型（如住宅、零售商业、办公、工业等），可以将房地产经纪业务分为住宅房地产经纪业务和商业房地产经纪业务。其中，商业房地产经纪业务是指除住宅以外其他所有用途类型（如零售商业、办公、工业等）房地产的经纪业务。

到目前为止，住宅经纪业务一直是我国房地产经纪业务的主要类型。由于住宅经纪业务的标的是作为人类基本生活资料的住宅，因此在住宅经纪业务中，房地产经纪人员应注意对房地产交易当事人的家庭情况进行了解，合理把握其家庭收入与财产状况、人员结构、家庭关系等因素对住宅交易的影响，合理进行供需搭配。同时，应充分把握家庭生命周期对住宅需求的影响，合理挖掘已成交客户的新需求。

在发达国家，房地产经纪机构已广泛涉足于商业房地产经纪业务。商业房地产（Commercial Property）是一个内涵非常丰富的概念，包括写字楼、商铺、购物中心、旅馆、餐厅、度假村、游乐场、健身俱乐部、高尔夫球场、服务式公寓、工业房地产等。这类房地产有一个共同点（也即商业地产的本质），即作为各种企业（包括房地产出租企业）的生产资料。

从发达国家的历史经验来看，在房地产市场发展的早期阶段，商业房地产作

为企业的生产资料通常是被需要这种生产资料的企业直接购买并持有的。然而，随着社会分工不断深化，出现了越来越多进行专业投资并持有各类商业房地产的企业，它们通过对外出租商业房地产来获得投资收益，这就形成了房地产业内的一个新兴行业——房地产出租业（目前在美国，房地产出租业已成为房地产业内最大的子行业）。与此同时，各行各业中，越来越多需要使用商业房地产的企业，不再购买商业房地产，而是转而向房地产出租企业承租商业房地产。于是代理房地产出租企业出租商业房地产，或是代理各行各业需要使用商业房地产的企业承租商业房地产，就成为一种发展速度很快的房地产经纪业务类型。

商业房地产作为企业、机构的生产资料，其占用方式（自有或承租）以及购买（或承租）的价格（或租金），直接影响着企业、机构的资产结构和现金流状况。因此，在商业房地产经纪业务中，房地产经纪人员必须对委托方所在的行业及其商业运作模式进行深入了解，并分析某一特定商业房地产交易对委托方的资产、经营将产生的具体影响，帮助委托方谋划和实现最有利的房地产交易。可见，商业房地产经纪业务对房地产经纪机构及人员的专业性要求特别高，正因为如此，目前我国商业房地产经纪市场主要被境外一些发展历史悠久、具有良好品牌的房地产经纪机构所占据。

四、房地产买方代理业务与房地产卖方代理业务

根据我国相关法律法规，在采用代理方式的房地产经纪业务中，某一特定的房地产经纪机构只能向一宗房地产交易中的一方提供经纪服务。因此，根据房地产经纪服务对象的不同，可以将采用代理方式的房地产经纪业务分为卖方代理业务和买方代理业务。

房地产卖方代理业务是指房地产经纪机构受委托人委托，以委托人名义出售、出租房地产的专业服务行为。目前在我国，房地产卖方代理业务主要有新建商品房销售代理业务、存量房出售代理业务和房屋出租代理业务等。在房地产交易中，卖方的基本诉求是通过出售、出租房地产获得尽可能多的房款或租金收入，因此在卖方代理业务中，房地产经纪机构可以在合理平衡售价（或租金）与成交速度的前提下，尽量帮助委托人实现这一诉求，同时应特别重视对承购（或承租）方实际支付能力与信用的调查，以确保出售（租）方能按时、足额收取房款或租金。

房地产买方代理业务是指房地产经纪机构受委托人委托，以委托人名义承租、承购房地产的专业服务行为。房地产买方代理的委托人是需要购买或承租房屋的机构或个人。受消费习惯、交易成本等因素的影响，目前房地产买方代理业

务的发展还不是很成熟，这方面的业务主要集中在境外公司和个人在我国境内承租房屋的代理上。因此，从业务总量上看，目前房地产买方代理业务远远少于卖方代理业务。但是，随着人民消费意识的提高以及房地产市场环境的变化，这类业务具有很大的发展空间。在房地产买方代理业务中，委托方的基本诉求是在一定的预算范围内，承购（或承租）到最满意的房地产。因此，在买方代理业务中，房地产经纪机构及人员应充分了解委托方的预算和对房地产的具体要求，在对待购（租）房地产的质量、产权及周边环境进行深入调查和仔细筛选的基础上，为委托人提供数宗房源供其选择，并要代表委托方与出售（或出租）方洽谈交易价格、付款方式等事项，签订交易合同。

第二节　房地产经纪基本业务的流程

一、新建商品房销售代理业务流程

（一）项目信息开发与整合

在这一阶段，首先要调动房地产经纪机构全体人员进行项目信息的开发，即发动每个员工通过各种途径尽力寻找新建商品房项目的信息，然后由研究拓展部门负责收集、汇总并初步筛选所得到的信息，上报总经理或专门的信息统筹部门。对总经理或专门的决策机构决定承接的项目，再分门别类地落实到具体控制部门（如子公司或专门组建项目组）。

（二）项目研究与拓展

由研究拓展部门组织、协调有关部门（如业务部、交易管理部等）对承接的项目进行营销策划，确定项目销售的目标客户群、销售价格策略和具体市场推广的方式与途径等，撰写书面营销策划报告。如果专门成立项目组，则由项目组来组织实施项目研展，有关部门积极配合。

（三）项目签约

由项目的直接操作部门具体与项目开发商进行谈判，并起草代理合同文本，然后，在房地产经纪机构内部的有关部门，如交易部门、法律顾问和高层管理人员之间进行流转，并各自签署意见，其中，应由专门负责法律事务的部门或人员对代理合同草案出具书面法律意见书，提交房地产经纪机构的最高决策者。最后，由最高决策者签署与开发商达成一致的合同。

（四）项目执行企划

本阶段的第一项工作是：项目执行部门根据已签署的代理合同，对营销策划报告进行修改，并初步制定项目的执行指标（销售期、费用预算等）和佣金分配方案，召集各分管业务的高层管理者及有关部门（如交易管理部、研究拓展部、财务部等）合作会议。介绍经修改的营销策划报告和初步制定的项目执行指标及佣金分配方案。由会议决议最终的项目执行指标和佣金分配方案。

（五）销售准备

这一阶段是对销售资料、销售人员、销售现场的准备。销售资料包括有关审批文件（如商品房预售许可证）、商品房销售委托书、商品房买卖合同文本、楼书、开盘广告、价目表、销控表等。销售人员准备包括抽调、招聘销售人员，进行业务培训等。销售现场准备包括搭建、装修布置售楼处、样板房、看房通道等。商品房预售预可证、商品房销售委托书、销控表等应与其他应予公示的材料一并在销售现场予以明示。

（六）销售执行

在这一阶段，作为开发商销售代理方的房地产经纪机构要安排相应的工作团队在售楼处接待购房者，引领购房者看房，签订商品房买卖合同，办理房屋预告登记等，并配合开发商实施广告、公关活动等市场推广以招徕客户。但是，近年来，房地产经纪行业内出现了一种新的商品房销售市场推广方式——联合销售，即房地产经纪机构将所代理的商品房楼盘房向其他主要从事存量房经纪业务的机构及人员开放，由后者向其所联系的客户推介，如成交则按一定比例向其分佣。这一模式常常可以在短时间内迅速汇集大量有效客户，因而受到房地产开发商和房地产经纪机构的重视。

销售执行阶段通常持续时间较长。在后期还要完成商品房交验（俗称"交房"）的工作。在"交房"期间，房地产经纪机构及人员要配合开发商，按照项目所在地房地产管理部门的有关规定，办理"交房"前的相关手续，并具体执行引领购房者验收房屋，代理开发商与购房者签订"房屋交接书"，向购房者交付《住宅质量保证书》和《住宅使用说明书》。"交房"期间常常是购房者与开发商产生矛盾的主要阶段，房地产经纪机构及人员作为中介方，应充分了解各种矛盾的详细情况，找到症结，为开发商和购房者提供有效的解决方案，积极化解矛盾。

（七）项目结算

由于商品房的销售过程比较长，一般在销售过程中要按一定时间周期（如按月）对外结算佣金（与开发商结算佣金）和对内结算佣金（与销售人员结算佣金），但到整个项目销售的最后阶段（通常是完成代理合同所约定的销售指标后），要进行项目的总结算。首先，就是由项目直接操作部门与开发商进行总结算，经纪机构的法务部门予以配合。其次，就是对内结算，业务部门要将日常核对的佣金结算数据提交财务部门审核，项目执行部门要撰写结案报告。最后，由房地产经纪机构的最高管理者、项目负责人、业务部门负责人、财务部门负责人和负责法律事务的部门负责人共同召开结案审计会，确定最终的结案报告和对内结佣方案，按佣金结算方案对销售人员总结算。结案报告交业务管理部门的信息资料部门存档。

二、存量住房买卖、租赁经纪业务流程

（一）客户开拓

这一步的主要工作是争取客户，一般房地产经纪机构都会通过品牌宣传和公共关系活动，来宣传自己，进而吸引客户。但具体的客户开拓还需要借助一些切实有效的手段。目前在我国，以存量房经纪业务为主的房地产经纪机构，大多采用有店铺经营模式，这种模式非常强调通过商圈经营来开拓客户。

商圈经营是指房地产经纪机构通过经纪门店，将各个业务团队固定在各自特定的客户开发范围内，使业务人员确实了解各自所在商圈内的各种重要资讯及房源行情，精耕服务，提升为客户服务的水准，同时，使全体业务人员以各自所在商圈的客户为主要服务对象，省却业务人员因外区房源而来回奔波，缩短标的成交时间，降低人力与物力的浪费，以实现企业的最高经济效益。

（二）客户接待与业务洽谈

要通过客户接待来成功承接委托业务，首先要求房地产经纪人员树立良好的"客户意识"：①平等化意识。房地产经纪人员在服务客户时，不可因年龄、外貌、服装、职业、消费能力等因素而有差别化对待。同时，注意维护自尊，在服务过程中与客户也是平等的互利关系。②珍惜常客。经常惠顾的客户与其他客户同时在场时，可以在招呼语中添些寒暄之类的应酬话，等其他客户离去后再施以特别待遇，并可尝试将已服务客户登记在档，跟踪服务，形成客户资源。③充分体察客户的期望。房地产交易双方通常由于知识和经验缺乏，并不能确切描述或表述他们的期望。房地产经纪人员要善于在电话问询、当面倾谈、看房等服务过程中体会、发现客户的期望。

在客户接待与业务洽谈中，房地产经纪人员应通过核实身份与产权状况把握来访者中的卖主，通过交谈来了解其是否真心打算出售或出租房产，并通过请其填写委托书来检验。同时，应设法了解卖主的主要诉求。对于潜在的买方/承租方客户，房地产经纪机构及人员应充分了解客户的各种需求及其主要诉求，合理把握客户主要诉求与其他需求之间的平衡点。对每组来访客户，要准确发现其中

的交易决策人，同时，对于客户的交易顾问（常常是客户的亲友中较为熟悉房地产交易或法律的人士），应设法使其成为促进成交的帮手。应注意明确购房的实际出资人和实际收益人，对客户的购房能力和购房意愿进行了解，以便向其推荐合适的房源，对于一些需求表述不清、意见模棱两可的客户，可以进行语言引导，使客户说出其内心的想法，建立起共识，减少误会，以利成交。如果客户有律师做买房参谋，房地产经纪人员应与律师充分沟通，解决律师提出的各项问题，对于解决不了的问题，也应直言相告，避免无效率地反复沟通。

在与客户进行业务洽谈时，首要环节是倾听客户的陈述，以充分了解委托方的意图与要求，把握客户的心理状况，同时衡量自身接受委托、完成任务的能力。其次，要向客户告知自己及房地产经纪机构的姓名、名称、资格以及房地产经纪执业规范要求的必须告知的所有事项。最后，要就经纪方式、佣金标准、服务标准以及拟采用的经纪合同类型及文本等关键事项与客户协商，达成委托意向。

（三）房屋查验

1. 现场查验

房地产经纪人员在接受业主委托后，应在业主或其代理人的带领下，亲临现场，实地查勘房屋状况，观察房屋的具体位置、朝向、建筑结构、设备、内部装修情况、房屋成新、出入口及通道情况，以及相邻房屋的物业类型、周边的交通、绿地、生活设施、自然景观、污染情况等环境状况。可携带罗盘、皮尺等简单的测量工具，对房屋朝向、通道宽度等进行测量，并采用文字、数字记载、绘图、拍照等方式予以记录。现场查验时，房地产经纪人员可以向已入住同一小区的业主（或住户）了解房屋使用情况，因为他们往往是房屋质量的第一见证人。也可以向房源所在小区（楼盘）的物业服务企业了解标的房源及其所在小区（楼盘）的有关情况。同时，由于房屋本身的好坏是影响成交的重要因素，应根据现场查验后所了解的情况，向业主提出一些化解房屋缺陷的建议，以利于成交。

2. 产权调查

房屋产权清晰是成交的前提条件。在存量房经纪业务中，产权调查是保证产权真实性、准确性的主要手段，因而是房屋交易前必不可少的环节。

首先，要求出售方提供合法的证件（包括身份证、不动产权证等）；其次，到不动产登记机构查询房屋的权利人、产权来源、抵押和贷款情况、土地使用情况、是否有法院查封等信息。

（四）签订房地产经纪服务合同

房地产经纪机构接受委托人的委托，应根据委托人的类型（出售方、承购方、出租方、承租方）签订相应的房地产经纪服务合同，如房屋出售经纪服务合同、房屋承购经纪服务合同、房屋出租经纪服务合同、房屋承租经纪服务合同（详见第八章）。委托人可以是自然人或法人，但必须具有完全民事行为能力，否则必须由其合法的代理人代理其与房地产经纪机构签订房地产经纪服务合同。

（五）信息收集与传播

信息，是房地产经纪机构及人员赖以开展业务的重要资源。房地产经纪人员受理委托业务后，应主要收集三方面信息：标的房屋信息、与标的房屋相关的市场信息和委托方信息。标的房屋信息是指标的房屋的物质状况、权属状况、环境状况等方面的信息；与标的房屋相关的市场信息是指标的房屋所属的房地产分类市场（如中心城区二手住宅市场、城市边缘区别墅市场等）的供求信息、价格信息等；委托方信息包括委托方的类型（如个人或法人，法人的经营类型）、信誉情况等。房地产经纪人员对以上信息进行辨别、分析、整理后，应根据物业查验、产权调查和信息搜集所得到的情况，编制出售人或出租人委托房屋的房屋状况说明书，并请委托人确认。同时，房地产经纪人员应对委托标的房地产的潜在交易对象、可能的成交价格做出分析和判断。经委托人同意后，房地产经纪机构及人员可以进行房源信息的传播，以吸引潜在交易对象。

（六）引领买方（承租方）看房

由于房地产是不动产，现场看房是房地产交易中必不可少的环节。房地产经纪人有义务引领买方（承租方）全面查验标的房屋的结构、设备、装修等实体状况和房屋的使用状况、环境状况，并充分告知与该房屋有关的一切有利或不利因素。

（七）协助交易达成

1. 协调交易价格

通常情况下，交易双方总是站在各自的立场上来判断房地产价格，因此，常常不能就成交价格达成一致意见。这就需要房地产经纪人员以专业的身份和经验来协调双方的认识。一般而言，房地产经纪人员应以标的房屋的客观市场价值为基准来协调交易双方，必要时还可借助房地产估价机构的力量。

2. 促成交易

在与客户的接触过程中，要密切留意成交的信号，如：客户询问完毕时，询问集中在某一特别事项，开始默默地思考，不自觉地点头时，专注价格问题时，反复询问相同问题时，关注售后手续之办理等。当出现这类信号时，应及时给予确认和巩固，在成交信息得以明确后，要尽可能快速促成交易。

3. 协助或代理客户签订交易合同

签订交易合同是成交的标志。房地产经纪人应协助（在采用居间方式的经纪业务中）或代理（在采用代理方式的经纪业务中）委托方与交易对象签订合同。由于房地产交易合同是比较复杂的经济合同，客户因受自身知识、经验的局限，常常不能把握合同的各个细节，因此，房地产经纪人要特别提醒客户注意许多容易忽视的细节。必要时，可建议客户委托律师协助。

（八）产权过户与登记

房地产交易通常涉及产权的转移（如买卖），或抵押权、租赁权的设立，而不动产登记是保证这类权利变更、设立有效性的基本手段。在采用代理方式的房地产经纪业务中，房地产经纪人员应代理客户办理各类产权登记手续。在采用居间方式的房地产经纪业务中，房地产经纪人员应协助客户办理各类产权登记手续，如告知登记部门的工作地点、办公时间及必须准备的资料，陪同客户前往登记。

（九）房屋交接

客户签订房屋买卖、租赁合同，并已完成登记过户、租赁合同备案手续，出售（租）方应按合同期限规定，迁出非转让、出租物品，买卖房屋的，还要迁移原有户口，结清有关物业费用，妥善办理物业交接手续。

在存量住宅买卖经纪业务中，物业交接后，房地产经纪人员还应督促买方要求交易资金监管方或其购房贷款银行及时向卖方放款（被监管的房款或购房贷款）。

（十）佣金结算

根据经纪合同的约定，房地产经纪人员应及时与委托人（或交易双方）进行交易结算，佣金金额和结算方式应按经纪合同的约定执行。房地产经纪人员应把握好这一环节，以保护自己的合法权益。

（十一）售后服务

售后服务是房地产经纪机构提高服务质量、稳定客户的重要环节。售后服务的内容可包括三个主要方面：第一是延伸服务，如作为买方代理时为买方进一步提供装修、家具配置、搬家等服务；第二是改进服务，即了解客户对本次交易的满意程度，对客户感到不满意的环节进行必要的补救；第三是跟踪服务，即了解客户是否有新的需求意向，并提供针对性的服务。

三、商业房地产租赁代理业务流程

（一）客户开拓

商业房地产租赁代理业务的服务对象主要是商业房地产业主（开发企业或其

他机构）和需要承租商业房地产的各类企业，客户开拓主要通过向潜在客户提供有关商业房地产的资讯、分析报告、组织论坛、专业活动等方式来进行。房地产经纪机构高层管理者与潜在客户高层管理者之间的直接接触，也是一种重要的客户开拓方式。在这类业务的客户开发中，重要的是找到潜在客户企业内对商业房地产出租或承租具有决定权或重要影响力的关键人物或关键部门及其负责人，从而能够精准地传达信息或进行接触。与此同时，房地产经纪机构是否能够及时提供准确的商业地产市场资讯和高质量的市场分析报告，能否组织高水准的论坛和专业活动，是影响客户开发效果的基础因素。此外，由于不同房地产经纪机构的客户类型有所不同，对于某个特定的房地产经纪机构而言，如能与其他房地产经纪机构进行合作，也是一种较好的客户开发方式。

（二）签订房地产经纪服务合同

房地产代理依据于委托方的授权，因此，签订房地产经纪服务合同是正式开展一项商业房地产租赁代理业务的起点。根据委托方的不同，房地产经纪机构应与委托方签订房屋出租代理合同或房屋承租代理合同。合同应对房地产经纪机构与委托方之间的权利、义务关系进行详细约定（详见第八章）。

（三）信息搜集与分析

房地产经纪服务合同签订后，房地产经纪人员应根据委托方的交易需求，对其潜在交易对象、标的房屋进行广泛而深入的信息搜集。如委托方是某办公楼的出租方，则房地产经纪人员应对该办公楼及其潜在的承租方进行信息搜集。如果委托方是需要承租办公楼的企业，则房地产经纪人员应根据委托方对办公楼的具体需求，搜寻符合条件的办公楼。

在商业房地产承租代理业务中，对相关信息的分析不仅是必要的，有时甚至是至关重要的。商业房地产是其使用企业重要的生产资料，这项生产资料的优劣常常直接影响着使用企业的收入状况（如一个好的商铺会使一个服装店的营业收入增长），同时，承租企业所支付的租金是承租企业运营成本中的重要项目，而且，所承租商业地产的具体特征（如区位、建筑类型、设备与装修状况等）还会影响到企业运营成本中的其他项目（如物流成本、电力成本、税务成本等）等。因此，房地产经纪机构及人员如能对不同的商业房地产对委托方经营收支所产生的影响进行深入分析，将有利于为委托方选择最合适的房屋，也更能赢得客户的信赖。

（四）信息传播

商业房地产租赁代理业务中，房地产经纪人员需要进行信息传播，以吸引潜在的交易对象。但根据委托方地位的不同，信息传播的内容与方式均有不同。如果委托方是出租方，通常需要对出租商业房地产本身及出租方的企业形象进行宣传，并且可以采用广告的方式来传播。如果委托方是承租方，房地产经纪机构及人员一般是通过与潜在出租方的关键人员进行信函、电话联系或直接接触，向其定向传播承租方的相关信息（如经营范围、企业形象等）。

（五）引领承租方查勘物业

无论委托方是出租方还是承租方，房地产经纪人员都应引领承租方现场查勘经选择的待租商业房地产。由于商业房地产的承租方主要是企业，因此一定要安排承租企业中对承租事务具有决定权的人物到现场查勘。通常决定承租事务的人员不止一位，因此要尽量安排在所有关键人物都能到场的时间进行查勘。查勘过程中，应全面、客观地向承租方展示商业房地产，并认真听取承租方对商业房地产的现场反映及相关意见，认真解答承租方对商业房地产提出的各种问题，遇有一时不能解答的问题，应作书面记录，事后进行查证，再向承租方解答。

（六）租赁谈判与租赁合同签订

当承租方对商业房地产本身满意时，应及时安排租赁谈判。此时，房地产经纪机构或者代理出租方与承租方谈判，或者代理承租方与出租方谈判。就租金及支付方式、租金折扣、租金调整、租赁期限、房屋的使用要求和修缮责任、税费和物业服务费的支付、公用事业费的支付、转租条件、房屋返还时的状态、违约责任、房屋交付日期等进行谈判。

一旦谈判达成一致，即可签订租赁合同。但是，由于商业房地产的出租方与承租方通常都是企业，许多大型企业对于企业的各类对外合同都安排有专门的法务部门或人员进行合同审核。因此，房地产经纪机构及人员应高度重视与租赁双方法务部门或人员的沟通，使得租赁商务谈判的结果能顺利地转化为法律文本——房屋租赁合同。

（七）办理租赁合同备案

在我国，商业房地产的租赁合同是商业房地产承租企业办理工商、税务登记的重要依据，但通常以到相关不动产登记机构办理租赁合同备案为前提。因此，作为商业房地产承租代理的房地产经纪机构应代理委托方办理租赁合同备案，作为商业房地产出租代理的房地产经纪机构也应提醒承租方及时办理租赁合同备案。

（八）佣金结算

房地产经纪机构应按照房地产经纪服务合同的约定，及时与委托方进行佣金结算，以保护自身的合法权益。

（九）后续服务

租赁合同签订和备案后，房地产经纪机构可为委托方提供相关后续服务。如为委托承租方联络装修公司，提供搬迁方案（以便将搬迁对承租方正常经营所产生的影响降到最低），联络搬迁公司，联络家具、设备、绿化供应商及员工午餐就餐点等。为委托出租方提供承租方物业使用与履约能力监控、预警分析等。

第三节 房地产经纪基本业务的网络化运作

一、房源管理网络化

目前，我国一些大中型房地产经纪机构的房源管理普遍采用了信息化手段，通过专业的存量房业务运行管理软件建立房源数据库，对房源的自身信息、业务进展情况进行信息化管理。经纪人员通过房源数据库进行查寻房源、添加房源、更新房源等业务操作，经纪门店和经纪机构的管理人员通过房源数据库掌握门店、机构内的房源及其业务跟进状况，进行房源分配、房源分类统计等管理操作。早期的房源数据库多为经纪机构在其内部建立，限于内部使用。现在则发展到跨机构的行业性公用数据库，如某房源数据库，将房源发布和房源管理进行了资源和功能整合，数据信息涵盖房源信息、GIS地图、小区视频以及城市道路街景图片等各类数据。

二、房源发布网络化

随着互联网的迅速发展，中国网民数量已跃升至世界第一位，互联网已成为房地产经纪机构的主要客流导入渠道。目前搜房、新浪乐居、安居客是房源发布的主要网络渠道。另外，大型的房地产经纪机构也各自建有房源发布网站。三维城市地图、视频等先进的技术也已被用于房源信息发布当中，通过三维地图直观和真实地再现房源的地理位置，通过视频为购房人（承租人）全景展现房产的真实情况。此外，房源发布系统往往是与房源管理软件联动的，即房地产经纪人员在管理自己的房源数据库时，可直接将拟发布的房源发布到网站上，同时还可以通过E－mail，直接将拟发布的房源发送到目标客户的电子邮箱中。房源发布信息化不仅大大提高了信息发布的速度、降低了信息发布的成本，还为客户提供了24小时的全方位信息获取平台。多数房源发布网站，可在线观看意向房源的各类信息，包括经纪人员对房源及其小区、周边环境的文字介绍、房型图、室内照片、小区照片与视频、周边街道的360度连续跟踪照片、地图、经纪人员情况、小区业主（住户）对小区的评论等，也可以使用系统所提供的工具，如地图框选搜索、点选搜索、关键字搜索（如"学区房"、"地铁房"），来搜索特定区域、楼盘、房型、面积段、价位段或特定性质的房源，并可通过系统提供的排序功能，在房源搜索结果中进一步筛选。随着移动互联网的快速发展，许多房地产经纪机构纷纷推出租房买房手机应用（APP），可通过定位为用户逐一显示附近房源。

三、网上房地产经纪门店

随着存量房信息发布的网络化，一些房地产专业网站、房地产专业手机应用（APP）和重要门户网站的房地产频道，也为房地产经纪人员提供了开设网上房地产经纪门店的平台，房地产经纪人员可以在这些网站开设个性化的网上店铺，呈现自己的电子名片、房源信息，并通过店铺留言和网民实现沟通。有些网站还为房地产经纪人员提供网上虚拟地盘，即赋予某个特定的经纪人员某个特定区域的版主地位，由该经纪人员负责对该区域的房源、区域环境等信息进行维护，同时相应地授权给予该经纪人员优先在该区域的版面上重点推介自己的房源。目前，许多购房人了解存量房市场的第一步就是浏览各大房地产专业网站、主要房地产手机应用（APP）和知名门户网站的房地产频道。因此，网上门店已成为房地产经纪人员获得客源的一个重要渠道。

四、房地产经纪人员工作辅助系统

在房地产经纪人员的日常工作中，需要进行各种案头工作，如客户购房能力评估、贷款还款额计算、对外发布信息的文件（如房型图、房源视频等）制作，目前一些专业化的软件为房地产经纪人员提供了丰富的信息化辅助工具，大大方便了房地产经纪人员，如某软件为房地产经纪人员提供了五大类二十多种辅助工具，包括：

（1）制作类。包括视频制作、全景图制作、房源介绍制作（单页、多页）、房型图制作、网上门店制作器、地图集成等。

（2）计算器。包括购房能力评估、等额本息还款计算、提前还款计算、等额本金还款计算、个人住房公积金贷款计算、税费计算等。

（3）发布器。包括网站发布器、报纸发布器、短信发布器、邮件发布器等。

（4）文本类。包括通信录、记账本、工作日志（计划安排）、文本工具（公文秘书）、辅助决策（置业顾问）等。

（5）其他。包括业务提醒、钥匙管理、聊天工具、房源搜索器等。

此外，房地产经纪机构的管理人员也可以借助一些专业化的房地产经纪管理辅助系统对门店、机构进行管理，如门店经理通过门店管理辅助系统，对店内的房源和各经纪人员的业务进展情况进行监控，借助系统的统计功能对门店的业务、经营情况进行分析，利用系统的业务流程管理功能进行审批、发布指令等管理程序，通过系统向上级部门报告门店的相关业务、经营信息和重要文件。一些专业手机应用（APP）还为房地产经纪人员和注册客户提供网上交流工具（类似于微信、QQ），房地产经纪人员与客户或潜在客户可以在线沟通。房地产专业网站和专业手机应用（APP）的信息搜索、定制功能也为房地产经纪人员获取房地产市场、政策、宏观经济等相关信息提供了一条更方便、快捷和精准的渠道。

第四节　房地产经纪延伸服务

一、房地产交易相关手续代办服务

（一）不动产登记信息查询

不动产登记信息包括不动产原始登记凭证和不动产权属登记机关对房屋权利的记载信息。房屋原始登记凭证包括房屋权利登记申请表，房屋权利设立、变更、转移、消灭或限制的具体依据，以及不动产权属登记申请人提交的其他资料。不动产权属登记机关对房屋权利的记载信息是指房屋登记簿所记载的信息，包括房屋自然状况（坐落、面积、用途等），不动产权利状况（所有权情况、他项权情况和房屋权利的其他限制等），以及登记机关记载的其他必要信息。

通常情况下，房地产买方需要查询不动产登记机关对其拟购买房屋的权利的记载信息时，可由房地产经纪机构代为办理。

查询不动产权属登记信息，应填写不动产权属登记信息查询申请表，明确房屋坐落（室号、位置），以及需要查询的事项，并出具查询人的身份证明或单位法人资格证明。目前许多大型房地产经纪机构均设置了专门的办事员岗位，长期驻守在不动产登记部门，负责查询不动产登记信息。

查询不动产登记信息需要支付相关费用，在有些城市，查询内容不同，收费标准也不同。房地产经纪人员在为客户提供这项服务时，应向客户说明这一情况，并明确告知登记机构的收费标准。

（二）不动产登记

不动产登记是保障房地产权利人合法权益的基本手段。按照《民法通则》规定，具有完全民事行为能力的权利人（18周岁以上的成年人或16周岁以上不满18周岁以自己的劳动收入为主要生活来源的未成年人）可以自行办理不动产权属登记。限制行为能力的人（8周岁以上的未成年人、不能完全辨认自己行为的成年人）和无民事行为能力的人（不满 8 周岁的未成年人、不能辨认自己行为的成年人和 8 周岁以上不能辨认自己行为的未成年人），可由他们的法定代理人（即监护人）代理登记。由于房地产是不动产，房地产物权的设立、变更、转让和消灭，都要依法登记。许多权利人并不了解不动产登记过程中所需要的各种前提条件和需准备的资料以及应遵循的程序，因此常常委托房地产经纪人代为办理。同时，房地产经纪人员可以将自己所承揽的多笔代办业务集中办理，从而可以降低单笔不动产登记业务所耗费的时间和精力，具有单个权利人不具备的成本优势。因此这一代办服务受到人们欢迎。

必须注意的是，在采用居间方式的房地产经纪业务中，代办不动产登记属于房地产经纪机构向客户提供的后续服务项目之一。在客户要求办理过户登记时，房地产买卖合同已经签订，房地产居间服务已经完成。因此，房地产经纪人员在向客户进行服务项目介绍时，应将代办过户登记服务与居间服务区分开来；避免因过户登记办理的拖延而导致正常居间佣金无法收取的后果。

（三）房地产抵押贷款

以房地产抵押作为取得金融机构贷款的担保，是房地产交易活动中通行的做法。贷款的办理属于买卖合同签订以后买方的义务，但由于许多客户不了解办理贷款的流程或不愿花费精力亲自办理，宁愿委托房地产经纪机构代为办理，房地产经纪机构也可因提供此类服务而收取一定的费用。但是必须注意，贷款能否成功经过银行批准主要取决于客户的资信，房地产经纪机构不对贷款申请的结果承担担保责任。同时，房地产经纪机构为客户办理抵押贷款手续所提供的服务应根据经纪方式的不同而有所区别。在采用居间方式的经纪业务中，房地产经纪机构可为客户申办贷款提供咨询、协助准备资料、代为递交资料等服务，在采用代理方式的经纪业务中，经纪机构可代办这一环节中的大部分事务。

房地产经纪人员在为购房者进行个人住房贷款代办服务时，一般需要协助购房者制定合理的贷款方案。贷款方案主要由以下要素组成：①贷款类型（商业性贷款、住房公积金贷款、组合贷款）；②贷款成数（贷款金额占房地产价值的比率）；③贷款金额；④贷款期限；⑤偿还比率（又称收入还贷比，指借款人分期偿还额占其同期收入的比率）；⑥贷款偿还方式（等额本息还款法或等额本金还款法）。

房地产经纪人员在帮助客户制定贷款方案时，应充分考虑客户的储蓄、收入水平、家庭开支以及家庭理财状况，进行综合考虑。由于买房实质是一项重大的家庭投资活动，房地产经纪人如能从家庭理财的角度给予客户合理的建议，会大大提高房地产经纪服务的附加值。

贷款方案制定后，房地产经纪人员应协助客户向相关银行提出贷款申请，得到银行批准后，协助客户与银行签订贷款合同，然后协助或代理客户到标的房地产所在区的不动产登记机构办理产权转移登记和抵押登记。

二、房地产咨询服务

（一）房地产投资咨询

房地产投资是指国家、企业或个人为了达到获利的目的，将货币资产转化为房地产实物资产的行为。房地产投资所涉及的领域有土地开发、旧城改造、房屋建设、房地产经营、置业等。目前，房地产投资已经成为一些投资者的重要投资方式。但是由于房地产商品的特殊性，房地产投资具有投资成本高、风险大、回收期长、所需专业知识广的特点，使不少非专业投资者尤其是个人投资者不能轻易介入房地产投资。而房地产经纪人由于具有丰富的房地产专业知识和市场经验，熟悉房地产投资各方面的环节，可以为投资者提供科学、合理的投资建议和方案。在一些西方发达国家，房地产投资咨询业务也是房地产经纪业务中很重要的一部分。目前，我国房地产经纪机构开展房地产投资咨询业务并不普遍，但是随着房地产市场的成熟、完善，房地产投资咨询业务成为重要的业务组成部分是发展的趋势。目前，房地产经纪机构从事的房地产投资咨询业务主要有房地产开发投资咨询和房地产置业投资咨询。

房地产开发投资是指投资者以开发土地或其他待开发的房地产，进而通过买卖或租赁等形式获利的商业活动。对于这一类投资，房地产经纪机构可提供的投资咨询服务通常包括为房地产开发企业"拿地"提供专业意见、对特定区域或细分市场进行调研、提供特定房地产开发项目的市场定位与产品策划等。

房地产置业投资是指投资者购置房地产后，在较长时期内持有该房地产，通过出租经营，持续地获取周期性投资收益，当然，一般而言这类投资者也期望所购置的房地产在未来能够增值。对于这种投资，房地产经纪人员关键要根据房地产租赁市场的特点把握供需关系的变化，要站在获取长期收益和增值的角度对租赁市场进行分析，特别是对影响供给和需求变动的因素进行分析和预测。

无论是房地产开发投资咨询还是房地产置业投资咨询，最基础的内容是进行房地产细分市场的供求分析，因为投资者进行投资决策时首先要了解的是客户拟投资的房地产所在细分市场的供求关系究竟处于什么状态，是供求平衡？还是供大于求？或供小于求？房地产细分市场供求分析，就是通过以因果分析为基础的对供给和需求的定量分析，对咨询标的房地产所在细分市场的供求状况进行判断。

（二）房地产价格咨询

房地产交易中最敏感、最关键的因素就是价格。由于房地产价格的影响因素、价格形成和运行机制具有不同于一般商品的特性，投资者、购房者往往难以把握房地产市场价格，尤其是市场的变动趋势。房地产经纪人员长期从事某一特定区域、特定类型的房地产经纪服务，通常会对其市场供需及价格有非常深入的了解。因此，房地产经纪人员最有条件为客户提供某一特定区域、特定类型的房地产市场价格行情的资讯，这是房地产经纪人员所能提供的一种基础性房地产价格咨询。此外，依赖于自身的市场经验以及所掌握的房地产专业知识，房地产经纪机构及人员还可以就某一特定的房地产提供更加详细的房地产价格咨询，即就该房地产的正常市场价值、可行性租金（使房地产投资者收回投资并获得正常利润的租金）、价格走势等，提供专业意见，供委托方参考。这也是房地产经纪人员取得客户信任的一条重要途径。所以对房地产经纪机构而言，开展房地产价格咨询业务的市场前景非常广阔。

房地产经纪人员从事房地产价格咨询，除了要充分发挥自身优势外，还要结合房地产价格咨询服务的特点，掌握房地产价格评估的基本原则和市场比较法、收益法、成本法等估价基本方法，熟悉房地产价格咨询的程序。由于房地产的正常市场价值是由其最高最佳使用用途决定的，因此，房地产经纪人员还应熟悉房地产最高最佳使用分析的方法。

（三）房地产法务咨询

由于房地产交易过程所涉及的法律法规、政策规定众多，房地产交易当事人常常难以充分了解相关法律、法规和政策规定的详细内容，并据以分析其对房地产交易的具体影响。房地产经纪机构在提供居间或代理服务的同时提供相关法律、法规与政策的咨询服务能更好地为客户服务。目前房地产经纪机构所提供的房地产法务咨询主要是有关房地产购买资格、住房贷款政策、房地产交易程序与税费等的咨询。

三、房地产交易保障服务

（一）房屋质量保证

目前，消费者购买汽车、家电、家具等大额消费品，都会得到供应商所提供的产品质量保证。而价值远高于这些商品的房地产却没有相应的服务。这是阻碍房地产交易的重要因素，同时也是导致房地产交易纠纷多发的重要因素。

2008年，广州市政府有关部门公布了《广州市房地产中介服务管理规定（征求意见稿）》。该文件首次提出"房地产说明书"的概念，房地产说明书内容包括：房屋坐落、面积、产权权属文件、用途、抵押情况、出租情况、建筑年限、土地出让金缴交情况及需要特别说明的情况等。该文件要求房地产经纪机构提供房地产经纪服务时，应对房屋状况制作房屋状况说明书。房地产经纪服务人员应通过查册、核对房屋权属证明原件、现场核查等谨慎方式对房屋状况说明书进行核实。房屋状况说明书制作完成后应由业主或出租方和房地产经纪服务人员联合签章，房地产经纪服务机构与业主或出租方共同承担保证房地产信息真实的义务。当事人拒绝制作房地产说明书的，房地产经纪服务机构不应为其提供经纪服务。2011年1月20日发布的《房地产经纪管理办法》明确规定，房地产经纪机构应当为房屋出售委托人编制房屋状况说明书。房屋状况说明书作为一项重要的房屋质量保证书，有望被房地产经纪行业普遍采用。

我国台湾地区的著名房地产经纪机构——信义房屋，多年前就在台湾率先创立了"不动产说明书"制度，并在实际业务进行中加以实施。此外，信义房屋还先后推出了"漏水保固制度"、"高氯离子瑕疵保障制度"、"高放射瑕疵保障制度"等房屋质量保障服务。信义房屋作为每年成交近2万套房屋的大型房地产经纪机构，目前已建立了台湾地区最完善的"特殊房屋"资料库，可供查寻绝大多数房屋过去是否被检测出有质量瑕疵，因而有能力以"自办保险"的方式来提供上述房屋质量保证。这是非常值得房地产经纪机构借鉴的。

（二）房地产交易履约保证

房地产交易涉及交易双方的巨额财产，并对双方的家庭生活、工作、学习有着重大影响，如果房地产交易合同签订后，一方反悔、不履行合同，往往会给另一方的经济、生活等带来很大的损害。然而，由于房地产交易的复杂性以及房地产市场的动荡，合同签署后一方毁约的现象经常发生，这是房地产交易中一项巨大的风险。这一风险对房地产市场交易有着不利的阻滞效应。在一些发达国家，已出现专司住房交易的担保行业，如日本有专为住房承租人提供履约担保的行业，美国则有政府部门或公益性机构为特定群体（如低收入家庭、退伍军人）提供购房或租房履约担保。

履约保证是签署商业合同的一方或第三方为合同履行所提供的一种财力担保，即支付合同履约金来担保合同的履行。履约保证金制度原是国际建筑业市场上的一种惯例，目前也被引入到我国建筑业市场。台湾信义房屋也在多年前率先将其引入台湾的存量房交易市场，并与其推出的"不动产说明书"、"漏水保固制度"等房屋质量保障服务共同构建了存量房交易的全方位交易保障服务。这种高附加值的服务，极大地提升了信义房屋的品牌价值，使其长期牢牢占据了台湾地区房地产经纪领军企业的地位。

目前在我国，房地产交易履约保证尚不普遍。房地产经纪机构如能提供履约保证服务，则可有效降低这一风险发生的概率，而这项服务也可成为房地产经纪机构一项新的收入来源。

复 习 思 考 题

1. 房地产经纪业务可以按哪些分类标准进行分类？
2. 新建商品房经纪业务与存量房经纪业务的区别有哪些？
3. 房地产买卖经纪业务与房屋租赁经纪业务的区别有哪些？
4. 商业地产经纪业务与住宅经纪业务有何不同？
5. 房地产交易买方代理业务与卖方代理业务在服务内容上有何不同？
6. 新建商品房销售代理业务的基本流程是什么？
7. 存量住宅买卖、租赁经纪业务有哪些基本环节？
8. 商业地产租赁代理业务基本流程是怎样的？
9. 经营存量房经纪业务的房地产经纪机构应如何进行客户开发？
10. 目前房地产经纪基本业务运作网络化有哪些方式？
11. 如何帮助客户制定合适的抵押贷款方案？
12. 房地产经纪机构及人员从事的房地产投资咨询主要有哪些？
13. 房地产经纪机构及人员可为客户提供哪些方面的房地产价格咨询？
14. 房地产法务咨询所涉及的主要内容有哪些？
15. 房地产经纪机构可以为客户提供哪些交易保障服务？

第七章 房地产经纪服务合同

房地产经纪服务合同作为房地产经纪业务最重要的业务文书，是房地产经纪活动最重要的文字载体。本章以《合同法》、《房地产经纪管理办法》及其相关解释为根据，阐述房地产经纪服务合同的含义、特征、作用，介绍房地产经纪服务合同的主要内容和重要事项，并针对新建商品房销售代理业务和存量房屋买卖、租赁经纪业务，阐述主要类型房地产经纪服务合同的基本内容。

第一节 房地产经纪服务合同的含义、特征与作用

一、房地产经纪服务合同的含义

房地产经纪服务合同是指房地产经纪机构为促成委托人与第三方的房地产交易而提供有偿经纪服务，与委托人之间设立、变更、终止权利义务关系的协议，是委托人与房地产经纪机构就某一个项目进行协商而达成一致的协议。房地产经纪服务合同中的甲方必须是具有完全民事行为能力的自然人、法人或其他组织。在我国，完全民事行为能力人是指18周岁以上可以独立进行民事活动的自然人，或16周岁以上不满18周岁以自己的劳动收入为主要生活来源的自然人。无民事行为能力人或者限制民事行为能力人，应由其监护人代理签署合同。法人是具有法律规定的资金数额及设立的条件等，依法向法人登记机关登记，取得法人资格的企业或组织。甲方是其他组织的，也应具有相应资格。房地产经纪服务合同的乙方必须是依法设立的房地产经纪机构，而不是房地产经纪人员，但房地产经纪服务合同必须由登记在该机构的一名房地产经纪人或两名房地产经纪人协理在合同上签名。房地产经纪机构是房地产经纪活动的第一责任主体，在房地产经纪服务合同上签名的房地产经纪人员是约定的房地产经纪服务项目的第二责任主体。

房地产经纪服务合同是否规范的要件有三个：一是委托人的签名或者盖章，二是受托房地产经纪机构的盖章，三是承办该业务的一名房地产经纪人或者两名房地产经纪人协理签名，这三个要件必须同时具备，缺一不可。依法成立的房地产经纪服务合同，如合同中没有特别约定生效时间，则根据《合同法》相关规

定，自合同成立时生效。

房地产经纪服务合同可划分为不同的类别：根据委托房地产类型的不同可分为存量房经纪服务合同和新建商品房经纪服务合同；根据委托交易目的的不同，又可将存量房经纪服务合同细分为房屋出售经纪服务合同、房屋购买经纪服务合同、房屋出租经纪服务合同和房屋承租经纪服务合同。

二、房地产经纪服务合同的特征

(一) 房地产经纪服务合同是双务合同

双务合同是指双方当事人互相享有权利、承担义务的合同，是交换最为典型的法律表现形式。在双务合同中，双方当事人之间存在着互为对价的关系。

(二) 房地产经纪服务合同是有偿合同

有偿合同是指当事人取得权利必须支付相应对价的合同。一方当事人取得利益，必须向对方当事人支付相应的对价，而支付相应对价的一方，必须取得相应的利益。这种对价可以是金钱，也可以是给付实物或提供劳务。但一方取得的利益与对方支付的对价，不要求在经济上、价值上完全相等，只要达到公平合理的程度即可。

(三) 房地产经纪服务合同是书面形式的合同

房地产经纪服务合同采用书面形式是中外房地产经纪行业的惯例，我国行业管理部门或行业组织制定发布的房地产经纪服务合同也都要求书面形式。

三、房地产经纪服务合同的作用

(一) 有效保障合同当事人的合法权益

《房地产经纪管理办法》规定，房地产经纪机构接受委托提供房地产信息、实地看房、代拟合同等房地产经纪服务的，应当与委托人签订书面的房地产经纪服务合同。这就是要以合同形式来固定房地产经纪机构与委托人之间的权利义务关系，从而有效保障当事人的合法权益。因为合同是平等的民事主体就某一具体事项中双方权利义务关系协商一致后所形成的法律文件，对合同当事人具有法律约束力。合同一旦生效，当事人就必须依照约定履行自己的义务，不得擅自变更或者解除合同。合同当事人在履约过程中不履行义务或者违反约定的，必须承担继续履行、采取补救措施或赔偿损失等违约责任。

(二) 维护和保证市场交易的安全与秩序

房地产经纪活动是房地产整体市场的重要组成部分，对房地产市场的交易活动有着重要的影响。房地产经纪活动是市场行为，房地产经纪机构与委托人之间的关系实质上也是一种市场交易关系。这种交易能否在合法、正常的状态下进行，有赖于市场交易活动的安全和秩序。房地产经纪服务合同是房地产经纪机构与委托人共同遵守的行为规则。这些行为规则为合同当事人的交易活动确定了基本规范，促使合同当事人遵守规则。房地产经纪服务合同不仅有利于避免房地产经纪机构与委托人相互损害对方当事人利益行为的发生，同时，也有利于维护房地产交易安全与房地产市场秩序。

（三）将房地产经纪机构的服务"产品化"

房地产经纪机构可以根据委托人多样化的需求，有针对性地提供所需服务，并将服务内容写在房地产经纪服务合同中。除了提供房地产信息、实地看房、代拟合同等房地产经纪服务外，经纪机构还可以提供代办贷款、代办不动产登记服务，以及其他更为个性化的服务，比如房屋出售经纪服务中可以包含对待售房屋的保管，房屋承购、承租经纪服务中对拟购房屋的质量担保，房屋出租经纪服务中包含对出租房屋及设备的使用监督、维修，新建商品房销售代理商将服务内容向开发前期延伸（如市场调研、产品定位）等。房地产经纪机构设计丰富的服务项目，并制定相应的服务标准和收费标准，委托人可以根据自己的需求来选择，甚至和房地产经纪机构共同讨论确定新的服务内容，而这些服务项目最终都可以体现在房地产经纪服务合同的相关具体条款上（但需要另外签订合同的除外），以便于明确双方在这些服务项目上的权利义务关系。可见，房地产经纪服务合同使得房地产经纪机构所提供的各项服务得以"显化"或"产品化"，从而有利于提高房地产经纪机构的服务针对性。

第二节　房地产经纪服务合同的内容和重要事项

一、房地产经纪服务合同的内容

（一）房地产经纪服务合同的基本内容

房地产经纪服务合同的基本内容是关于房地产经纪机构接受委托提供房地产信息、实地看房、代拟合同等房地产经纪服务的具体条款，应当包含下列内容：

1. 房地产经纪服务双方当事人的姓名（名称）、住所等情况和从事业务的房地产经纪人员的情况

缔约双方是房地产经纪机构和委托人。委托人是自然人的，标明自然人的姓名、身份证件号码、住址等；委托人是法人的，标明法人的名称、营业执照号和住所。合同中标明房地产经纪机构的法人代表、营业执照号码、经纪机构备案证

号、地址、联系电话等。并写明具体执行该业务的房地产经纪人员（至少一名房地产经纪人或者两名房地产经纪人协理）的信息（姓名、身份证件号、登记号）。

2. 房地产经纪服务的项目、内容、要求以及完成的标准

约定房地产经纪服务的项目、内容、要求以及完成标准，要参考房地产经纪机构在其经营场所公示的服务项目，还要符合国家或者行业关于房地产经纪服务标准和流程的相关规定。房地产经纪服务的项目包含三项，即提供房地产信息、实地看房和代拟合同，三项服务也可以在书面合同中进一步细化。提供房地产信息服务包括提供相关的房地产市场信息、搜集、配对交易房源，房地产交易政策咨询等；实地看房服务包括制作房屋状况说明书、联络房屋产权人或管理人、带领客户看房等服务；代拟合同服务包括交易条件谈判、议价撮合、协助订立房地产交易合同，也称为代书。房地产经纪服务合同中还应包含对双方当事人的一些具体要求。房地产经纪服务一般以房地产交易合同（包括买卖合同和租赁合同）签订为完成标准。

3. 服务费用及支付方式

服务费用是房地产经纪机构提供房地产经纪服务应得到的服务报酬，由佣金和代办服务费两部分构成。房地产经纪服务完成并达到约定的服务标准，房地产经纪机构才可以收取服务报酬，一般情况下，房地产经纪服务的完成以房地产交易合同签订为标志，房地产交易合同订立后就可以收取佣金；代办服务费用的收取标准和时点由当事人自行约定。依据《合同法》的相关规定，房地产经纪机构未完成约定服务事项的，不得要求支付服务报酬，但可以在合同中约定由委托人支付经纪服务过程实际支出的必要费用，必要费用不得高于房地产经纪服务收费标准，具体收费额度双方协商议定。房地产买卖、租赁过程中，涉及政府规定应由委托人支付的税、费，但由房地产经纪机构代收代缴的，不包含在房地产经纪服务费中。服务过程中涉及支付给第三方的费用，如权属信息查询费、评估费等，也可以在房地产经纪服务合同中约定。

4. 合同当事人的权利和义务

委托人的义务一般包括提供材料、实地看房、支付费用，权利一般包括知情权、交易收入的所有权；房地产经纪机构的义务一般包括及时如实报告义务，尽职尽责义务，风险提示义务、保密义务等，权利一般包括违法违规行为拒绝权，报酬请求权等。

5. 委托期限

委托期限指委托方委托房地产经纪机构提供房地产经纪服务的具体时间期限。委托期限实质上规定了房地产经纪机构完成某项经纪服务工作的时间界限，

有利于督促房地产经纪机构增强紧迫感，提高工作效率。

合同履行期间，任何一方要求变更合同条款，应书面通知对方。经双方协商一致，可达成补充协议。

合同履行期间，任何一方如有确凿证据证明对方的行为严重影响自己的利益，必须终止合同的，可于委托期限届满前，书面通知对方解除本协议，并结清相关费用，或追偿违约金。

6. 违约责任和纠纷解决方式

房地产经纪机构的违约情形主要包括：未完成委托人委托的经纪服务事项；未达到合同约定的服务标准，或未经委托人书面同意，擅自改变房地产经纪服务内容、要求和标准；未经委托人同意，由第三方代替房地产经纪机构或者房地产经纪机构与第三方共同完成委托人委托的事项；房地产经纪机构违反国家或房地产所在地有关法律、法规，损害委托人利益。

委托人的违约情形主要包括委托人虚假委托或提供的有关证件和资料不实、委托人未按时将约定的服务报酬支付给房地产经纪机构等。

房地产经纪服务合同违约责任的承担可以采用违约金的方式，纠纷解决方式可以采取相关部门调解、仲裁、司法诉讼等。

（二）房地产经纪服务合同的补充内容

根据委托人与房地产经纪机构的协商，房地产经纪服务合同还可以针对房地产经纪机构提供的其他延伸服务增加相关补充内容，但双方协议认为需要另外签订服务合同的延伸服务除外。比如房屋出售经纪服务合同中可以包括房屋保管服务；房屋承购经纪服务合同中可以包含代办贷款服务、代办不动产登记服务、房屋质量保证服务；房屋出租经纪服务合同中可以包含对出售房屋及设备的使用监督、维修服务，以及代收租金服务；房屋承租经纪服务合同可以包含房屋质量保证服务；新建商品房销售代理合同内容可以延伸至开发前期，比如市场调研、产品定位等。

增设补充内容时要特别注意的是，应将房地产经纪服务（也是房地产经纪机构的基本业务）与房地产经纪延伸服务区分清楚。房地产经纪机构完成房地产经纪服务后委托人就有义务支付佣金，延伸服务的效果不应作为影响委托人佣金支付义务的因素。延伸服务是否收费应由经纪机构和委托人协商确定，但其本身并不作为影响委托人佣金支付义务的因素。在房地产居间业务运作中，由房地产经纪机构代办的买方贷款不成功，不应作为买方拒付佣金的理由，但是，在房地产购买代理服务中，由于标的房地产的产权纠纷因素，导致买卖合同签订后无法办理标的房地产的产权过户，则并不只是代办不动产登记这一延伸服务的失败，而在很大程度上与房地产经纪机构在房地产经纪服务的产权调查环节不尽职有关，这时委托人有权拒付佣金。可见，区分房地产经纪服务与房地产经纪延伸服务，对保护房地产经纪服务合同的双方当事人都是有益的。

二、签订房地产经纪服务合同的有关重要事项

（一）房地产经纪机构的书面告知义务

根据《房地产经纪管理办法》，房地产经纪机构在签订房地产经纪服务合同前，有义务向委托人书面说明下列事项：

1. 是否与委托房屋有利害关系

此项告知内容体现了房地产经纪机构和房地产经纪人员在房地产经纪活动中应遵循的回避原则。为保持经纪活动的公正性，严禁房地产经纪机构或者房地产经纪人员作为交易方出现在房地产经纪活动中。房地产经纪人员和房地产经纪机构存在以下情形的，需要回避或如实披露并征得另一方当事人同意：一是与房屋的出卖方或者出租方有利害关系的，如房主为房地产经纪人员的直系亲属等。二是与房屋的承购方或者承租方有利害关系的，如房地产经纪人员是买方的直系亲属等。另外，房地产经纪机构和房地产经纪人员在不提供经纪服务的交易中，可以充当交易方，但应当向交易相对人明示自己的身份。

2. 应当由委托人协助的事宜、提供的资料

为了保证房地产交易的合法性及房地产经纪服务的顺利进行，房地产经纪机构应当根据房地产交易相关规定，告知委托人要提供本人及相关人员的身份证明、房屋权属证明、房屋共有权人同意出售或承租人放弃优先购买权的证明等有关证明和文件资料。

3. 委托房屋的市场参考价格

房地产经纪机构应当告知委托人其委托房屋所在社区或所处商圈范围内同类房屋当时的平均成交价格水平、一段时期内价格变动的情况及其信息来源，并提供若干类似房屋成交实例的真实价格，供委托人作为合理设定心理价格和报价的参考。

4. 房屋交易的一般程序及可能存在的风险

《城市房地产管理法》规定，房地产交易包括房地产转让、房地产抵押和房屋租赁。房地产经纪机构应当根据委托人对交易方式的具体需求，将有关交易程序告知委托人。同时，对可能存在的由交易主体、标的物、不可抗力等导致的风险，如实向委托人告知。

5. 房屋交易涉及的税费

在房屋交易中，根据权属性质、房屋用途、购买年限的不同，所缴税费亦有所不同，交易税费计算比较复杂。房地产经纪人员应当根据委托交易房屋的性质、种类和政府出台的关于房地产交易税费的现行规定，将房屋所涉及的税费种类、交费主体、收取标准告知委托人。

6. 经纪服务的内容及完成标准

房地产经纪服务是房地产经纪机构的基本服务，一般包括提供房地产信息、实地看房、代拟合同等内容，但由于委托人的角色（出售或承购、出租或承租）、委托房屋类型（新建商品房与存量房、住宅与非住宅等）、交易方式（买卖、租赁）不同，不同经纪业务项目中经纪服务的具体内容有所不同。房地产经纪机构应根据特定房地产经纪业务项目的具体情况，详细说明在该项目中所提供的具体服务内容和完成标准。

7. 经纪服务收费标准和支付时间

房地产经纪机构应当事先告知委托人并在房地产经纪服务合同中明确具体的收费标准和支付时间。收费标准应当符合相关法律、法规和规章的规定，并应当与经营场所公示的有关内容一致。

8. 其他需要告知的事项

一方面房地产经纪机构可根据特殊情况就其他问题向委托人进行告知；另一方面各地方人民政府建设（房地产）主管部门可根据本地区实际情况，规定房地产经纪机构应向委托人告知的其他事项。

房地产经纪机构根据交易当事人需要提供房地产经纪服务以外的其他服务（如各类房地产经纪延伸服务）的，也应当书面告知服务内容及收费标准。书面告知材料应当经委托人签名（盖章）确认。

（二）房地产经纪机构的验证义务

房地产经纪机构与委托人签订房屋出售、出租经纪服务合同，应当查看委托出售、出租房屋的实体及房屋权属证书，委托人的身份证明等有关资料。房地产经纪机构与委托人签订房屋承购、承租经纪服务合同，应当查看委托人身份证明等有关资料。

1. 查看委托人身份证明

为了防止某些身份不明的人员虚报房屋权属资料，给交易造成不便或导致交易不成，甚至给房地产经纪机构和房地产经纪人员带来经济损失或形象损害，房地产经纪机构在与委托人签订房地产经纪服务合同前，应先查看委托人的身份证明。委托人是自然人的，要查看其身份证或护照，证件上的照片与委托人应当相符，委托人应具有完全民事行为能力。委托人是法人的，要查看其工商营业执照或组织机构证明及房地产交易授权委托书，委托书上办理房屋交易相关事项的人员与经办人的姓名及证件号一致。所有证件均应在有效期内。

房地产经纪机构对经查看的委托人身份证明、房地产权利人委托书等文件应进行复印留存。

2. 查看委托出售、出租的房屋及房屋权属证书

房地产经纪机构在与委托人签订房屋出售、出租经纪服务合同前，应当认真查看委托交易房屋的房屋所有权证、不动产权证书和证明房屋他项权利的证书（如房地产抵押证）等权属证书，并实地查看房屋，核实房屋的坐落、楼层、建筑面积、规划设计用途等基本情况和共有权人情况、土地使用状况、房屋性质、抵押情况等权属及权利情况。

房地产经纪机构对经查的房产权属证书应进行复印留存。

（三）房地产经纪机构对合同履行的监督

由于房地产经纪机构人员流动大，许多房地产经纪从业人员缺乏经验，容易在合同履行中产生各种问题，房地产经纪机构要特别加强对这些合同履行过程中的关注。另外，房地产经纪机构内部存在分工，房地产经纪基本业务和代办贷款、代办登记等业务往往要由不同的人员完成，一份合同的履行，需要不同工作人员在时间进度上进行协调，并与委托人进行及时的沟通。只有规范工作流程，把握服务进度，才能真正提供周到、满意的服务。因此，房地产经纪服务合同签订后，房地产经纪机构要加强对合同履行的监督，及时了解房地产经纪人员在合同履行中的困难和问题，并接受委托人的合理意见和投诉，及时处理相关问题，保证合同的正常履行。

房地产交易当事人约定由房地产经纪机构代收代付交易资金的，应当通过房地产经纪机构在银行开设的客户交易结算资金专用存款账户划转交易资金。交易资金的划转应当经过房地产交易资金支付方和房地产经纪机构的签字和盖章。代收代付资金独立于房地产经纪机构或交易保证机构的自有财产及其管理的其他财产之外，也不属于房地产经纪机构或交易保证机构的负债，其所有权属于交易当事人。房地产经纪机构要加强客户交易结算资金专用存款账户开立和使用的管理，保证资金支付条件和具体方式与房地产经纪合同中的约定一致。

（四）房地产经纪机构对合同文本的保存

房地产经纪机构应当建立业务记录制度，如实记录业务情况。业务记录资料为研究本机构的经营业绩和科学发展提供第一手资料，是进行科学分析，扬长避短，制定发展方向的极好教材。房地产经纪服务合同是业务记录资料中的关键内

容，同时也是其他相关机构（如法院、房地产行政管理部门、房地产经纪行业组织等）开展调查研究的重要资料，应至少保存 5 年。

（五）委托人的相关义务

委托人与房地产经纪机构签订房地产经纪服务合同，应当向房地产经纪机构提供真实有效的身份证明。委托出售、出租房屋的，还应当向房地产经纪机构提供真实有效的房屋权属证书。委托人未提供规定资料或者所提供的资料与实际不符的，房地产经纪机构有权拒绝接受委托。

房地产经纪服务合同一般采用示范合同文本，针对服务对象和服务目的的不同采用不同的示范合同文本。委托人要仔细阅读合同条款，认真听取房地产经纪机构对合同条款的解释及针对委托人的相关提问所给予的回答。

委托人如果就某一项房地产交易已委托某一房地产经纪机构进行独家代理，就不能在该委托期限内再委托其他房地产经纪机构就该项房地产交易提供经纪服务，否则即为违约。

第三节　存量房经纪服务合同

一、房屋出售经纪服务合同

房屋出售经纪服务合同是指房地产经纪机构为促成委托人向第三方出售房屋而向委托人提供有偿经纪服务，与委托人之间设立、变更、终止权利义务关系的协议。

（一）签订房屋出售经纪服务合同的注意事项

1. 认真查验交易房屋的权属状况

房屋交易的实质是房屋产权交易，因此确认房屋产权的真实性以及是否存在瑕疵是首要问题。房屋是否即将进行国有土地上房屋征收、是否已经抵押或涉案被查封、共有产权人的意见等均将成为影响房屋能否出售的重要因素。不动产权证书并不一定能清晰、完整地显示现实产权状态，因此，房地产经纪机构及其人员在为委托人提供房地产经纪服务前应当查看委托出售房屋的实体及房屋权属证书，然后再通过不动产登记部门核实该房屋的权属情况，包括该房屋是否设立抵押权、租赁权或有其他权利限制、是否存在共有人，产权单位对房屋出售是否有限制条件或房屋是否符合上市条件等。另外还要注意以下几个重点问题：①单位自建的房屋，农村宅基地上建造的房屋，社区或项目配套用房，未经规划或报建批准的房屋等，都有可能不是完全产权；②因不动产权证书遗失而补办了新的不动产权证书，或者房屋发生过转让、被查封甚至被强制拍卖，原不动产权证书没有产权；③伪造的不动产权证书没有产权；④未登记的预售商品房、抵押商品房，仅凭购买合同或抵押合同不能完全界定产权状态；⑤已抵押的房屋未解除抵押前，业主不得擅自处置；⑥公房上市需要补交地价或其他款项，符合已购公有住房上市出售条件才能出售；⑦在拍卖市场上竞得的房屋可能存在产权不完整的情况；⑧涉及婚姻或财产继承的房屋产权一般比较复杂；⑨法律禁止转让的房地产在法律取消禁止前不得交易。

2. 经委托人同意再对外公布房源信息

为了确保房源信息发布的真实、有效、准确，房地产经纪机构与委托人签订房屋出售经纪服务合同后，还要根据委托人提供的证明、材料以及查验房屋的结果，在委托人的协助下，进一步编制房屋状况说明书，办理房源核验。房地产经纪人员还要尽可能全面地掌握房源的其他相关信息，如房屋的区位、配套设施设备、债权债务信息、附送的家具电器及其他用品、房屋的其他现况等内容，并在房屋状况说明书中予以记载。房屋状况说明书中还要附上相关证件材料的复印件和房屋外立面及各房间的照片。

委托人在确认房屋状况说明书内容并书面同意发布房源信息时，房地产经纪机构方可通过合法渠道进行发布。

3. 详尽告知委托人相关税费政策

在房屋交易中，根据权属性质、房屋用途、购买年限的不同，交易当事人所缴税费亦有所不同，交易税费计算比较复杂，而且，房地产税费政策一直处在不断地调整变化中，因此，一般委托人很难详细掌握。房地产经纪机构应该根据委托房屋的情况详尽告知房屋所涉及的税费种类、交费主体、收取标准等。

4. 委托方式选择

房屋出售经纪服务合同中的委托方式可以是独家委托，或多家委托。两种方式各有利弊，委托人可以根据自己的实际情况进行选择。独家委托中委托人把房屋授权给一家房地产经纪机构出售，并确定一定的委托期限。在委托期内，房地产经纪机构为了促成交易，会集中力量将房源推荐给客户，缺点在于受托房地产经纪机构客户资源有限。多家委托的方式中委托人把房屋同时授权给多家房地产经纪机构出售，谁先达成交易合同，谁获得佣金。在多家委托方式下多家房地产经纪机构展开竞争，房源信息可以尽可能多地传递到客户那里，缺点在于房地产经纪机构竞争激烈，可能为尽快成交不择手段，对委托人造成损失。当然独家委托、多家参与销售的方式可以结合以上两种委托方式的优点。也就是一家房地产经纪机构接受出售方的独家委托，但是该房源信息向其他相关房地产经纪机构开放，其他房地产经纪机构可以向自己的买方客户推荐，如果成交，佣金在卖方独家委托的房地产经纪机构和联系承购方的房地产经纪机构之间分配。

5. 房屋出售经纪业务中的延伸服务

在房屋出售经纪服务中，房地产经纪机构也可以根据委托人的意愿，提供待售期间的房屋保管服务。即委托人将房屋钥匙交给房地产经纪机构保管并使用，房地产经纪机构可以直接带客户看房而不需要卖方陪同。这适合于卖方目前不居住在该委托屋内的情况，一方面可以省去卖方每次看房陪同的麻烦，也方便了房地产经纪机构带客户看房。这种情况一般出现在独家委托中。

根据我国《合同法》的有关规定，除非当事人另有约定，保管合同至保管物交付时成立。保管期间，保管人应当妥善保管保管物，因保管人保管不善造成保管物毁损、灭失的，保管人应当承担损害赔偿责任。只有保管是无偿的，并且保管人证明自己没有重大过失的，才不承担赔偿责任。可见，房地产经纪机构一旦接受了委托人所交付的房屋钥匙，就开始承担该房屋的保管责任。

因此，房地产经纪机构在签订房屋出售经纪服务合同时，不能只简单考虑工作方便，还应当在接受房屋的钥匙之前，就是否履行对房屋的保管义务、发生房屋损坏及其房屋内财产失窃、损坏时如何处理、该服务是否收费及收费标准等问题与委托人进行特别约定；在接受房屋钥匙的同时，应当对房屋室内物品进行登记造册，做好交接工作；在带客户看房时要爱护房屋设施，保管好房屋内的物品。

（二）房屋出售经纪服务合同的特殊内容

1. 出售房地产的基本情况

合同中标明出售房地产的基本情况，包括房屋基本信息、区位信息、实物信息、配套设施设备、债权债务信息等。房屋信息尽可能详细，能够更好地完成经纪服务工作。

2. 房地产经纪基本服务及延伸服务的项目、内容、要求以及完成的标准

在房屋出售经纪服务合同中，房地产经纪机构可以提供的基本服务内容包括：提供与标的房屋买卖相关的法律法规、政策、市场行情咨询；寻找承购人；协助卖方与承购人达成交易，签订房屋买卖合同。除基本服务外，提供延伸服务的，房地产经纪机构和委托人需要协商确定具体服务内容、要求及完成标准，并作为补充内容列入合同，或通过延伸服务合同另行约定。如：在协议约定的期限内代管标的房屋；代办个人住房抵押贷款、房地产估价、公证手续；为委托人代办税费缴纳事务；代办解除标的房屋抵押手续；代办房屋产权及附属设施过户手续；代理移交房屋、附属设施及家具设备等；代办各种房屋维修基金、物业管理

费、公用事业费账户更名、费用移转手续等。

3. 出售价格

标明委托人要求的房地产出售价格，如实际成交价高于上述价格，超过部分归委托人所有。

二、房屋购买经纪服务合同

房屋购买经纪服务合同是指房地产经纪机构为促成委托人向第三方购买房屋提供有偿经纪服务，与委托人之间设立、变更、终止权利义务关系的协议。

（一）签订房屋购买经纪服务合同的注意事项

1. 明确委托人的购房需求

房地产经纪机构要尽可能详细地询问委托人购房需求，委托人也要如实告知。如果承购房屋是住宅，房地产经纪机构应该了解委托人的购房目的、意向区域、住房面积、总价、单价等基本信息，另外也要关注小区环境、商业配套、物业、停车位等附加信息。购房目的中，自住购房和投资性购房是两大不同类别，对住房要求有所不同。同时，委托人的年龄、职业等也影响着委托人对住房的要求；如果承购的是商业房地产，房地产经纪机构应该了解委托人意向的位置、房地产面积、单价、总价、物业服务费用、周边配套等信息。房地产经纪机构和委托人要进行充分沟通，明确详细的承购意向，房地产经纪机构才能有针对性地向委托人提供房源信息，更好更快地促成交易。

2. 购买人相关税费政策的说明

购房人一般需要交纳契税、印花税、交易手续费、权属登记费等。另外房地产经纪机构还要向委托人介绍当地实行的房地产市场政策，比如房产税、限购政策等。在了解委托人拥有住宅数量、面积的基础上，分析其是否受限购政策影响，以及是否需要缴纳房产税及需缴纳的税费金额。

3. 房屋购买经纪业务中的延伸服务

房屋购买经纪服务中可以包含房屋质量保证、房屋交易履约保证等交易保障服务，如提供这类服务，也应在合同中对这些服务的具体内容、服务标准及收费标准进行约定。

（二）房屋购买经纪服务合同的特殊内容

1. 购买房地产的基本要求

合同中标明承购房产需求信息，包括房屋区位、价格、面积、户型、其他要求等。

2. 房地产经纪服务的项目、内容、要求以及完成的标准在房屋购买经纪服务合同中，房地产经纪机构可以提供的基本服务内容包括：提供与标的房屋买卖相关的法律法规、政策、市场行情；寻找符合购买意愿的房屋及其出售人；对符合委托人购买要求且得到委托人基本认可的房屋进行产权调查和实地查验；协助委托人与出售人达成交易并签订房屋买卖合同。除基本服务外，提供代办房地产估价、公证手续；为委托人代办税费缴纳事务；代办购房抵押贷款手续；代办房屋产权及附属设施过户手续；代理查验并接受房屋、附属设施及家具设备等；代办各种收费设施的交接手续等其他服务的，房地产经纪机构和委托人根据需要协商确定具体服务内容、要求及完成标准，作为补充内容写入合同，或通过延伸服务合同约定。

3. 委托购买价格

标明委托人要求的房屋承购价格。委托人支付的价格应与出售人得到的价格相同。

三、房屋出租经纪服务合同

房屋出租经纪服务合同是指房地产经纪机构为促成委托人向第三方出租房屋提供有偿经纪服务，与委托人之间设立、变更、终止权利义务关系的协议。

（一）签订房屋出租经纪服务合同的注意事项

1. 认真查验房屋物质状况，经委托人同意后对外公布房源信息

为了避免房屋出租后因房屋及其设备、家具等给承租人造成健康、安全损害从而产生交易纠纷，房地产经纪机构与委托人签订房屋出租经纪服务合同之前，就应对房屋的结构、装修、设备、家具进行认真查验，有重大健康、安全隐患的应敦促出租人进行整改后再受理委托出租业务。对可受理出租委托的房屋，要根据房屋查验的实际情况以及委托人提供的相关证明材料（如甲醛排放量），编制房屋状况说明书，经委托人确认并同意对外公布房源信息后，房地产经纪机构方可通过各种合法渠道进行房源信息发布。

2. 详细了解委托人租赁要求

房地产经纪机构要充分了解委托人对租客和租赁期限的要求。对租客的要求包括租客的年龄、职业、租客数量、租客的国籍地域等。有些出租人暂时不会处理和使用房产的，希望长期出租，房地产经纪机构可以帮其寻找稳定的租客；有些出租人可能只是短暂出租，一段时间以后要使用或者出售的，房地产经纪机构可以帮其寻找短租客或者是租期灵活的客户。

3. 房屋出租经纪业务中的延伸服务

出租经纪服务中可以包含对出租房屋及设备的使用监督、维修服务，以及代

收租金服务。比如房地产经纪机构可以推出"房屋管家"或"房屋托管"服务。出租人和房地产经纪机构签订托管协议，出租人将房屋委托给经纪机构进行管理，包括房屋租前保洁、寻找租客、收取租金、维修等，出租人向房地产经纪机构支付管理费用（或以某个特定时间段内的租金充抵）。如果在租约期内房屋出现维修等问题，可以由房地产经纪机构负责找人进行修理，如果是房屋设备老化等问题导致的，维修费用由出租人支付，可以从租金中代扣。如果是租客使用不当造成的，维修费用由租客支付。租约期内只需房地产经纪机构和租客接触，出租人不和具体的租客联系。租约期内出现的租客临时退租出现空置期，或者没有按期支付租金、拖延或拒交水电费等情况都由房地产经纪机构进行风险担保，不会影响签约出租人的收益。这种"房屋管家"或"房屋托管"服务可以为出租人节省大量的时间和精力。

（二）房屋出租经纪服务合同的特殊内容

1. 出租房屋的基本情况

合同中标明出租房地产的基本情况，包括房屋基本信息、区位信息、实物信息、配套设施设备、债权债务信息等。

2. 房地产经纪服务的项目、内容、要求以及完成的标准

在房屋出租经纪服务合同中，房地产经纪机构可以提供的服务包括：提供与标的房屋租赁相关的法律法规、政策、市场行情咨询；寻找承租人；在约定期限内代管标的房屋；协助委托人与承租人达成交易并签订房屋租赁合同；为委托人代办税费缴纳事务；代理交接房屋、附属设施及家具设备等；代办各种收费设施的交接手续等。

3. 委托出租条件

标明委托人要求的租金、租赁期限、押金标准、租金支付方式和其他费用支付。

四、房屋承租经纪服务合同

房屋承租经纪服务合同是指房地产经纪机构为促成委托人向第三方承租房屋提供有偿经纪服务，与委托人之间设立、变更、终止权利义务关系的协议。

（一）签订房屋承租经纪服务合同的注意事项

1. 明确委托人租赁要求

房地产经纪机构要明确委托人的租赁的要求，包括对租赁房屋面积、租金、租赁期限、内部设施、小区环境、交通等情况，将这些内容具体写在房屋承租经纪服务合同中。另外要提醒租客不得在未取得出租人同意其转租的情况下进行转

租（特别是群租）或在承租房屋内从事违法活动。

2. 房屋承租经纪业务中的延伸服务

承租经纪服务也可以像承购经纪服务一样，提供类似的房屋质量保证服务。还可以进一步拓展到维修服务。也就是房屋在租赁期间出现设备损坏等情况需要进行维修的，租客可以找房地产经纪机构进行申报，由房地产经纪机构进行维修处理，然后房地产经纪机构再找出租人支付相关费用，或者出租人可以和房地产经纪机构在出租经纪合同中约定出租人每年支付的维修费用，维修事宜交给房地产经纪机构处理，实际维修费用超过合同约定的，超出部分由房地产经纪机构承担，实际维修费用少于合同约定的，房地产经纪机构作为利润或管理费用的一部分。房地产经纪机构在这个维修服务中承担风险，可以向出租委托人和承租人收取一定的费用作为服务费用或风险补偿。

房地产经纪机构还可以推出"包年限租赁"服务，比如以一年为租赁服务年限，在一年内如果非因委托人原因终止租赁合同，被迫搬离租赁房屋的，房地产经纪机构负责另外推荐其他房源，保证其继续租赁而不需要另外支付经纪服务费。这种服务对于房地产经纪机构增加了一定的风险，也会减少部分收益，但是对于稳定客源很有益处，特别是对于长期租赁的人群很有吸引力。房地产经纪机构为了减少风险，也会着力推荐较稳定的长期租赁的房源给客户，使得合同两方都受益。

（二）房屋承租经纪服务合同的特殊内容

1. 承租房屋的基本要求

合同中标明承租房屋需求信息，包括房屋区位、面积、户型、设施设备、租期、租金及其支付方式、押金等要求。

2. 房地产经纪服务的项目、内容、要求以及完成的标准

在房屋承租经纪服务合同中，房地产经纪机构可以提供的服务包括：提供与标的房屋租赁相关的法律法规、政策、市场行情咨询；寻找符合承租意愿的房屋及其出租人；对符合委托人承租要求且得到委托人基本认可的房屋进行产权调查和实地查验；协助委托人与出租人达成房屋租赁合同；为委托人代办税费缴纳事务；代理查验并接受房屋、附属设施及家具设备等；代办各种收费设施的交接手续等。

3. 委托承租价格

标明委托人要求房产承租的价格。

第四节　新建商品房销售代理合同

新建商品房销售代理合同是房地产经纪机构为房地产开发商提供新建商品房预售、现售代理服务，双方就委托代理关系及相关权利义务的设立、变更、终止所签订的书面协议。

一、新建商品房销售代理合同的主要内容

1. 新建商品房销售代理合同双方当事人的名称、地址等情况

合同中标明委托方房地产开发商和受托方房地产经纪机构的注册地址、法人代表（或授权代表）、营业执照、联系电话等信息。销售代理合同双方法人代表或授权人签字，单位盖章后，合同生效。

2. 新建商品房的基本情况

合同中标明新建商品房的基本情况，包括项目名称、位置、性质和代理范围、建设批文等。

3. 房地产经纪服务的项目、内容、要求以及完成的标准

对于新建商品房销售代理商而言，目前已经有很多将服务内容向开发前期延伸，直至发展为从市场调研、产品定位、商品房预（现）售到代收售房款、代办商品房预告登记等的全过程营销服务。房地产经纪机构应通过与开发商的协商，来确定这些内容是全部纳入商品房销售代理合同，还是针对不同的服务内容分别签订合同。对于大型房地产经纪机构而言，由于不同的服务内容常常是由不同的部门甚至下属企业提供，针对不同服务内容分别签订合同可以减少经纪机构内部核算的麻烦，同时也可避免房地产开发企业利用其相对强势的地位减少对延伸服务的费用支付。

销售代理合同要对各项服务项目、具体内容、要求及完成标准进行详细约定。如对于商品房预（现）售代理的基本服务，应约定项目开盘条件、房源室号、分户定价表（具体金额或价格范围），并且明确代理指标和成功销售的标准。

4. 委托期限与方式

房地产经纪机构和委托人可以约定一段时间作为服务时间，或者明确合同终止的标准，并约定在委托期限内是否为独家委托。

5. 经纪服务费用及其支付方式

销售代理的服务一般包括佣金和营销费用。佣金一般为代理销售价格的一定比率，并随销售进度分批支付。可以约定根据销售批次采取不同的佣金比率。营

销费用应包括项目销售中投入的媒体广告、楼书、售楼处样板房装修、销售案场的办公费用等。

6. 委托方的权利义务

委托方按照约定的时间交付委托项目，并且达到交付标准。委托方提供（预）销售房屋相关的文件和证书及详细数量表，并对提供的文件和证书的真实性负责；落实项目的个人住房抵押贷款银行；及时审查宣传广告文稿和房地产经纪机构的销售节奏要求；派专员办理收款、开具发票，出具预告登记抵押登记中需委托方提供的各类资料；交房时派专员办理入户手续；及时和房地产经纪机构结算款项。

7. 房地产经纪机构的权利义务

房地产经纪机构实施营销企划方案中发布的广告、楼书和销售道具等必须经委托方确认后方可发布；教育、约束机构内的房地产经纪人员不得采取误导或其他不当行为给当事人或委托方造成任何损失；明确项目的市场定位、营销企划方向；制定、实施本项目的媒体安排、推广方案、广告内容、销售道具；制定、实施现场销售方案和预（现）售合同的签订、按揭贷款的收件工作等；实施销售现场（售楼处）与样板房的日常维护。

8. 违约责任

合同履行期间，任何一方如出现单方无故终止或解除本合同的严重违约行为致使本合同无法继续履行，给对方造成损失的，须赔偿对方因此遭受的相应损失。

9. 合同变更与解除

合同履行期间，任何一方要求变更合同条款，应书面通知对方。经双方协商一致，可达成补充协议。补充协议是商品房销售代理合同的组成部分，与合同具有同等效力。

合同履行期间，任何一方如有确凿证据证明对方的行为严重影响自己的利益，必须终止合同的，可于委托期限届满前，书面通知对方解除本协议，并结清相关费用，或追偿违约金。

10. 合同纠纷解决方式

合同发生争议，双方应协商解决。协商不成的，可以向相关部门申请调解、仲裁、司法诉讼等。

二、新建商品房销售委托书

新建商品房销售委托书是开发商基于新建商品房销售代理合同，而向与其签订合同的房地产经纪机构出具的商品房销售代理授权书，以便于房地产经纪机构向购房者等第三方明示其所具有的商品房代理销售权。根据《房地产经纪管理办法》的规定，代理销售商品房项目的房地产经纪机构应当在销售现场明显位置明示商品房销售委托书。

新建商品房销售委托书的主要内容有：

（1）委托方与受托方情况。

委托方房地产开发商和受托方房地产经纪机构的名称、注册地址、法人代表（或授权代表）。

（2）新建商品房的基本情况。

新建商品房的项目名称、位置、性质等。

（3）授权房地产经纪机构代理事务的项目名称、内容。

（4）委托期限。

复 习 思 考 题

1. 房地产经纪服务合同的含义、作用和特点是什么？

2. 房地产经纪服务合同的基本内容有哪些？

3. 哪些事项可以作为补充内容列入房地产经纪服务合同？

4. 房地产经纪机构在与委托人签订房地产经纪服务合同前对哪些事项具有告知义务？

5. 房地产经纪机构在与委托人签订房地产经纪服务合同前的验证义务是什么？

6. 房地产经纪机构在与委托人签订房地产经纪服务合同后应如何对合同的履行进行监督？

7. 为什么房地产经纪机构必须较长时间地保存房地产经纪服务合同文本？

8. 委托人在与房地产经纪机构签订房地产经纪服务合同时有哪些义务？

9. 房屋出售经纪服务合同有哪些特殊内容？

10. 房屋承购经纪服务合同有哪些特殊内容？

11. 房屋出租经纪服务合同有哪些特殊内容？

12. 房屋承租经纪服务合同有哪些特殊内容？

13. 新建商品房销售代理合同的主要内容有哪些？

14. 什么是新建商品房销售委托书？

第八章 房地产经纪执业规范

房地产经纪机构和房地产经纪人员作为专业机构和专业人员，除遵守基本的法律法规和社会公德之外，还应当遵守房地产经纪行业特殊的行规行约。房地产经纪行业的行规行约由成文的规则规范和约定俗成的行规行约组成，可以统称为房地产经纪执业规范。本章介绍房地产经纪执业规范的概念与作用、我国房地产经纪执业规范的制定与执行、房地产经纪执业的基本原则和房地产经纪执业规范的主要内容。通过本章的学习，房地产经纪人员能够了解什么能做，什么不能做，以及规范、标准的经纪业务该如何开展。

第一节 房地产经纪执业规范概述

规范一词含有规格、标准、准则的意思，指人们在一定情况下应该遵守的各种规则，规范有约定俗成的，也有明文规定的。规范大体可分为社会规范和技术规范两大类。社会规范包括法律规范和道德规范。法律规范，是指由国家立法机关制定或者经国家立法机关认可的，并用国家机关保证实施的，用以指导、约束人们行为的行为规范的一种。道德规范又称"道德准则"，是由一定社会经济关系决定的，以善恶为评价的，依靠人们的内心信念、社会舆论和传统习惯来维系的，调整个人与个人之间及个人与社会之间关系的原则和规范的总和。技术规范是有关使用设备工序，执行工艺过程以及产品、劳动、服务质量要求等方面的准则和标准。

执业规范兼有社会规范和技术规范的性质，是针对从事某一职业的人员和从事该行业的机构制定的道德准则和行为标准。它有以下特点：

行业性：执业规范只适用于特定行业或者特定的社会活动。例如，房地产估价要求保持独立性，房地产经纪就不需要；房地产经纪要求"受人之托忠人之事"，房地产估价则不允许迎合委托人"高估低评"。

广泛性：只要是某个行业的执业活动或者专业服务行为，就一定要符合该行业的执业规范，换言之，执业规范渗透到相应行业的方方面面。例如，房地产经纪执业规范涵盖了经纪业务的招揽、承接、办理及后续服务等全过程。

实用性：执业规范是用规则、规范、准则、标准、操守、公约等形式对行业内人员与机构的行为所作出的规定，执业规范指向活动主体具体的行为，具有很强的针对性和可操作性。例如，《房地产经纪执业规则》（2013 版）明确规定了房地产经纪人什么能做和怎么做，什么不能做和常见的禁止性行为。

时代性：执业活动往往代代相传，所以不同时代的执业规范有许多相同的内容。但随着时代的变化，执业规范具有时代的特征。执业规范要与时俱进，不断根据新问题和新情况进行修订。例如，美国的《房地产经纪人道德准则与执业标准》自 1913 年通过后，到 2018 年已经进行了三十多次修订。

一、房地产经纪执业规范的概念

我国的房地产经纪行业是一个既古老又现代的行业，历经千年发展，沉淀了很多行规。进入 21 世纪，随着互联网、大数据等新技术在行业内的广泛应用，房地产经纪执业规范又被注入许多新的内涵。综合来看，房地产经纪执业规范的概念可准确表述为：由房地产经纪行业组织制定或认可的，调整房地产经纪机构、房地产经纪人员与客户之间，房地产经纪机构、房地产经纪人员与社会之间以及房地产经纪同行之间关系的道德标准和行为规范总和。

房地产经纪执业规范主要调整三类关系，一是房地产经纪执业主体（包括房地产经纪机构和房地产经纪人员）与房地产交易当事人（包括交易双方及其他当事人）之间的关系；二是房地产经纪执业主体与社会大众之间的关系；三是房地产经纪执业主体之间的关系，即同行或者同业关系。前两类关系可以笼统称为外部关系，后一类关系可以称为内部关系。关系具有相对性，但房地产经纪执业规范作为调整经纪行业外部关系的道德规范和行为准则，更多强调的是房地产经纪机构和房地产经纪人员应尽的义务和应承担的责任。就对房地产经纪机构和房地产经纪人员的执业要求而言，执业规范的标准高于现行的法律法规；就法律效力而言，法律法规的法律效力高于执业规范的法律效力。

房地产经纪执业规范的适用对象包括房地产经纪机构和房地产经纪人员。对房地产经纪机构来说，遵守执业规范是诚信经营、规范发展的基础，也是实现企业使命的内在要求；对房地产经纪人员而言，表面上看，执业规范是来自于外在的行为约束，而实质上来源于房地产经纪人员实现职业价值的内在需要。房地产经纪执业规范是房地产经纪机构和房地产经纪人员践行职业使命、履行契约义务、承担专业责任的保障。

按照规范的制定发布机构和适用范围来划分，房地产经纪执业规范可以分为全国执业规范、地方执业规范和企业规范，其中全国执业规范由全国性的房地产经纪行业组织制定，是最基础和最基本的规范和标准；地方执业规范由地方性的房地产经纪行业组织制定，其要求和标准可以高于全国执业规范；房地产经纪机构也可以制定企业标准和规范，企业标准规范对经纪人员的要求可以高于地方执业规范。

房地产经纪执业规范是全体房地产经纪机构和房地产经纪人员对自身执业责任和行为规范达成的共识，一般是成文的书面规范。例如，全国的房地产经纪执业规范是中国房地产估价师与房地产经纪人学会发布的《房地产经纪执业规则》（中房学〔2013〕1号）。

房地产经纪执业规范一般包含两大部分内容，一是职业道德，二是行为规范。职业道德解决思想认识问题，行为规范解决行为操守问题。如果房地产经纪机构和房地产经纪人员在政府监管、行业自律和社会监督下，都能遵守职业道德、恪守行为规范，那么他们践行职业使命、履行契约义务、承担专业责任就会成为自觉行为。

二、房地产经纪执业规范的作用

从表面上看，房地产经纪执业规范是在限制和制约房地产经纪机构和人员应该做什么、不应该做什么，以及应该怎样做和不应该怎样做，但实质上房地产经纪规范会引导房地产经纪机构和人员更好地开展房地产经纪活动并从中受益。

房地产经纪执业规范的具体作用主要表现在以下几个方面：

1. 规范执业行为，提高服务水平

房地产经纪执业规范是衡量房地产经纪行为的标尺。对房地产经纪人员来说，通过学习执业规范，可以明是非、知对错；通过遵守房地产经纪执业规范，能够校正执业行为，提高服务水平。对房地产经纪机构来说，可以依据执业规范制定企业内部的房地产经纪业务流程和房地产经纪服务标准，提高业务管理水平和服务规范化程度；对于社会公众来说，可以依据执业规范，评判房地产经纪服务的好坏优劣，鉴别房地产经纪机构和房地产经纪人员服务能力和服务质量的高低。规范房地产经纪执业行为，提高房地产经纪服务水平，是房地产经纪执业规范的直接作用。

2. 和谐同行关系，优化行业环境

房地产经纪执业规范作为行规，可以调整同行间的竞争合作关系，防止或者减少同行的不正当竞争，化解业内的矛盾纠纷。如果房地产经纪行业缺少处理同业关系的执业规范，一定会出现同行竞相压价、相互诋毁的恶性竞争局面，如此整个经纪行业就会陷入混乱无序状态，不仅房地产经纪行业整体利益受损，而且广大消费者的合法权益也难以保障。有了房地产经纪执业规范，一

方面鼓励同业合作共赢，另一方面同行竞争也有章可循、有据可依。房地产经纪执业规范是调整业内关系的准绳，是行业和谐、机构共赢、人员合作不可或缺的制度保障。

3. 促进行业自律，助力行业健康持续发展

制定并推行执业规范是进行自律管理的有效手段，房地产经纪执业规范一般由房地产经纪行业组织制定和发布，行业组织既可以对遵守执业规范的会员进行表彰，也可以对违反执业规范的会员进行惩戒。房地产经纪执业规范作为评判房地产经纪行为是否符合规范要求的行业标准，是行业组织对违规机构和人员进行自律处分的依据。执业规范是行业自律必不可少的行规文件，通过行业自律实现行业自治，不仅管理成本低而且管理效果好，有利于促进房地产经纪行业持续健康发展。

三、房地产经纪执业规范的制定和执行

（一）房地产经纪执业规范的制定

房地产经纪执业规范的形成是一个约定俗成的过程。当房地产经纪行业发展到一定阶段后，众多从业者为了调整与客户、社会之间以及同业之间关系，积极提倡规范执业行为时，便自发成立房地产经纪行业组织。房地产经纪行业组织应会员或者广大执业人员的要求，将约定俗成或者大家达成共识的行为规范和道德准则用文字固定下来，再通过公约、守则、规则、准则、规范、标准等自律性文件的方式予以发布。行业性的房地产经纪执业规范也是成功经验和做法逐级提炼上升的过程。通常先有地方性的房地产经纪执业规范，再有全国性的执业规范；先有企业内部的执业规范，再有行业性的执业规范；经济发达的城市和地区先有执业规范，经济相对落后的地区和城市可能稍迟才有规范。截至目前，市场经济发达和房地产经纪行业发展较好的国家、地区，基本都制定了成熟的房地产经纪执业规范。例如美国早在1913年就发布了《房地产经纪人道德准则与执业标准》，我国台湾地区于2002年发布了《不动产中介经纪业伦理规范》，香港地产代理监管局也发布有《地产代理操守守则》。我国唯一全国性的房地产经纪执业规范是中国房地产估价师与房地产经纪人学会发布的《房地产经纪执业规则》（2006年10月31发布，并于2013年1月18日修改后重新发布，见附录2）。一些经济发达的城市也制定了地方性的房地产经纪执业规范，例如《上海市房地产经纪行业规则》、《广州市房地产中介服务行为规范》、《深圳市房地产业协会经纪行业从业规范》、《武汉市房地产中介行业规则（试行）》、《湖南省房地产中介行业自律公约》等。

（二）房地产经纪执业规范的执行

房地产经纪执业规范主要依靠房地产经纪人员的理念、信念、习惯及行业自律来自觉遵守，同时通过行业组织自律管理、职业教育培训以及社会舆论监督来协助落实。

1. 经纪人员的自律

社会各项活动需要法律和道德同时进行调节。法律调节是一种他律行为，即以国家或政府的强制力来施加影响，从而规范人们的行为；道德调节是一种自律行为，即以人们内心的良知去支配自己的行为。房地产经纪执业行为同样需要以法律和道德为手段同时去调节。房地产经纪行为规范所依据的房地产经纪法律、法规，对房地产经纪行为具有强制调整功能，而房地产经纪执业规范当中高于法律法规要求的部分，主要是运用道德调整的功能来规范经纪人员的执业行为。

2. 经纪机构的强制

目前我国房地产经纪活动的主要法律责任主体是房地产经纪机构，因此房地产经纪机构通过内部管理强化执业规范的贯彻落实是非常有效的一种规范途径。

3. 行业组织的管理

当经纪机构或经纪人员违背执业规范的时候，行业自律组织可以采用以下方式进行处理：告诫、约谈、业内通报、记入信用档案等。

4. 社会大众的监督

各种媒体发现经纪人员或机构违背了执业规范，可以通过各种方式进行报道、披露，予以曝光和谴责。

此外，由于我国相关法律不完善，在民事纠纷诉讼过程中，在相关法律条文缺失的情况下，《房地产经纪执业规范》可以成为法院进行判决、仲裁机构进行裁决和纠纷调解组织调解的参考依据。

第二节　房地产经纪执业基本原则

房地产经纪执业的基本原则是指房地产经纪机构和房地产经纪人员在从事房地产经纪活动时遵循的基本准则或法则，是执业行为规范的基础，是经过房地产经纪活动的反复实践和理论探索，在认识房地产经纪活动规律的基础上，不断总结和提炼形成的。房地产经纪机构和人员进行房地产经纪活动必须恪守这些基本原则。

一、合法原则

房地产经纪机构和房地产经纪人员在进行任何房地产经纪活动时，都要以遵守法律、法规和规章为首要原则，这主要体现在以下几个方面：

1. 房地产经纪活动主体合法

提供房地产经纪服务的机构和人员必须具备相应的条件，即主体资格必须合法。按照《城市房地产管理法》等有关规定，从事房地产经纪活动的机构必须具备"有足够数量的专业人员"等条件，依法设立，并自领取营业执照之日起30日内，到所在直辖市、市、县人民政府建设（房地产）主管部门备案，领取备案证明，否则即是违规从事房地产经纪活动。而具体执行房地产经纪业务的人员应是在承接房地产经纪业务的机构中登记的房地产经纪专业人员（包括高级房地产经纪人、房地产经纪人和房地产经纪人协理）。

房地产经纪机构不办理工商登记从事房地产经纪活动，按照《无照经营查处取缔办法》处罚；房地产经纪机构不到行业主管部门办理备案手续，将无法取得网上签约资格，不能办理房地产交易、登记等相关手续；未取得房地产经纪专业人员职业资格的人员，不能作为专业人员在房地产经纪服务合同及其他相关业务文书上签名，不能作为房地产经纪业务承办人。

2. 房地产经纪活动客体合法

首先，房地产经纪服务对象必须合法。房地产经纪服务的对象是房地产交易当事人。所谓经纪服务对象合法是指房地产交易当事人有权利有资格交易房屋，具体说出售方或者出租方有权出售、出租房屋，承购方或者承租方有权购买、承租房屋。依据法律规定，房屋出售方、出租方应当是房屋所有权人或者是所有权人的代理人；房屋承购方必须具有购房资格。购房资格是指购房者购买房产应具备的条件，具体说就是是否符合标的房地产所在地的相关规定（如是否具有当地户籍、已有房屋的套数及缴纳社保的年限等①）。现实中，有些房地产经纪机构为了促成交易赚取中介费，对购房人的购房资格不予审查或承诺帮助解决限购问题等，力促购房人签订房屋买卖合同，这是典型的服务对象不合法的情形。

其次，房地产经纪服务标的房地产必须合法。法律法规对房地产能否交易有明确的规定，比如法院查封的、权属有争议的或者不符合安全标准的房地产不能买卖。房地产作为不动产，只有经登记才能发生物权的转移，不符合交易规定的房地产即使交易双方达成交易合同甚至完成房款交割，但如果不能办理登记的

---

① 例如，在北京购房的资格主要分为北京户口和非北京户口两大类，对于购房的套数，根据相关规定，已经拥有两套及以上住房的北京本市户籍家庭，不能再新购买住房（含新建商品住房和二手住房）；持有北京市有效暂住证、在北京市没有住房且连续5年以上在北京市缴纳社会保险或个人所得税的非京籍居民家庭限购一套，已经拥有一套住房的外地人，不能再购买住房。

话，所有权也无法转移。所以在交易之前，房地产经纪人员必须尽到审核义务，确认交易标的房地产的合法性，这是房地产经纪执业规范的基本要求。

违反客体合法原则从事经纪业务的机构和人员，也会受到相应的处罚。例如，按照《房地产经纪管理办法》的规定，改变房屋内部结构分割出租及为不符合交易条件的保障性住房和禁止交易的房屋提供经纪服务的，由县级以上地方人民政府建设（房地产）主管部门责令限期改正，记入信用档案；对房地产经纪人员处以1万元罚款；对房地产经纪机构，取消网上签约资格，处以3万元罚款。

3. 房地产经纪行为必须合法

·房地产经纪行为包括业务招揽和承接、房源搜集和发布、实地看房和带客看房、交易合同签订和网签、佣金收取和发票开具，以及后续的代办贷款和代办登记等，这些行为都有明确的操作规范。《城市房地产管理法》、《合同法》、《价格法》、《消费者权益保护法》、《反不正当竞争法》等都有与房地产经纪行为有关的规定，《房地产经纪管理办法》更是明确列举了10类房地产经纪禁止的行为，并对常见违规行为的法律责任作出了规定。违法违规的房地产经纪行为会受到相关法律法规的制裁。

二、自愿原则

所谓"自愿"是指房地产经纪活动中，当事人都应当按照自己的意愿和真实意志，自主进行房地产经纪活动。自愿原则是指房地产经纪活动当事人在房地产交易和房地产经纪活动中遇到矛盾和问题都必须自愿协商，都有权按照自己的真实意愿独立自主地进行选择和决策。自愿原则包含三方面内容：

1. 房地产经纪活动当事人自主决定与房地产经纪服务有关的事项

对房地产经纪机构来说，可以自主决定经营范围，也可以自主选择服务对象及提供服务的内容。对房地产经纪人员来说，可以自主选择执业的机构，自主选择从事租赁经纪业务还是买卖经纪业务，自主选择经纪服务的方式。对委托人来说，一方面，委托人可以自主决定是否要委托房地产经纪机构或者委托哪一家房地产经纪机构提供服务；另一方面，委托人还可以自主选择委托房地产经纪机构提供的服务内容，以及选择哪位经纪人员为自己服务，例如委托人可以要求经纪机构只提供经纪服务不提供代办服务，可以委托自己中意的有房地产经纪人员职业资格证书的人员为自己提供服务。

2. 房地产经纪活动当事人对自己的真实意思负责，自愿做出的承诺具有法律效力

房地产经纪活动是房地产经纪机构和委托人充分表达各自意愿，并在互利互

惠基础上就各自权利义务达成一致的结果。在房地产经纪活动中，只有当事人的真实意思表示，业务委托才能发生法律效力。当事人应当对表达自己的真实意愿的有关行为负责，因此房地产经纪活动当事人任何一方都不得凌驾于另一方之上，不得把自己的意志强加给另一方，更不得以强迫命令、胁迫等手段对经纪服务进行"强买强卖"。同时还意味着凡协商一致的过程、结果，任何单位和个人不得非法干涉。不是当事人的真实意思表示的行为，当事人可以不认可其效力，不受其约束。

3. 自愿不是绝对的，应以遵守法律，尊重社会公德，不损害社会公共利益为前提

当然，自愿也不是绝对的。当事人在房地产经纪活动中应当遵守法律、行政法规，尊重社会公德，不得扰乱社会经济秩序，损害社会公共利益。也就是说，房地产经纪活动的自愿是法律框架下的自愿。一方面，只要当事人的意思不与相关法律规定、社会公共利益和社会公德相抵触，房地产经纪活动就是合法有效的；另一方面，当事人的意思应在法律允许的范围内表示，唯有如此，自愿才获得法律拘束力。例如，对于房地产经纪机构和人员为不符合交易条件的房地产提供经纪服务，即使是房地产经纪活动当事人自愿也属于违反执业规范的行为。

三、平等原则

平等原则是指房地产经纪活动当事人，法律地位平等、权利义务对等，在充分协商达成一致的基础上，实现互利互惠的经济利益目的。这一原则包括两方面内容：

1. 房地产经纪活动当事人的法律地位平等

在房地产经纪活动中，房地产经纪机构、房地产经纪人员、房地产经纪业务委托人（可以是出售方、购买方、出租方、承租方或其他当事人）及交易相对人的法律地位一律平等。在法律上，房地产经纪活动当事人没有高低、贵贱、从属之分，房地产经纪机构及其所聘用的房地产经纪人员与委托人之间不存在命令者与被命令者、管理者与被管理者。

遵守平等原则，要求房地产经纪机构和人员一视同仁地提供房地产经纪服务，不得因种族、肤色、宗教、性别、残障、家庭状况、国籍或其他原因歧视任何人。

2. 房地产经纪活动当事人的权利和义务对等

所谓"权利和义务对等"，是指房地产经纪机构和人员享有权利，同时就应承担义务，对房地产经纪业务委托人来说也是如此。而且，房地产经纪业务委托人和受托人的权利、义务是相对应的。这就要求房地产经纪机构按照合同尽职尽

责地为委托人提供经纪服务，同时享有收取服务费用的权利；委托人享受房地产经纪机构提供经纪服务的权利，同时承担支付服务费用的义务。

四、公平原则

公平原则也是民事活动中应当遵循的基本原则之一，对市场经济运行尤为重要。房地产经纪机构作为房地产市场的主体之一，理应遵循公平原则。房地产经纪公平原则就是要求房地产经纪活动机构及人员应以正义、公平、正直的观念指导自己的职业行为及处理相互间的关系。在房地产经纪活动中，公平原则主要体现在以下方面：

1. 房地产经纪机构及人员在从事居间服务时，应当严格遵守相关法律法规和房地产经纪执业规范的有关规定以及房地产经纪服务合同的约定，以正义、公平、正直的观念指导自己的行为、不偏向交易双方的任何一方，用公正的心态平衡当事人各方的利益、处理交易当事人之间的关系。

从公平原则出发，房地产经纪机构及人员不能在自己提供经纪服务的房地产交易中充当交易一方当事人，如成为买方或卖方。因为在房地产经纪服务中，房地产经纪机构及人员是交易的中间方，如果再直接成为交易方参与到房地产交易当中，就会造成交易不公平，而且完全有悖中介的性质。此外，鉴于房地产经纪机构及人员的专业优势，如果房地产经纪机构和人员在自己不提供经纪服务的房地产交易中充当买方或者卖方，也一定要事先向交易相对人明示自己的身份。再者，在房地产经纪活动中，如果房地产经纪人员与房地产交易一方当事人有利害关系的，房地产经纪人员应当回避（当事人同意不用回避的除外）。

2. 房地产经纪机构及人员在从事代理时，应在维护和代表委托人利益的同时，不损害第三方（即交易相对人）的利益。

3. 房地产经纪机构及人员相互之间应公平竞争。房地产经纪业是竞争激烈的行业，房地产经纪机构及人员只有通过竞争，才能获得经纪业务。但是，这种竞争必须是服务意识、专业能力、管理水平的竞争，而不能采取任何不正当竞争的手段来进行。

五、诚信原则

所谓"诚实信用"是指房地产经纪活动当事人在房地产经纪活动过程中要诚实、守信。人无信而不立，业无信则难兴。房地产经纪服务市场存在严重的信息不充分和信息不对称，交易当事人对市场行情、交易手续等不甚了解，房地产经纪人员恰恰是这方面的专家。但必须诚实守信，否则会进一步广大信息不对称的负面效应。从长远来看，诚实信用是行业发展的基础。不诚信的房地产经纪人员无法在行业内长久立足，不诚信的机构也不可能有长远的发展。对房地产经纪机构和人员来说，专业是执业之本，诚信是执业之基。在代理业务，房地产经纪机构和人员有义务维护委托人的合法权益和利益，并争取委托人的最大利益，但不能因此违背诚实守信原则。这一原则包括两方面内容：

1. 房地产经纪机构及人员要诚实，不弄虚作假，不欺诈，不进行不正当竞争。房地产经纪机构或人员发布房源、客源信息要真实准确，不得夸大其词，不得弄虚作假；房地产经纪机构承接业务要量力而行，不得承接、承办自己不能胜任的业务；房地产经纪机构、房地产经纪人员要将有关信息准确告知客户，客观分析房地产的优劣势，不得为了促成交易隐瞒已知悉的房地产的有关状况，或者夸大其优势，引诱、欺诈客户；房地产经纪机构和人员不得诽谤、诋毁同行，不得进行不正当竞争。

2. 房地产经纪机构及人员应信守诺言，严格按法律规定和合同约定履行义务，不得擅自违约或毁约。房地产经纪活动往往"空口无凭，立字为据"，一旦签约，房地产经纪机构和人员就需要信守承诺。房地产交易具有不确定性，房地产经纪机构和人员应谨防不当承诺。一些房地产经纪人为了追求业绩，往往做出一些无法兑现的承诺，如许诺当事人一定能以某一金额的价格售出房屋、能办理高额贷款、办理城镇户口、高投资回报率等，当事人往往被"引诱入套"。有的房地产经纪人为了实现承诺，诱导买卖双方人员实施不正当甚至不合法行为，如为了高额贷款或减低税收，唆使签订金额不实的假合同。房地产经纪人员应当做到实事求是，能做到的事情就给予客户承诺，并信守诺言，而对于法律法规和政策不允许的或自身能力范围之外的要求，一律不承诺。

第三节　房地产经纪执业规范的主要内容

一、业务招揽规范

房地产经纪业务招揽是指房地产经纪机构为获得委托或者推广代理销售的房屋，安排房地产经纪人员搜集和发布授权的房源客源信息，及进行广告宣传的行为。按照业务分类，业务招揽可以分为存量房交易经纪业务的招揽和新建商品房销售代理业务的招揽。

在业务招揽过程中，首先，房地产经纪机构和人员要注意业务招揽方式，比如房地产经纪机构和人员未经信息接收者、被访者同意或者请求，或者信息接收者、被访者明确表示拒绝的，不得向其固定电话、移动电话、个人电子邮箱或微信账户发送房源、客源信息，不得拨打其电话、上门推销房源、客源或者招揽业务；其次，不得虚假宣传，不得夸大自己的业务能力，不得为招揽业务故意诋毁、诽谤其他房地产经纪机构和人员信誉、声誉等；第三，不得向已经公开要求"免中介"或已由其他经纪机构独家代理其房地产交易的对象招揽房地产经纪业务。但可以招揽与其他经纪机构所提供服务不同的业务，例如，房地产经纪人员可以与已经同其他机构订立经纪服务合同的客户联系招揽贷款代办或者登记代办等业务；第四，房地产经纪机构和人员为了招揽房屋出售、出租经纪业务，不得用能卖（租）高价等借口误导出售人（出租人）；房地产经纪机构和人员招揽房屋承购、承租经纪业务时，不得发布虚构的低价房源信息诱骗潜在客户，不得捏造散布涨价信息或者可为客户省钱等借口误导承购人、承租人。

相关法律责任：以隐瞒、欺诈、胁迫、贿赂等不正当手段招揽业务，诱骗消费者交易或者强制交易的，由县级以上地方人民政府建设（房地产）主管部门责令限期改正，记入信用档案；对房地产经纪人员处以 1 万元罚款；对房地产经纪机构，取消网上签约资格，处以 3 万元罚款。

另外，房地产经纪机构为方便客户在选择房地产经纪机构时，对其资质及实力有一定的了解，应当在其经营场所公示下列内容：

1. 营业执照和备案证明文件；
2. 服务项目、服务内容和服务标准；
3. 房地产经纪业务流程；
4. 收费项目、收费依据和收费标准；
5. 房地产交易资金监管方式；
6. 房地产经纪信用档案查询方式、投诉电话及 12358 价格举报电话；
7. 建设（房地产）主管部门或者房地产经纪行业组织制定的房地产经纪服务合同、房屋买卖合同、房屋租赁合同示范文本；
8. 法律、法规、规章规定应当公示的其他事项。

分支机构还应当公示设立该分支机构的房地产经纪机构的经营地址及联系方式。房地产经纪机构代理销售商品房项目的，还应当在销售现场醒目位置公示商品房销售委托书和批准销售商品房的有关证明文件。房地产经纪机构及其分支机构公示的内容应当真实、完整、清晰。

二、业务承接规范

房地产经纪业务应当由房地产经纪机构统一承接。分支机构应当以设立该分支机构的房地产经纪机构名义承揽业务。房地产经纪人员不得以个人名义承接房地产经纪业务。

房地产经纪机构承接业务和房地产经纪人员承办业务，必须符合其所从事业务的执业标准和能力。具体而言，如房地产价格咨询服务，就应当具备房地产估价专业胜任能力，遵循房地产估价规范。不得承接超出专业能力之外的业务，除非有能胜任此业务的专业机构或者人士协助，并向客户揭露所有事实情况。

（一）重要信息告知

房地产经纪机构承接业务时，在签订房地产经纪服务合同前，应当向委托人说明房地产经纪服务合同和房屋买卖合同或者房屋租赁合同的相关内容，并书面告知下列事项：

1. 是否与标的房屋存在利害关系

利害关系包括承接业务的房地产经纪机构与标的房屋的利害关系及承办房地产经纪人员与标的房屋的利害关系。例如，房地产经纪机构及其母公司或者子公司对标的房屋享有所有权或有占有、使用情况；房地产经纪人员及其直系亲属对标的房屋享有所有权或有占有、使用情况等。原则上，与标的房屋存在利害关系的房地产经纪机构和房地产经纪人员不得再就标的房屋提供相关的房地产经纪服务，当然，向委托人明确告知后，委托人书面同意的除外。

另外，房地产经纪机构和人员更不得直接参与自己提供经纪服务房屋的交易，如不得承购、承租自己提供经纪服务的房屋。一方面，房地产经纪既是专业服务又是中介服务，房地产经纪服务者具有专业优势，如果直接成为交易方，参与到房地产交易当中，会造成交易的不公平，同时交易活动和经纪活动混淆也有悖于中介的性质；另一方面，是防止房地产经纪机构和人员利用其优势谋取不正当利益，赚取差价，影响正常交易，扰乱市场秩序。房地产经纪机构和人员在不提供经纪服务的交易中，可以充当买方或者卖方，但一定要向交易相对人明示自己的身份。

相关法律责任：房地产经纪机构和人员承购、承租自己提供经纪服务的房屋的，由县级以上地方人民政府建设（房地产）主管部门责令限期改正，记入信用档案；对房地产经纪人员处以1万元罚款；对房地产经纪机构，取消网上签约资格，处以3万元罚款。

2. 应当由委托人协助的事宜、提供的资料

委托人作为房屋出售或者出租人的，需要其协助的事宜包括核查房屋权属信息、核验房源信息、配合实地查看房屋，协助编制房屋状况说明书、办理网签或者合同备案、办理房屋登记和房屋交接手续等；需要提供的资料包括身份证明、

房屋权属证书等。委托人作为房屋承购或者承租人的，需要其协助的事宜包括购房资格和贷款资格审查、办理房屋登记和房屋交接手续等；需要提供的资料包括身份证明、收入证明等。

3. 委托房屋的市场参考价格

市场参考价格，包括两个方面的价格：一是委托房屋所在社区或所处商圈范围内同类房屋当时的一般、平均成交价格水平（主要指单价）、一段时期内价格变动的情况；二是在近一段时期内，委托房屋所在区域其他成交案例的买卖成交价格或者租赁成交价格情况（包含单价和总价）。关于买卖成交价格，应当界定是含税价还是卖家净得价（不含税费）。同时，房地产经纪机构应当告知委托人以上信息的来源。

4. 房屋交易的一般程序及可能存在的风险

根据交易类型，房屋交易程序可分为买卖程序、租赁程序和抵押贷款程序等。房屋买卖一般程序包括核验房屋产权和购房资格、网上签订房屋买卖合同、支付交易资金及办理贷款事宜、办理交税事宜、办理房屋所有权转移登记、交接房屋；房屋租赁的一般程序包括核实房屋产权信息、签订房屋租赁合同、办理租赁合同备案和交税、支付租金和交接房屋；房地产抵押一般程序包括签订抵押合同和办理抵押登记两个环节。房屋交易存在的风险包括交易当事人违约风险、房屋价格变动风险、房屋产权瑕疵风险、政策调控风险、交易资金的安全风险、房屋的使用和保管风险等。

5. 房屋交易涉及的税费

根据房屋类型（存量房和新建商品房）交易类型（买卖和租赁），标的房屋交易所涉及的税费种类、缴纳人、计税（费）依据、税（费）率及减免规定等。

6. 经纪服务的内容及完成标准

经纪服务可以分为居间服务和代理服务，居间服务完成的标准是房地产交易合同的签订，代理服务完成的标准是委托代理事项的完成。根据房地产交易对经纪服务的要求，经纪服务项目及对应的服务内容和完成标准如表 8-1 所示。

房地产经纪服务项目、内容、标准公示表　　　　　　　　表 8-1

服务项目	服务内容	完成标准
房屋出售经纪服务	提供与委托出售房屋相关的房屋售价、法律法规政策、市场行情咨询，房屋产权核验，编制房屋状况说明书，发布出售房源信息	协助签订房地产买卖合同，并完成网上签约
	搜集、提供客源信息，带领客户实地看房	
	代拟房地产买卖合同，协助洽谈合同内容及签订合同	

续表

服务项目	服务内容	完成标准
房屋承购 经纪服务	提供与意向购买房屋相关的法律法规、政策、市场行情咨询，购房资格核验，搜集、提供房源信息	协助签订房地产买卖合同，并完成网上签约
	搜集、提供房源信息，带领委托人实地看房	
	代拟房地产买卖合同，协助洽谈合同内容及签订合同	
房屋出租 经纪服务	提供与委托出租房屋相关的房屋租金、法律法规政策、市场行情咨询，编制房屋状况说明书，发布出租房源信息	协助订立商品房屋租赁合同，并完成合同登记备案
	编制房屋状况说明书及带领客户实地看房	
	代拟商品房屋租赁合同，协助洽谈合同内容及签订合同	
房屋承租 经纪服务	提供与意向承租房屋相关的法律法规、政策、市场行情咨询，搜集、提供房源信息	协助订立商品房屋租赁合同，并完成合同登记备案
	带领委托人实地看房	
	代拟商品房屋租赁合同，协助洽谈合同内容及签订合同	
贷款代办 服务	制定贷款方案，协助选择最适合的银行	完整、规范的贷款申请材料递交成功
	协助准备贷款申请材料，并递交材料	
登记代办 服务	协助准备房地产所有权转移登记申请材料	完整、规范的登记申请材料递交成功
	申请材料递交，领取不动产权属证书	

7. 经纪服务收费标准和支付时间

房地产经纪服务收费实行市场调节价。房地产经纪人员提供服务之前，应当向委托人告知本企业制定的经纪服务项目和服务收费标准。另外，房地产经纪人员还应当向委托人告知向交易相对人收费情况，以及在不收取委托人服务报酬的情况下，仍可代表委托人的利益完成经纪服务。对通过与其他房地产经纪机构合作而完成经纪业务的，房地产经纪人员也要向客户明示只按照一宗业务收取佣金，不再向委托人增加收费，以及与合作经纪机构和经纪人员的佣金分配情况。

8. 其他需要告知的事项

（1）法律、法规和政策对房地产交易的限制性、禁止性规定等。

（2）每个房地产经纪机构也可以根据主营业务的特点，告知客户应当知悉的必要事项。

（3）房地产经纪机构在提供经纪服务时，一并向委托人推荐其他产品或服务（如抵押贷款、房屋保险、交易担保、装饰装修、房屋资产管理及家政服务等）时，应向委托人说明因推介其他产品或服务房地产经纪机构的受益及获利情况，如介绍费等。

（4）为了稳妥起见，房地产经纪人员应当向客户说明交易中可能出现的利益关系，比如房地产经纪机构已担任卖方代理人的情况下，接受买方委托或者为买方提供经纪服务时，应当向委托人明示已是卖方代理。

相关法律责任：承接房地产经纪业务，房地产经纪机构在签订房地产经纪服务合同前，不向交易当事人说明和书面告知规定事项的，由县级以上地方人民政府建设（房地产）主管部门责令限期改正，记入信用档案；对房地产经纪人员处以1万元罚款；对房地产经纪机构处以1万元以上3万元以下罚款；因告知不清或者告知不实，给委托人造成经济损失的，房地产经纪机构应当承担相应责任。房地产经纪机构提供代办贷款、代办不动产登记等其他服务，未向委托人说明服务内容、收费标准等情况，并未经委托人同意的，由县级以上地方人民政府建设（房地产）主管部门责令限期改正，记入信用档案；对房地产经纪人员处以1万元罚款；对房地产经纪机构处以1万元以上3万元以下罚款。

（二）房地产经纪服务合同签订

1. 选用房地产经纪服务合同示范文本

房地产经纪机构承接经纪业务，应当与当事人签订书面房地产经纪服务合同，并应尊重委托人的选择，优先选用房地产管理部门或房地产经纪行业制定的或者推荐使用的房地产经纪服务合同示范文本。

2. 出示和查看有关证明文件

在签订房地产经纪服务合同时，房地产经纪人员应当主动向缔约相对人出示房地产经纪机构的备案证明文件和相关经纪人员的职业资格登记证书。房地产经纪机构与委托人签订房屋出售、出租经纪服务合同的，应当查看委托出售、出租的房屋及房屋权属证书，委托人的身份证明等有关资料，并应当编制房屋状况说明书；房地产经纪机构与委托人签订房屋承购、承租经纪服务合同的，应当查看委托人身份证明等有关资料。

3. 安排具有房地产经纪专业人员职业资格的人员为承办人

房地产经纪服务合同应当加盖房地产经纪机构印章，并有执行该项经纪业务的一名房地产经纪人或两名房地产经纪人协理的签名及登记号。在房地产经纪服务合同上签名的人员，即为该宗业务的承办人和第一责任人。

房地产经纪机构应当根据业务性质委派具备相应素质和能力的房地产经纪人

员作为业务直接办理人或者牵头办理人。每宗房地产经纪业务的办理人都应当是登记在该房地产经纪机构的房地产经纪人员，并在房地产经纪服务合同中载明。承办的房地产经纪人可以选派登记在本机构的房地产经纪人协理为经纪业务的协办人，协助执行经纪业务。承办人对协办人执行经纪业务进行指导和监督，并对其工作结果负责。

不同类型的房地产对房地产经纪服务人员职业素养和执业能力的要求不同，一般房地产经纪人可以承办普通住宅的经纪业务，当遇到高档公寓、独栋别墅或者商业房地产、工业房地产时，则需要具有较高执业水平的房地产经纪人并有房地产经纪人协理协助才能胜任。所以，房地产经纪机构应当设置不同的部门，安排不同的人员从事不同的房地产经纪业务。

相关法律责任：房地产经纪服务合同未由从事该业务的一名房地产经纪人或者两名房地产经纪人协理签名的，由县级以上地方人民政府建设（房地产）主管部门责令限期改正，记入房地产经纪信用档案；对房地产经纪机构处以1万元以上3万元以下罚款。房地产经纪人员以个人名义承接房地产经纪业务和收取费用的，由县级以上地方人民政府建设（房地产）主管部门责令限期改正，记入信用档案；对房地产经纪人员处以1万元罚款；对房地产经纪机构处以1万元以上3万元以下罚款。

（三）业务联合承接及转委托

房地产经纪机构之间，有时共同承接某些业务，发生业务上的合作关系是不可避免的。经委托人书面同意，房地产经纪机构之间可以合作完成一项房地产经纪业务。合作的机构之间应当合理分工、明确职责、密切协作，意见不一致时应当及时通报委托人协商决定。房地产经纪机构对合作完成的经纪业务承担连带责任，禁止以转让业务为名规避对委托人应当承担的责任。

房地产经纪机构不得擅自转让或者变相转让受托的经纪业务。但是经委托人同意，房地产经纪机构可以按相关规定转让经纪业务，转让经纪业务不得增加佣金。

房地产经纪机构未与委托人签订独家房地产经纪服务合同的，不得阻挠或者拒绝委托人再委托其他房地产经纪机构参与同一交易的经纪服务。签订独家房地产经纪服务合同的，在合同约定的委托期间，委托人也不得就同一事务另行委托其他房地产经纪机构。委托人违反规定擅自另行委托的，应当承担违约责任。

三、业务办理规范

（一）发布房源信息或者房地产广告

承办房屋出售、出租经纪业务的，房地产经纪机构应当与委托人签订房地产经纪服务合同，并经委托人书面同意后，方可对外发布相应的房源信息或广告。房地产经纪机构发布所代理的新建商品房项目广告时，应当提供委托证明。房源信息或者房地产信息必须真实、合法，不得欺骗和误导公众，特别对于能否实地查看待售的房屋，房地产经纪人员应当在房源广告中据实披露，不得作不实宣传。

根据国家工商行政管理局颁布的《房地产广告发布规定》（国家工商行政管理总局令第 80 号，自 2016 年 2 月 1 日实施）的规定，房地产经纪机构发布房地产广告或者业务招揽广告还应当遵守下列规范：

发布房地产广告，应当具有并向广告发布媒体提供下列相应真实、合法、有效的证明文件：①房地产开发企业、房地产权利人、房地产中介服务机构的营业执照或者其他主体资格证明；②建设主管部门颁发的房地产开发企业资质证书；③土地主管部门颁发的项目土地使用权证明；④建筑工程竣工验收合格证明；⑤发布房地产项目预售、出售广告，应当具有地方政府建设主管部门颁发的预售、销售许可证证明；出租、项目转让广告，应当具有相应的产权证明；⑥中介机构发布所代理的房地产项目广告，应当提供业主委托证明；⑦确认广告内容真实性的其他证明文件。

房地产广告中的房源信息应当真实，广告中涉及所有权或者使用权的，所有或者使用的基本单位应当是有实际意义的完整的生产、生活空间；面积应当表明为建筑面积或者套内建筑面积，广告涉及内部结构、装修装饰的，应当真实、准确；广告中使用建筑设计效果图或者模型照片的，应当在广告中注明；广告中的项目位置示意图，应当准确、清楚，比例恰当；广告中涉及的交通、商业、文化教育设施及其他市政条件等，如在规划或者建设中，应当在广告中注明；广告中对价格有表示的，应当清楚表示为实际的销售价格，明示价格的有效期限；广告中涉及物业管理内容的，应当符合国家有关规定；涉及尚未实现的物业管理内容，应当在广告中注明；广告使用其他数据、统计资料、文摘、引用语的，应当真实、准确，表明出处。

发布商品房预售、销售广告，必须载明以下事项：①开发企业名称；②中介服务机构代理销售的，载明该机构名称；③预售或者销售许可证书号。但广告中仅介绍房地产项目名称的，可以不必载明上述事项

房地产广告不得含有下列内容：①升值或者投资回报的承诺；②以项目到达某一具体参照物的所需时间表示项目位置；③违反国家有关价格管理的规定；④对规划或者建设中的交通、商业、文化教育设施以及其他市政条件作误导宣传；⑤不得含有风水、占卜等封建迷信内容，对项目情况进行的说明、渲染，不

得有悖社会良好风尚；⑥不得利用其他项目的形象、环境作为本项目的效果；⑦不得含有广告主能够为入住者办理户口、就业、升学等事项的承诺。

凡下列情况的房地产，不得发布广告：①在未经依法取得国有土地使用权的土地上开发建设的；②在未经国家征用的集体所有的土地上建设的；③司法机关和行政机关依法裁定、决定查封或者以其他形式限制房地产权利的；④预售房地产，但未取得该项目预售许可证的；⑤权属有争议的；⑥违反国家有关规定建设的；⑦不符合工程质量标准，经验收不合格的；⑧法律、行政法规规定禁止的其他情形。

相关法律责任：违反规定发布广告，《广告法》及其他法律法规有规定的，依照有关法律法规规定予以处罚。法律法规没有规定的，对负有责任的广告主、广告经营者、广告发布者，处以违法所得三倍以下但不超过三万元的罚款；没有违法所得的，处以一万元以下的罚款。

（二）及时报告订约机会等信息

房地产经纪机构和房地产经纪人员作为买方或者承租方代理人时，必须在首次与卖方接触时将与购买人或者承租人的关系告诉卖主，在签订交易合同前，并将此告知以书面确认的方式告诉卖主。担任出卖方或出租方代理人时，也需要把与买房人或者租房人的利害关系告知出卖方或出租方，并在经纪服务告知确认书上记载利害关系情况。

承办业务的房地产经纪人员应当及时、如实地向出售（出租）委托人报告业务进行过程中的订约机会、市场行情变化及其他有关情况，不得对委托人隐瞒与交易有关的重要事项；应当凭借自己的专业知识和经验，及时、如实向承购（承租）委托人提供经过调查、核实的标的房屋信息，如实告知所知悉的标的房屋的有关情况，协助其对标的房屋进行查验；应当及时、如实向房地产经纪机构报告业务进展情况。

（三）撮合成交

在当事人对交易房屋满意的情况下，撮合交易的过程就是房地产经纪人员代替委托人讨价还价的过程。房地产经纪人员在执行代理业务时，在合法、诚信的前提下，应当维护委托人的最大权益；在执行居间业务时，应当公平正直，不偏袒任何一方。

（四）协助签订房地产交易合同

当事人双方达成交易意向后，房地产经纪人员应当协助委托人订立房地产交易合同。房地产经纪人员应当告知当事人优先选用政府部门或者行业组织推荐使用的房地产交易合同示范文本，并协助委托人逐条解读合同条款，办理房地产交易合同网上签约或者合同备案等手续。房地产经纪机构和房地产经纪人员不得迎合委托人，为规避房屋交易税费等非法目的，协助当事人就同一房屋签订不同交易价款的"阴阳合同"。

相关法律责任。为交易当事人规避房屋交易税费等非法目的，就同一房屋签订不同交易价款的合同提供便利的，由县级以上地方人民政府建设（房地产）主管部门责令限期改正，记入信用档案；对房地产经纪人员处以1万元罚款；对房地产经纪机构，取消网上签约资格，处以3万元罚款。

（五）交易资金监管

房地产经纪机构、房地产经纪人员应当严格遵守房地产交易资金监管规定，保障房地产交易资金安全，不得挪用、占用或者拖延支付客户的房地产交易资金。

房地产交易当事人约定由房地产经纪机构代收代付交易资金的，应当通过房地产经纪机构在银行开设的客户交易结算资金专用存款账户或者备付金账户划转交易资金。交易资金的划转应当经过房地产交易资金支付方和房地产经纪机构的签字和盖章。

相关法律责任：房地产经纪机构擅自划转客户交易结算资金的，由县级以上地方人民政府建设（房地产）主管部门责令限期改正，取消网上签约资格，处以3万元罚款。侵占、挪用房地产交易资金的，由县级以上地方人民政府建设（房地产）主管部门责令限期改正，记入信用档案；对房地产经纪人员处以1万元罚款；对房地产经纪机构，取消网上签约资格，处以3万元罚款。

四、服务费用收取规范

房地产经纪服务实行市场调节价格，收费标准由房地产经纪机构根据服务成本和市场竞争情况自行确定。房地产经纪机构在营业场所公示的收费标准不得再标注是政府制定的收费标准。

房地产经纪服务实行明码标价制度，不得收取任何未予标明的费用。服务报酬由房地产经纪机构按照约定向委托人统一收取，并开具合法票据。房地产经纪人员不得以个人名义收取任何费用。房地产经纪机构收取佣金不得违反国家法律法规，不得赚取差价及谋取合同约定以外的非法收益；不得利用虚假信息骗取中介费、服务费、看房费等费用。对于单边代理的房地产经纪业务，房地产经纪人员有义务向交易相对人或者交易相对人的代理人披露佣金的安排。

房地产经纪机构未完成房地产经纪服务合同约定的事项，或者服务未达到房地产经纪服务合同约定的标准的，不得收取佣金。房地产经纪机构从事经纪活动支出的必要费用，可以按照房地产经纪服务合同约定要求委托人支付；房地产经纪服务合同未约定的，不得要求委托人支付。经委托人同意，两个或者两个以上房地产经纪机构同一房地产经纪业务开展合作的，只能按一宗业务收费，不得向委托人增加收费。合作完成机构应当根据合同约定分配佣金。

相关法律责任：有下列行为之一的，由县级以上人民政府价格主管部门按照价格法律、法规和规章的规定，责令改正、没收违法所得、依法处以罚款；情节严重的，依法给予停业整顿等行政处罚。①房地产经纪服务未实行明码标价，未在经营场所醒目位置标明房地产经纪服务项目、服务内容、收费标准以及相关房地产价格和信息的；②房地产经纪机构收取未予标明的费用的；③房地产经纪机构利用虚假标价，或者通过混合标价、捆绑标价等使人误解的标价内容和标价方式进行价格欺诈的；④对交易当事人隐瞒真实的房屋交易信息，低价收进高价卖（租）出房屋赚取差价构成价格违法行为的；⑤房地产经纪机构未完成房地产经纪服务合同约定事项，或者服务未达到房地产经纪服务合同约定标准的，收取佣金的；⑥两家或者两家以上房地产经纪机构合作开展同一宗房地产经纪业务，未按照一宗业务收取佣金，或者向委托人增加收费的。

五、资料签署和保存规范

1. 重要文书签章

为将经纪服务合同责任落实到每个房地产经纪人员，增强承办房地产经纪人员的责任心，切实保护委托人利益，房地产经纪服务合同、房屋状况说明书和书面告知材料等重要业务文书应当由房地产经纪机构授权的登记房地产经纪人员签名，并在业务书上注明房地产经纪人员的登记号。

2. 业务记录

房地产经纪机构应当建立和健全业务记录制度，执行业务的房地产经纪人员应当如实全程记录业务执行情况及发生的费用等，形成完整、规范、详实的业务记录。

3. 资料保管

房地产经纪机构应当妥善保管房地产经纪服务合同、房屋买卖合同或房屋租赁合同、委托人提供的资料、业务记录、业务交接单据、原始凭证等与房地产经纪业务有关的资料、文件和物品，严禁伪造、涂改交易文件和凭证。房地产经纪服务合同的保存期不少于5年。

六、信息保密规范

房地产经纪机构和人员应当保守在从事房地产经纪活动中知悉的委托人、交易相对人和其他人不愿泄露的情况、信息及商业秘密。但是，以下两种情况除外：一是委托人或者其他人准备或者正在实施危害国家安全、公共安全或者严重危害他人人身、财产安全的行为；二是法院或政府有关部门要求协助提供相关信息。

房地产经纪机构和房地产经纪人员不得不当使用委托人的个人信息或者商业秘密，谋取不正当利益。比如，利用客户的房屋产权材料办理个人暂住证，或将客户信息出卖给他人。现实房地产交易中，交易当事人向房地产经纪机构提供个人信息，日积月累，房地产经纪机构会掌握大量的客户信息。一般在购房之后，房主还会进行装饰装修、购置家具家电等一些后续投资，掌握在房地产经纪机构手里的客户信息就有相当的经济价值。这种情况下，房地产经纪机构及人员一定要抵制利诱，遵守职业道德，不泄露客户信息，更不利用委托人的个人信息或者资料谋取不正当利益。

相关法律责任：房地产经纪机构未按照规定如实记录业务情况或者保存房地产经纪服务合同的，由县级以上地方人民政府建设（房地产）主管部门责令限期改正，记入信用档案；对房地产经纪人员处以1万元罚款；对房地产经纪机构处以1万元以上3万元以下罚款。泄露或者不当使用委托人的个人信息或者商业秘密，谋取不正当利益的，由县级以上地方人民政府建设（房地产）主管部门责令限期改正，记入信用档案；对房地产经纪人员处以1万元罚款；对房地产经纪机构，取消网上签约资格，处以3万元罚款。

七、处理与同行关系的行为规范

（一）同行及同业间的尊重与合作

房地产经纪机构和人员应当共同遵守经纪服务市场及经纪行业公认的行业准则，从维护行业形象及合法利益的角度出发，相互尊重，公平竞争，不能进行房地产经纪机构之间或房地产经纪人员之间的优劣比较宣传，严禁在公众场合及传媒上发表贬低、诋毁、损害同行声誉的言论。

房地产经纪同行及同业应当开展合作，除非同行合作不符合委托人的最佳利益。两个或两个以上房地产经纪机构就同一房地产交易提供经纪服务时，房地产经纪机构之间和房地产经纪人员之间应当合理分工、明确职责、密切协作，意见不一致时应当及时通报委托人协商决定。通常同行之间合作，应当分享佣金、共担费用，合同的邀约一方在发布房源时应注明是否接受合作，接受合作的必须清楚表明合作的条件。房地产经纪机构对合作完成的经纪业务承担连带责任。

房地产经纪人员从其他房地产经纪人员或者其他房地产经纪机构那里获取信

息时，应告知对方其房地产经纪人员身份，并告知是自己咨询还是替客户咨询，若为客户提出询问，则必须告知其本人与客户的关系。

独家代理或者专任委托具有排他性，房地产经纪机构和房地产经纪人员在联系已与其他机构签署独家代理房地产经纪服务合同的业务时，应当遵守如下规范：

1. 房地产经纪机构和人员只能与代理经纪机构联系，而不能与独家代理的委托人（被代理人）联系，除非后者主动联系；

2. 当代理的经纪机构拒绝披露独家代理到期日或者代理性质时，其他的房地产经纪人员可以与房屋所权人取得联系，招揽业务；

3. 若独家代理房地产经纪机构的委托人主动联系房地产经纪机构，讨论建立同样的独家服务关系，双方可就未来事项或现存独家代理的房地产经纪服务合同到期后，双方可合作事项进行讨论。

（二）禁止不正当竞争

房地产经纪执业不正当竞争行为是指房地产经纪机构和人员为了承揽经纪业务，违反自愿、平等、公平、诚实信用原则和房地产经纪执业行为规范，违反房地产经纪服务市场及房地产经纪行业公认的行业准则，采用不正当手段与同行进行业务竞争，损害其他房地产经纪机构及人员合法权益的行为。房地产经纪行业的不正当竞争行为主要依据《反不正当竞争法》调整。

房地产经纪机构和人员在与委托人及其他人员接触中，不得采用下列不正当手段与同行进行业务竞争：

1. 故意诋毁、诽谤其他房地产经纪机构和人员信誉、声誉，散布、传播关于同行的错误信息；

2. 无正当理由，以低于成本价或在同行业收费水平以下收费为条件吸引客户，或采用商业贿赂的方式争揽业务；

3. 房地产经纪人员与所受聘的房地产经纪机构解除劳动关系后，诱劝原受聘房地产经纪机构的客户，以取得业务；

4. 故意在委托人与其他房地产经纪机构和人员之间设置障碍，故意破坏同行促成的交易，制造纠纷和麻烦。

八、处理与社会关系的行为规范

（一）禁止误导社会公众、扰乱市场秩序

1. 房地产经纪机构和人员不得捏造散布涨价信息，或者与房地产开发经营单位串通捂盘惜售、炒卖房号，操纵市场价格；

相关法律责任：房地产经纪机构和人员捏造散布涨价信息，或者与房地产开发经营单位串通捂盘惜售、炒卖房号，操纵市场价格，构成价格违法行为的，由县级以上人民政府价格主管部门按照价格法律、法规和规章的规定，责令改正、没收违法所得、依法处以罚款；情节严重的，依法给予停业整顿等行政处罚；

2. 房地产经纪机构公开发布房地产市场报告，应当真实、客观、翔实，不得误导社会公众；

3. 房地产经纪人员应当珍视和维护房地产经纪人员职业声誉，在网络、电视、报纸等媒体上发表的专业观点，应当表明房地产经纪专业人员的身份。

（二）配合监督检查

房地产经纪机构及人员接受司法机关、行政主管部门及相关部门监督检查时，被检查的房地产经纪机构和房地产经纪人员应当予以配合，并根据要求提供检查所需的资料。

（三）承担社会责任

房地产经纪机构及人员应充分认识到自己是社会的一员，作为（企业）公民，理应承担自己的社会责任。目前一些大型的房地产经纪机构通过捐建希望小学、捐建图书馆、建立员工互助基金等方式承担社会责任。

复 习 思 考 题

1. 什么是房地产经纪执业规范？它有哪些特点和作用？
2. 房地产经纪执业的原则有哪些？
3. 房地产经纪机构应当在经营场所醒目的位置明示哪些事项？
4. 房地产经纪机构在承接业务时有哪些行为规范？
5. 房地产经纪机构在对外发布广告时有哪些行为规范？
6. 房地产经纪机构在收取服务费用时有哪些行为规范？
7. 房地产经纪机构在处理与同行的关系时有哪些行为规范？
8. 房地产经纪机构在处理与社会的关系时有哪些行为规范？

第九章　房地产经纪行业管理

　　房地产经纪行业的持续健康发展离不开科学有效的行业管理。房地产经纪行业管理有多种模式，每种模式有各自特点，管理的效果也有所不同。我国的房地产经纪行业管理涉及部门较多，侧重政府监管，但存在立法滞后等问题。本章介绍了房地产经纪行业管理的含义、特征、作用、基本原则和基本模式，分析了行业组织的性质和作用，总结了我国目前房地产经纪行业行政监管和自律管理的基本框架和内容。通过本章学习，可以熟悉我国房地产经纪行业管理的基本情况和行业管理的基本要求。

第一节　房地产经纪行业管理概述

一、房地产经纪行业管理的含义与作用

　　房地产经纪行业管理是人民政府房地产经纪管理部门、房地产经纪行业组织对房地产经纪机构和房地产经纪人员、房地产经纪活动和房地产经纪行为实施的监督管理。房地产经纪行业管理的目的在于规范房地产经纪行为，协调房地产经纪活动相关当事人（如房地产经纪机构、房地产经纪人员、房地产经纪服务对象）责、权、利关系，维护相关当事人合法权益，促进房地产经纪行业持续健康发展。

　　房地产经纪行业管理是社会公共管理的一个组成部分，它的基本作用就是维护社会整体利益，即通过行业管理使房地产经纪活动更加符合社会整体规范，并最大限度地增进社会福利。就目前的情况来看，通过对房地产经纪行业进行监督管理来规范房地产经纪活动，有助于加快房地产流通，增加房地产有效供给，提高房地产利用效率，促进房地产业的发展，提高人民的居住质量和水平。其次，房地产经纪行业管理作为一种行业管理，可以协调行业内部各类主体之间以及行业与社会其他主体之间的关系，促进行业整体高效运转和持续发展，维护房地产经纪从业者的合法权益和行业的整体利益。从发达国家和地区的实际情况来看，房地产经纪行业管理较好的地方，行业的经济收益较高，从业人员的社会形象和

社会地位也较高，整个行业发展比较快。反之，房地产经纪行业管理欠佳的地方，行业的经济收益就较低，从业人员的社会形象和社会地位也较差，行业发展阻碍多，发展速度慢。

二、房地产经纪行业管理的基本原则

(一) 创造良好条件，鼓励行业发展

房地产经纪行业是房地产业的重要组成部分。在过去十几年的发展中，房地产经纪行业不仅为我国房地产市场和房地产业的发展，乃至社会经济发展做出了重大的贡献，随着新建商品房市场向存量房市场转变，房地产经纪行业的地位和作用会越来越重要。房地产经纪行业是一个急需鼓励和支持发展的行业。对房地产经纪行业的管理，应本着创造良好条件、鼓励行业发展、促进行业进步的原则。行业管理制度的设计和行业管理政策的制定都应当有利于创造良好的行业生存发展环境，有利于建立完善行业自我提高、不断进步的发展机制。房地产经纪行业管理应当完善行业管理的法律法规，提高从业人员的职业素养、职业道德水平和专业胜任能力，规范房地产经纪服务行为，改善房地产经纪行业的社会形象，引导行业持续健康有序发展。

(二) 遵循行业规律，实施专业管理

房地产经纪行业是以促成房地产交易、提高房地产交易效率、维护当事人合法权益、保障房地产交易安全为服务宗旨的行业。房地产商品的特殊性和房地产交易的复杂性都使得房地产经纪是专业性极强的经纪活动。与证券经纪、保险经纪一样，房地产经纪活动作为一种特殊商品的经纪活动，其特殊性远远大于它与其他各类经纪活动具有的共性。从我国证券经纪、保险经纪行业管理的经验来看，对从业人员专业知识要求较高的经纪行业，实施专业化管理是必要的。从境外房地产经纪行业的情况看，专业化的房地产经纪行业管理是一种惯例。因此，应将房地产经纪行业与其他经纪行业分开，参照证券、保险经纪行业的模式实施专业管理。

(三) 推进行业立法，严格依法管理

在倡导建设法制社会、依法治国的背景下，对房地产经纪行业实施管理应当以法律法规为依据，实施专业管理，避免政府行政管理部门超出法律法规许可范围实施管理，更要避免不同政府部门从本部门角度出发制定互不衔接的政策或规定。目前，房地产经纪行业立法严重滞后，缺乏规范房地产交易和房地产经纪的专项立法，无《房地产经纪管理条例》或者《房地产交易管理条例》。针对目前房地产经纪法律法规体系尚不健全，许多方面存在法律空白的状况，国家和地方

立法机构应该加快建设有关房地产经纪的法律法规体系，理顺房地产经纪行业管理的行政管理体系。

目前我国房地产经纪行业管理可依据或者能参照的法律法规主要有：

1. 法律：由全国人民代表大会或常务委员会制定，如《城市房地产管理法》《民法总则》《合同法》等；

2. 部门规章：由国务院部门制定，如《房地产经纪管理办法》《房地产广告发布规定》等；

3. 地方性法规和地方性规章：各省市、自治区人大及其常委会、地方政府在不与宪法、法律、行政法规相抵触的前提下结合当地实际制定了一些规范房地产经纪行为的地方性法规和规章，如《天津市房地产交易管理条例》、《深圳市房地产市场监管办法》等；

4. 政府主管部门出台的规范性文件：《国家发展改革委关于放开部分服务价格意见的通知》（发改价格〔2014〕2755号）、《人力资源社会保障部 住房城乡建设部关于印发〈房地产经纪专业人员职业资格制度暂行规定〉和〈房地产经纪专业人员职业资格考试实施办法〉的通知》（人社部发〔2015〕47号）、《住房城乡建设部等部门关于加强房地产中介管理促进行业健康发展的意见》（建房〔2016〕168号）等。

（四）健全行业组织，加强行业自律

在我国政府简政放权，从"无限"政府向"有限"政府转换的大趋势下，房地产经纪行业管理应当加快行业自律建设，充分发挥行业组织的作用。行业自律就是充分发挥行业成员自身的积极性、能动性，充分利用社会资源，对行业进行自我管理。在法制社会，政府对行业进行管理必须有法律依据，而行业自律管理只需要通过行业成员的协商，因而在管理权源上具有更大的灵活性、机动性，更能适应行业快速发展的需要。自律管理中最重要的手段就是制定行业规范。行业规范通过同行业内的民事行为主体协商制定，比法律、法规具有更强的灵活性，可以在法律法规所规定的标准之上，为行业提供更高的行业标准，便于根据市场需要和行业发展水平不断进行调整、更新。其与市场竞争、优胜劣汰的市场机制相配合，可以起到推进行业进步，提升行业整体水平的作用。正因为如此，在境外市场经济发达的国家和地区，行业规范对竞争性行业都具有很好的行业管理作用。

在崇尚实现自我价值的现代社会，行业自律管理的基本规则由独立的民事行为主体以自愿遵守为前提，共同制定并认可，具有更广泛的社会基础。行业自律管理规则符合行业特点，基于业内人士的共识，因此有很强的内在约束力。相对政府的行政管理，行业自律管理更容易调动行业成员的主观能动性，可以在更广泛的层面上调动社会资源，这不仅有利于节约行政资源，更有利于提高房地产经纪行业管理水平，使房地产经纪行业在更大程度上增进社会福利。

（五）顺应市场机制，维护有序竞争

对房地产经纪行业的管理应适应市场经济的要求，顺应市场经济发展的趋势。在市场经济体制下，企业作为市场中的独立主体，会根据市场供求状况、行业竞争状况和企业自身条件进行行为决策。市场的供求机制、竞争机制会调节企业的行为。对于房地产经纪行业这种竞争性行业，情况更是如此。因此，应避免用计划经济体制下的传统思路管理行业。有关行业的规模、结构等问题，应通过市场选择来决定。房地产经纪行业管理主要应起到避免市场机制失灵，保证市场机制正常运作的作用。房地产经纪行业管理应有助于形成按照市场经济原则有序运作，不断发展的行业发展机制。

在这一原则指导下，房地产经纪行业管理应以维护房地产经纪行业及其相关市场有序竞争为价值取向。因为，市场机制运作以市场有序竞争为前提条件。要维护有序竞争，房地产经纪行业管理首先要保证行业的适度发展，要避免因信息不对称等因素的存在使房地产经纪行业出现超出市场需求的盲目发展，避免因行业过度膨胀导致业内恶性竞争。其次，房地产经纪行业管理应通过一系列制度坚决抵制不公平、不正当竞争，避免不公平、不正当竞争破坏行业发展的内在机制。

三、房地产经纪行业管理的基本模式

管理模式是由管理主体、管理手段和机制所组成的动态系统，不同管理模式之间在系统组成要素（如管理主体、管理手段）、系统结构、运作流程上存在着差异。房地产经纪行业管理主要有以下三种模式：

（一）行政监管模式

在这种模式下，政府行政主管部门承担了房地产经纪行业管理的绝大部分职能，管理手段以行政手段为主，如进行职业资格认证、登记备案与年检和制定示范合同、行政监督等。这种模式下的房地产经纪行业组织管理职能相对薄弱，一般只在教育培训、合作交流、优秀评选等方面发挥作用。目前我国内地和香港地区主要采取这种模式，但香港地区在法律手段的运用上比内地更成熟一些。

我国香港地区的地产代理监管局是专门管理房地产经纪行业的政府机构，主要负责颁发牌照和行政管理的工作。它是根据《地产代理条例》成立的一个财政独立的法定机构，其使命是提高地产代理业的服务水准，加强对消费者权益的保

护，并鼓励公开、公正、诚实的物业交易。行业管理的主要内容包括设定代理机构和认定地产代理人从事代理活动的基本资质，使执业的机构和个人具有相当的专业知识和工作经验；建立监察机构，对地产代理活动进行监督；调解地产代理人与委托人的纠纷；对违纪的地产代理机构和个人进行相应的惩处；推行书面代理合约，减少纠纷。香港地产代理业的商会有香港地产代理商协会、香港地产代理专业协会等多个，但各商会对会员行为的约束力都较弱，主要是在行业教育、学术交流和与政府沟通上发挥作用，比如在香港代理监管制度确立前，作为地产代理业的代表与政府进行谈判，反映同业意见及为同业争取合理权益。在监管制度确立后，采取种种措施帮助会员熟悉、适应新的政策法规等。在香港，规范地产代理活动的法律除了《地产代理条例》外，主要还有《地产代理常规（一般责任及香港住宅物业）规例》及《地产代理（裁定佣金争议）规例》，它们具有较强的适应性，对规范代理活动起到了有效的作用。

（二）行业自律模式

这种模式中房地产经纪的直接管理主体是房地产经纪行业组织。行业协会不仅实施自律性管理职能，还受政府职能部门甚至立法机构的委托，行使对房地产经纪业的行政管理职能。在这种模式下，管理手段相对较为丰富，法律、行政、经济和自律等手段都有所运用。目前我国台湾地区就是采取这种模式。

我国台湾地区房地产经纪业的"同业公会"有立法授权，并受政府行政主管部门委托，直接从事房地产经纪业的各项具体管理事务，而主管部门只是对其实行指导和间接管理。"同业公会"进行行业管理的主要内容包括参与行业立法和组织实施，目前台湾房地产经纪业的《不动产经纪业管理条例》（以下简称《条例》）是由主管机关委托公会起草的。《条例》规定"经纪业在办妥公司登记或商业登记后，应加入登记所在地的同业公会后方得营业"，这种"业必归会"的原则为实施行业管理奠定了重要基础。行业发展的大事在主管机关指导下由公会操作，如台湾地区的房地产流通信息网络，从规划到实施，都是由公会组织操作，主管部门仅是进行指导。行业管理的具体事务均由公会承担，比如培训行业队伍、指导企业自律、组织企业交流、协调企业关系等。台湾除《不动产经纪业管理条例》外，还制定了《不动产经纪营业员测定办法》、《不动产经纪人专业训练机构团体及课程认可办法》、《不动产说明书应记载及不得记载事项》、《不动产经纪业或经纪人员奖励办法》、《不动产经纪人员奖惩委员会组织规程》等。台湾地区房地产经纪业管理通过立法，有多种细则，内容具体、易于操作。房地产经纪业主管机关依托"同业公会"实施管理，使房地产经纪活动逐步走向规范。

（三）行政监管与行业自律结合模式

在这种模式中，政府行政主管部门和房地产经纪行业组织都是强有力的管理主体，但两者管理职能有所分工。美国房地产经纪业的行业管理就是这种模式。

美国各州政府多数都设有专门机构对房地产经纪行业进行管理，主要职责是制定有关管理规则、管理房地产经纪机构的设立、房地产经纪人与销售员执业资格牌照发放、审定执业资格考试及教育训练的内容、审批从事执业课程教育的学校的资格、处理房地产交易客户的投诉等。各州政府还设有调查机构和专门的监察机构负责调查和处理违规执业案例。

房地产经纪行业协会的职责主要是促进房地产经纪人与立法机关、行政机关及经纪人之间的协调、沟通，制定行业技术标准及职业道德准则，提供培训教育机会，制定合同示范文本，受理消费者投诉。协会还提供房地产信息共享平台，规定加入协会的经纪人必须共享信息，否则会被开除。通过这一系列手段，对房地产经纪业的执业规范、信誉、行业协作等方面进行有效管理。在美国，有关规范房地产经纪人的法律主要有"一般代理法规"（Common-law Agency）、"契约法规"（Contract Principles）、各州的"执照法"（State Licensing Laws）、"联邦法"（Federal Laws）、"专业伦理法则"（Professional Codes of Ethics）。这些法规并不是针对房地产经纪行业的专业性法规，而是一般性的法律规范。执行一般性法律就能规范房地产经纪行业，这也从另一个侧面说明美国社会中一般性法律体系已经相当严密和完善。

由于双重主体的管理模式和完善的法律体系，美国房地产经纪行业在管理和发展上都居于国际领先水平。经过长达一二百年的发展，目前美国房地产经纪业几乎渗透到房地产交易市场的每个角落。在房屋买卖中，有超过80％的交易是通过房地产经纪人帮助完成的。目前在美国从事房地产经纪业务的人员超过200万人，仅全美房地产经纪人协会就有会员100万人。各州都建立了严格的房地产经纪人执业牌照管理制度和较为完善的行为准则及伦理道德规范。法律还规定了房地产交易中的信息披露制度。行业协会在管理体系中扮演着重要角色，全国、州和区域三个层次的房地产经纪行业协会是房地产经纪人与立法、行政机关之间的桥梁，为会员提供培训教育的机会，并制定具体的行业技术标准以及职业道德准则。由行业协会主导建立的联合销售制度，从客观上促使房源信息在全国范围内得以共享。在房地产经纪的运作实践中，美国还形成了包括个人信用保障制度、产权保险制度、房屋质量保证、过失保险制度、合同示范文本在内的一套对行业从业者及机构的保护机制，为房地产经纪业的规范运作奠定了坚实的基础。

以上三种模式的主要区别是管理主体不同，及其因主体不同而导致的管理手段有所不同。就房地产经纪行业管理的内容来看，政府行政监管部门和行业协会这两类不同性质的主体，对不同管理内容的胜任度也是不同的。因此，双重主体的管理模式通常比单一主体的管理模式更能适应房地产经纪行业管理的多重要求，因而管理效果更好。美国又由于法律法规的健全，房地产经纪业的发展与管理成效更加显著。

四、房地产经纪行业管理的主要内容

（一）房地产经纪行业的专业性管理

房地产经纪是围绕一种特定的商品——房地产，开展的中介服务活动，具有很强的专业性，因此，房地产经纪行业管理也具有很强的专业性。这主要体现在三个方面：

1. 对房地产经纪活动主体实行专业资质、资格管理

从发达国家和地区的情况来看，很多国家对房地产经纪业的从业人员，建立了系统的教育和继续教育、资格考试和资格认定的制度，以保证房地产经纪业从业人员具备相应的专业知识和技能。同时，对房地产经纪机构实行专业的营业资质和牌照管理。

2. 对房地产经纪人员的职业风险进行管理

房地产经纪活动所涉及的标的是具有高额价值的房地产，因此，房地产经纪人员在执业活动的一些失误，常常会给客户造成巨大的经济损失，从而也就给房地产经纪人员自身带来严重的民事法律后果。这种职业风险如果不能有效规避，会给房地产经纪业造成重大打击。所以一些发达国家和地区通过设立房地产经纪行业赔偿基金、执业保证金以及强制性过失保险制度等，来规避房地产经纪业的职业风险。

3. 重视房地产经纪管理的地域性

房地产市场的地域性决定了房地产经纪业的运作也不可避免地带有很强的地域特征，因此对房地产经纪业的管理也应注意到不同地域的差别。

（二）房地产经纪行业的规范性管理

由于房地产经纪业是一种服务业，它不提供实体性产品，而是提供服务，服务的经济实质是一种具有使用价值的动态过程。因此，对房地产经纪的管理侧重于保证服务过程的规范性。从发达国家和地区的经验来看，对服务过程规范性方面的管理，主要通过以下几方面内容的管理来实现：

1. 房地产经纪执业规范

发达国家和地区一般通过立法来制定房地产经纪执业规范，如美国的《一般

代理法规》（Common-Law Agency），我国香港地区的《地产代理条例》和台湾地区的《不动产经纪业管理条例》。

2. 房地产经纪服务收费

房地产经纪作为一种服务性行业，其所提供的服务不如实体产品那样容易进行价值判别，因此房地产经纪机构与客户之间在服务收费问题上较容易产生纠纷，特别需要行业管理的协调作用，收费管理的最主要方式是制定具有法律约束力的房地产经纪服务佣金标准（通常是指其相对于房地产交易额的一定比率）。各国（地区）房地产经纪行业管理规范都严令禁止房地产经纪机构赚取合同约定佣金以外的经济利益，如房地产交易差价等。

（三）房地产经纪行业的公平性管理

房地产经纪业是以信息为主要资源的服务业，信息自身的种种特点以及信息不对称所带来的种种后果都要求行业管理主体对房地产经纪行业实施公平性管理，以保证行业内部各机构及从业人员之间的公平竞争和行业与服务对象之间的公平交易。具体来说，主要有三个方面：

1. 行业竞争与合作的管理

信息的共享性、积累性、时效性，使得房地产经纪业内部容易产生不正当竞争，但同时又迫切需要开展行业内的广泛合作。因此，对行业竞争与合作的管理也是房地产经纪行业管理的重要内容，美国房地产经纪协会所建立的"多重上市服务系统（MLS）"是开展行业协作管理的典范。

2. 房地产经纪业的诚信管理

由于房地产经纪人员与服务对象之间存在着较为明显的信息不对称现象，因此对房地产经纪的管理必须十分注重房地产经纪的诚信管理。很多国家的政府和房地产经纪行业组织通过法律规范、行政管理、教育与行业自律乃至评奖、设立信用保证金等种种方式，对房地产经纪机构及房地产经纪职业人员的信誉进行管理。

3. 房地产经纪纠纷管理

由于房地产经纪人员与服务对象之间的信息不对称，很容易引起双方对同一问题认识的差异，从而导致房地产经纪纠纷。在一些房地产经纪行业不够成熟的地方，房地产经纪人员素质的良莠不齐，更催化了这种纠纷。所以关于房地产经纪纠纷的管理是房地产经纪行业管理的重要内容。从发达国家和地区的情况来看，建立常规的消费者投诉通道、明确仲裁和协调的主体、制定纠纷处理的法律性文件是纠纷管理的主要手段。

第二节　我国房地产经纪行业行政监管

一、我国房地产经纪行业行政监管部门

目前我国房地产经纪行业管理涉及的行政部门较多，主要包括建设（房地产）、价格、人力资源和社会保障、工商行政管理等部门。各部门按照职责分工开展房地产经纪活动的监督和管理，各部门分工以国务院确定的各部门的"三定方案"为依据，在房地产经纪行业监管上的大致分工如下：

根据《国务院办公厅关于印发住房和城乡建设部主要职责 内设机构和人员编制规定的通知》（国办发〔2008〕74号），建设（房地产）管理部门承担规范房地产市场秩序、监督管理房地产市场的重要职能。负责对房地产经纪行业的日常监管，对房地产经纪机构和人员的执业行为进行监督管理，制定行业管理相应制度并监督执行。近年来，住房和城乡建设部对房地产经纪行业管理不断加强，建立了以房地产经纪人员职业资格登记、房地产经纪机构备案、房地产交易合同网上签约、房地产交易资金监管为主要内容的综合行政管理体系。

国家发展和改革委员会根据第十一届全国人民代表大会第一次会议批准的国务院机构改革方案和《国务院关于机构设置的通知》（国发〔2008〕11号），主要负责拟订并组织实施价格政策，监督检查价格政策的执行；负责组织制定和调整少数由国家管理的重要商品价格和重要收费标准，依法查处价格违法行为和价格垄断行为等。据此，价格主管部门承担拟定并组织实施价格政策，监督价格政策执行的重要职能。负责制定房地产经纪相关的价格政策，监督检查价格政策的执行，对房地产经纪机构和人员的价格行为进行监督管理，依法查处价格违法行为和价格垄断行为。

人力资源和社会保障部根据第十一届全国人民代表大会第一次会议批准的国务院机构改革方案和《国务院关于机构设置的通知》（国发〔2008〕11号），负责参与人才管理工作，制定专业技术人员管理和继续教育政策，统筹拟订劳动、人事争议调解仲裁制度和劳动关系政策，完善劳动关系协调机制，组织实施劳动监察，协调劳动者维权工作，依法查处重大案件。据此，人力资源和社会保障主管部门承担完善职业资格制度，拟订专业技术人员管理和继续教育政策、社会保障体系建设等职能。2001年，根据国际惯例，原人事部、原建设部联合建立了房地产经纪人员职业资格制度。2002年以来，每年举办一次全国房地产经纪人考试。人力资源和社会保障部门还承担房地产经纪机构和从业人员劳动合同、社

会保障关系的监督管理。

国家工商行政管理总局根据第十一届全国人民代表大会第一次会议批准的国务院机构改革方案和《国务院关于机构设置的通知》（国发〔2008〕11号），负责房地产经纪机构的登记注册并监督管理，承担依法查处取缔无照经营的责任。依法查处房地产经纪行业的不正当竞争、商业贿赂等经济违法行为。负责依法监督管理经纪人、经纪机构及经纪活动。依法实施合同行政监督管理，负责依法查处合同欺诈等违法行为。负责房地产广告活动的监督管理工作。

近年来，各部门在协同管理、联动管理方面积极探索。住房和城乡建设部、人力资源和社会保障部、国家发展改革委联合印发的《房地产经纪管理办法》第二十九条规定："建设（房地产）主管部门、价格主管部门、人力资源和社会保障主管部门应当建立房地产经纪机构和房地产经纪人员信息共享制度。建设（房地产）主管部门应当定期将备案的房地产经纪机构情况通报同级价格主管部门、人力资源和社会保障主管部门。"

二、我国房地产经纪行业行政监管的方式和内容

（一）我国房地产经纪行业监管方式

目前我国房地产经纪行业监管的方式主要有现场巡查、合同抽查、投诉受理等。

现场巡查是对房地产经纪机构的经营场所和日常经营活动进行的日常监督检查，是对房地产经纪活动进行全面监督管理最常用的方式。检查的重点主要是房地产经纪机构日常经营活动的规范性。通过现场巡查既能真实、全面地了解房地产经纪机构和房地产经纪人员的日常经营活动，又能了解一定区域内房地产经纪市场情况。

合同抽查是抽查房地产经纪机构和房地产经纪人员从事房地产经纪活动所签订的各类合同，是对房地产经纪实体行为进行检查最重要的方式。抽查的合同包括房地产经纪服务合同、代办服务合同、房屋租赁合同、存量房买卖合同、新建商品房销售合同等，查看内容包括主合同条款、合同附件、合同对应发票存根、专用账户银行对账单及限购等政策要求所附资料。合同检查要与网上机构备案信息、业务记录、人员资格进行比对。具体检查方式有：

（1）有针对性检查。针对信访投诉、舆情监测、网上签约记录或租赁业务记录等信息来源所涉及合同，按对应合同编号要求经纪机构提供。

（2）随机抽查。在合同档案存放地，随机抽取5年内各类合同若干份。根据合同性质确定不同的检查重点，租赁合同检查还要将《房地产经纪管理办法》与

《商品房租赁管理办法》及各地有关房屋租赁的规范性文件结合起来，作为执法检查的依据。检查点包括：经纪机构代理资格、合同网上备案、经纪服务收费及资金划转方式、签订合同的经纪人员资格、合同标的物是否符合出租（卖）条件及使用要求、存量房买卖网签合同与实际书面合同价款是否一致、是否按照规定的收费标准收取佣金、主合同条款及附件有无不合理及不公正要求、限购等调控政策所要求的资料是否真实、齐备。

投诉受理是主管部门发现房地产经纪违规行为的有效途径，也是房地产交易当事人解决房地产经纪活动引发纠纷的常见方式。地方各级建设（房地产）主管部门、价格主管部门通常设置一些投诉通道，制定投诉受理程序，有的还会建立统一的投诉受理平台，保持畅通的投诉渠道，及时受理投诉并妥善解决投诉所反映的问题。

（二）我国房地产经纪行业监管内容

以房地产经纪活动的开展为参照，按照先后顺序，房地产经纪行业行政监管可分为事前监管、事中监管和事后监管。事前监管主要包括人员职业资格管理和机构登记备案管理；事中监管主要是经纪服务行为和信用档案管理监管；事后监管主要纠纷的调处和管理。在简政放权、减少行政审批事项的背景下，事中事后监管是政府部门监管的重点。

1. 事前管理

事前管理是房地产经纪活动发生之前的管理，主要包括房地产经纪人员职业资格制度和房地产经纪机构的登记备案制度。房地产经纪人员职业资格制度包括考试制度、登记制度、继续教育制度等；房地产经纪机构备案制度包括备案申请、备案公示和备案年检等。

（1）房地产经纪人员职业资格管理

我国房地产经纪人员职业资格制度建立经历了一个过程。早在 20 世纪 90 年代，一些城市就开始探索建立房地产经纪人员职业资格制度。1994 年，深圳市、上海市开始实行房地产经纪人资格培训、考核制度。1996 年北京市也开始实施资质证书制度。到了 2001 年，全国房地产经纪人职业资格制度正式建立。2001 年 12 月 18 日，人事部、建设部联合颁发了《房地产经纪人员职业资格制度暂行规定》（人发〔2001〕128 号），决定对房地产经纪人员实行职业资格制度，纳入全国专业技术人员职业资格制度统一规划。职业资格制度规定：凡从事房地产经纪活动的人员，必须取得房地产经纪人员（包括房地产经纪人和房地产经纪人协理）相应职业资格证书并经注册生效。2004 年 12 月 10 日，建设部印发《建设部关于改变房地产经纪人执业资格注册管理方式有关问题的通知》（建办住房

〔2004〕43 号），落实注册制度，当年全国共 6734 人获准初始注册。2011 年的
《房地产经纪管理办法》巩固了房地产经纪人员职业资格制度，规定"国家对房
地产经纪人员实行职业资格制度，纳入全国专业技术人员职业资格制度统一规划
和管理。房地产经纪人实行全国统一大纲、统一命题、统一组织的考试制度，由
国务院住房和城乡建设主管部门、人力资源和社会保障主管部门共同组织实施，
原则上每年举行一次。房地产经纪人协理实行全国统一大纲，由各省、自治区、
直辖市人民政府建设（房地产）主管部门、人力资源和社会保障主管部门命题并
组织考试的制度，每年的考试次数根据行业发展需要确定。"2015 年，根据《人
力资源社会保障部 住房城乡建设部关于印发〈房地产经纪专业人员职业资格制
度暂行规定〉和〈房地产经纪专业人员职业资格考试实施办法〉的通知》（人社
部发〔2015〕47 号）的规定，房地产经纪人员职业资格明确为水平评价类，人
力资源社会保障部、住房城乡建设部共同负责房地产经纪专业人员职业资格制度
的政策制定，并按职责分工对房地产经纪专业人员职业资格制度的实施进行指
导、监督和检查。中国房地产估价师与房地产经纪人学会具体承担房地产经纪专
业人员职业资格的评价与管理工作。中国房地产估价师与房地产经纪人学会负责
房地产经纪专业人员职业资格评价的管理和实施工作，组织成立考试专家委员
会，研究拟定考试科目、考试大纲、考试试题和考试合格标准。人力资源社会保
障部、住房城乡建设部指导中国房地产估价师与房地产经纪人学会确定房地产经
纪人协理、房地产经纪人职业资格考试科目、考试大纲、考试试题和考试合格标
准，并对其实施房地产经纪人协理、房地产经纪人职业资格考试工作进行监督、
检查。

　　获准在中华人民共和国境内就业的外籍人员及港、澳、台地区的专业人员，
符合《房地产经纪人员职业资格制度暂行规定》要求的，也可报名参加房地产经
纪人和房地产经纪人协理资格考试。根据《关于做好香港、澳门居民参加内地统
一举行的专业技术人员资格考试有关问题的通知》（国人部发〔2005〕9 号），凡
符合房地产经纪人资格考试规定的香港、澳门居民，均可按照规定的程序和要
求，报名参加房地产经纪人资格考试。香港、澳门居民申请参加房地产经纪人资
格考试，在报名时应向当地考试报名机构提交本人身份证明、国务院教育行政部
门认可的相应专业学历或学位证书，以及从事房地产经纪业务工作年限的证明。
根据《关于向台湾居民开放部分专业技术人员资格考试有关问题的通知》（国人
部发〔2007〕78 号），凡符合房地产经纪人资格考试报名条件的台湾地区居民，
均可按照就近和自愿原则，在大陆的任何省、自治区、直辖市房地产经纪人资格
考试考务管理机构指定的地点报名并参加考试。在报名时，台湾居民应向当地考

试报名机构提交《台湾居民来往大陆通行证》、国务院教育行政部门认可的相应专业学历或学位证书和本人从事房地产经纪业务工作年限的证明。

（2）房地产经纪机构的登记和备案管理

机构的登记备案制度包括房地产经纪机构的工商登记和行业主管部门的备案。

从事房地产经纪业务，应当成立专门的房地产经纪机构。房地产经纪机构的设立，首先应当符合《民法总则》、《公司法》、《合伙企业法》等法律对成立公司或合伙企业的一般性规定。同时，我国《城市房地产管理法》规定了设立房地产经纪机构应当符合的实体条件，即①有自己的名称和组织机构；②有固定的服务场所；③有必要的财产和经费；④有足够数量的专业人员；⑤法律、行政法规规定的其他条件。对于其他条件，部门规章《房地产经纪管理办法》作了进一步规定，要求设立房地产经纪机构应当有足够数量的房地产经纪人和房地产经纪人协理；地方性法规《天津市房地产交易管理条例》规定"房地产经纪机构应当有固定的经营服务场所和两名以上房地产经纪人员，其中至少含一名注册执业房地产经纪人。房地产经纪机构设立分支机构的，其分支机构应当有固定的经营服务场所和两名以上房地产经纪人员。"《海口市房地产中介服务管理办法》也规定：从事房地产经纪业务的，应当有 3 名以上注册房地产经纪人，或者 2 名以上注册房地产经纪人和 3 名以上注册的房地产经纪人协理。此外，有些地方政府管理部门的规范性文件也规定了相应的条件，如由北京市住房和城乡建设委员会发布的《关于加强北京市房地产经纪机构备案管理的通知》（京建交〔2009〕369 号）要求"（一）房地产经纪机构应当有 4 名以上（含）房地产经纪人员，其中至少含 1 名房地产经纪人；分支机构有 2 名以上（含）房地产经纪人员；（二）房地产经纪机构主要负责人（即法定代表人或总经理）和分支机构负责人应当具有房地产经纪人员职业资格或注册证书。"

现实当中，房地产经纪机构在办理工商登记时只要求申请登记的房地产经纪机构符合一般企业设立的条件即可，不做特殊审查。根据《房地产经纪管理办法》"房地产经纪机构及其分支机构应当自领取营业执照之日起 30 日内，到所在直辖市、市、县人民政府建设（房地产）主管部门备案"的规定，房地产经纪机构应具备的特殊条件由房地产经纪行业行政主管部门在其备案时审查。房地产经纪行业行政主管部门对"房地产经纪机构及其分支机构的名称、住所、法定代表人（执行合伙人）或者负责人、注册资本、房地产经纪人员（注册信息）等备案信息向社会公示"。

2. 事中管理

事中管理是对房地产经纪活动过程的监督管理，是房地产经纪行业管理的核心，主要包括现场检查、合同管理（网上签约和合同备案）、资信评价、信用档案信息公示、收费管理和交易资金监管等。

现场检查包括对机构备案、人员资格、门店公示、服务合同等内容和情况的检查。现场检查一般是多部门的联合检查，住房和城乡建设部门检查机构是否取得备案证明、从业的房地产经纪人员取得职业资格和进行登记的情况、营业场所公示是否符合要求；工商部门检查机构是否登记备案、合同是否规范；物价部门检查服务收费问题；人力资源和劳动保障部门检查劳务用工问题。北京、成都等实行定期实地巡检。由于房地产经纪机构没有严格的市场准入制度，房地产经纪行业行政主管部门创新管理手段，牵头联合工商、物价、人力资源和社会保障等部门对房地产经纪机构的经营场所定期进行巡检，重点检查经营场所的公示内容、持证人员的执业情况和合同等业务资料的保存情况。如北京市 2012 年，北京市住房城乡建设委员会、北京市工商行政管理局等单位联合对房地产经纪机构隐瞒重要事项、占用或拖延支付客户资金、利用格式条款侵害消费者合法权益等 28 种常见的违法行为进行检查，据统计，在抽查的 8000 余家北京房地产经济机构中，近一成有违规或违法行为。

由于机构资质和人员资格不属于行政许可，对不备案机构和无资格人员执业的没有有效处罚手段，但是住房和城乡建设部门可以对不备案机构和无资格人员进行媒体曝光，通过社会和舆论监督迫使其离开房地产经纪行业。

合同管理是房地产经纪行业的管理的又一重要手段。《房地产经纪管理办法》对房地产经纪服务合同签订有了比较详细的规定，比如房地产经纪服务合同要有机构盖章人员签名等，并规定了相应的罚则，现场检查过程中主要通过对服务合同的检查发现房地产经纪服务行为存在的问题。另外《房地产经纪管理办法》规定经备案的房地产经纪机构才能获得网签资格，交易合同备案和网签也是一有力的监管手段。在缺乏管理抓手的情况下，网上签约资格成为有效管理的手段。另外有的地方尝试要求房地产经纪服务合同的签订也要实行网上签约，规定只有备案的房地产经纪机构才能获得网签资格，只有具备相应职业资格的房地产经纪人员才能有权进行网签操作。房地产经纪行业组织可以对房地产经纪机构和房地产经纪人员开展资信评价，奖优惩劣，向社会推荐优秀的房地产经纪机构和房地产经纪人员，曝光不良的机构和人员。关于收费管理，国家和地方都制定了具体的标准，对收费明码标价、收费对应的服务内容和标准，收费时点等也有相应的规定。交易资金监管是保障交易安全的一项重要措施，目前天津、北京等地方实行的政府强制监管，监管效果比较理想，监管模式根据监管主体来分，主要有政府监管、房地产机构监管、独立第三方监管和银行托管等。

3. 事后管理

事后管理主要是业务纠纷调处、投诉处理和对违法违规行为的处罚。房地产经纪行业行政主管部门或者房地产经纪行业组织针对房地产经纪纠纷和投诉，进行调查、调解和处理。根据《房地产经纪管理办法》等有关规定，房地产经纪行业主管部门可以采取约谈、记入信用档案、媒体曝光等措施进行事后监管，对经查实的房地产经纪违规行为，由房地产经纪行业管理部门对房地产经纪机构和房地产经纪人员进行处理或者处罚，手段包括限期改正、记入信用档案、取消网上签约资格、罚款、没收违法所得、停业整顿等。

《房地产经纪管理办法》明确了9种禁止行为和若干不规范行为，对于①捏造散布涨价信息，或者与房地产开发经营单位串通捂盘惜售、炒卖房号，操纵市场价格；②对交易当事人隐瞒真实的房屋交易信息，低价收进高价卖（租）出房屋赚取差价；③以隐瞒、欺诈、胁迫、贿赂等不正当手段招揽业务，诱骗消费者交易或者强制交易；④泄露或者不当使用委托人的个人信息或者商业秘密，谋取不正当利益；⑤为交易当事人规避房屋交易税费等非法目的，就同一房屋签订不同交易价款的合同提供便利；⑥改变房屋内部结构分割出租；⑦侵占、挪用房地产交易资金；⑧承购、承租自己提供经纪服务的房屋；⑨为不符合交易条件的保障性住房和禁止交易的房屋提供经纪服务等9种禁止行为，都规定了相应的行政处罚。对于不规范行为也有明确的处理或者处罚措施，如房地产经纪机构擅自对外发布房源信息的，由县级以上地方人民政府建设（房地产）主管部门责令限期改正，记入信用档案，取消网上签约资格，并处以1万元以上3万元以下罚款；房地产经纪机构擅自划转客户交易结算资金的，由县级以上地方人民政府建设（房地产）主管部门责令限期改正，取消网上签约资格，处以3万元罚款；有下列行为之一的，由县级以上地方人民政府建设（房地产）主管部门责令限期改正，记入信用档案，对房地产经纪人员处以1万元罚款，对房地产经纪机构处以1万元以上3万元以下罚款：①房地产经纪人员以个人名义承接房地产经纪业务和收取费用的；②房地产经纪机构提供代办贷款、代办房地产登记等其他服务，未向委托人说明服务内容、收费标准等情况，并未经委托人同意的；③房地产经纪服务合同未由从事该业务的一名房地产经纪人或者两名房地产经纪人协理签名的；④房地产经纪机构签订房地产经纪服务合同前，不向交易当事人说明和书面告知规定事项的；⑤房地产经纪机构未按照规定如实记录业务情况或者保存房地产经纪服务合同的。

三、我国房地产经纪行业纠纷管理

（一）房地产经纪行业常见纠纷

房地产经纪行业纠纷管理是重要的行政救济措施，对保护房地产经纪活动当事人，特别是房地产交易当事人的合法权益具有重要意义。行业纠纷调处和管理，主要是指经纪服务不规范导致的纠纷进行处理。根据法院审理的房地产经纪纠纷案件，发现房地产经纪机构和经纪人员导致的纠纷主要表现在六个方面：

1. 房地产经纪机构向购房人做虚假宣传和虚假承诺。现实中，由于买受人购买房屋的目的不同，其对房屋的情况有各种特殊要求，房地产经纪机构为促成交易赚取中介费，往往按购房人的需求做虚假宣传和虚假承诺，诱使购房人签订买卖合同。如经纪机构将靠近学区房的房屋作为学区房宣传并口头承诺购房人可以获得入学资格，购房人签订合同并办理房屋过户后才发现所购房屋不属于学区房，无法实现子女上学的合同目的；经纪机构将未"满五唯一"的房屋说成"满五唯一"，通过承诺可以降低交易税费诱使购买人签订合同；经纪机构为经济实力不足的购房者承诺可以办理高额的购房贷款，促使购房能力不足的客户在无经济能力条件下签订了合同，事后发现经纪机构根本无法兑现承诺，致使购房人无能力履行买卖合同而产生损失；再如对不具备购房资格的买受人，经纪机构承诺可以帮助其解决购房资格并促使双方签订合同，之后因政策不允许造成合同无法履行。因经纪机构作出的这些虚假宣传和口头承诺往往违反法律、政策的规定且无法兑现，从而导致纠纷的产生。

2. 房地产经纪机构在经纪服务过程中故意隐瞒房屋重要情况，使购房人在违背真实意思表示的情况下错误地签订合同。在提供房地产经纪服务过程中，部分房地产经纪机构故意隐瞒房屋真实情况，导致买房人认为该房屋符合其需求，错误签订买卖合同，从而产生纠纷。如经纪机构隐瞒交易房屋已办理抵押的事实、隐瞒房龄（房子的建成时间）和房屋的性质及产权证的情况或以夜间看房方式隐瞒周围环境的不良因素、隐瞒售房人擅自改变房屋承重结构的事实、隐瞒房屋漏水、环境噪声等隐性瑕疵以及房屋长期拖欠物业费、供暖费等情形。再如，房地产经纪机构对已购的政策性住房，主要包括职工个人按照房改政策购买的公有住房、经济适用住房、集资建设房屋和合作建设房屋、共有产权房等情况刻意隐瞒，以致买受人无从知晓政策性住房在交易方面存在的出售禁止、时间限制、主体资格限制等因素，导致此领域纠纷频发、高发。此外，房地产经纪机构对于影响买受人购买决策的极端事件（如火灾、非正常死亡、严重的刑事案件等）刻意隐瞒，致使纠纷产生。

3. 房地产经纪机构为利益最大化，欺骗交易当事人。如经纪机构为了赚取更高的收入，对于卖方的同一所住房，在房子价格发生巨大变动的情况下，在已经为卖方提供有效的经纪服务找到买家后，又为同一卖方提供了第二次经纪服务，赚取了两笔中介费，在这种"一房二卖"的情况中，两个买房人中必有一个买房人无法实现买房的目的。再如，经纪机构为了锁定房源，争取竞争优势，在不存在真实的房屋买卖的情况下，擅自使用他人信息，在没有真实购房人的情况下，进行虚假网签或者仅网签部分内容，从而将卖方的房子锁定不能交易，致使售房人无法再委托其他经纪机构出售该房屋。另外，经纪机构为了签订经纪服务合同，怂恿购房人夫妻离婚，欺骗购房人标的房屋满足"满五年唯一"条件，能够规避20%的差额税费；面对需要改善住房环境的购房者，经纪机构诱使购房者将现有房屋低价售出等情况。

4. 房地产经纪机构在经纪服务过程中，未对交易人关键信息及房屋的权属等进行认真核查，给交易人造成重大损失。房地产经纪机构的首要义务即是提供准确的房源交易信息。已有案例显示，房地产经纪机构经常疏于对房屋的关键信息及重要材料进行核实。如个别售房人在出售房屋时提供虚假材料，而经纪机构在对售房人出示的身份证明、房屋权属状态等未经核实的情况下即将房屋挂牌交易，致使许多不具备交易条件的房屋混入市场，导致许多无处分权人、无权代理人参与交易，进行缔约，严重影响了房屋买卖合同的效力，甚至让犯罪分子利用中介公司提供的中介平台，将其作为进行违法犯罪的工具，以售房作为手段实施合同诈骗，造成交易人重大的经济损失。再如，房地产公司对房产证是否下发、房屋的性质在产权交易上有无特殊限制、房屋是否满五唯一、不动产登记和其真正的权属是否一致、继承取得的房屋是否全体继承人均同意出售及出具书面委托书，优先购买权人是否放弃优先购买权并取得书面文件，出售人或买受人是否能独立承担民事责任，交易过程中相关的代理或监护手续是否完备、合法、房屋是否存在抵押等情况未尽到核实义务。因房地产经纪机构疏于对上述等关键信息的核查，导致这类存有隐患的房屋买卖在交易过程中很容易产生纠纷。

5. 房地产经纪机构对明显影响双方权利义务关系和交易风险的格式合同条款未明示和特别提醒，或对合同条款进行不实解释或虚假保证。在房屋买卖过程中，经纪服务合同及买卖合同往往是由经纪机构提前准备好的，经纪机构利用买受人对相关法律法规的不了解，不对一些明显影响双方权利义务关系和交易风险的条款做特别提醒，而在买受人对一些条款提出疑问时，又向买受人做出不实解释或虚假保证，以致买受人处在对实际情况不了解的情况下就签订了合同。如：对减轻或免除经纪机构主要合同义务的条款往往未进行加粗或加黑，亦未向交易双方进行充分的提示和告知；未告知购房者在支付款项时可以选择资金监管或自行划转，而是直接让购房者签署《存量房交易结算资金自行划转声明》，从而规避经纪机构的服务义务，致使购房人承受巨大风险。

6. 房地产经纪机构部分从业人员交易经验和专业能力不足，经纪人违规操作，人员流动性大，也容易造成纠纷。由于房地产经纪行业自身的特点，造成部分房地产经纪人目光短浅，短期行为严重，这不仅限制了房地产经纪人自身水平的提高和发展，而且在房地产活动中无法为当事人有效提供法律法规、政策、信息、技术等方面服务。部分房地产经纪机构内部从业人员管理混乱，聘用的经纪人员大多数不具备房地产经纪专业人员职业资格，人员流动频繁并缺乏专业知识，对房地产经纪业务的基本工作流程不了解，对房地产经纪服务合同条款的含义不清楚，不注意合同签订后的义务履行。经纪人员自身原因导致的纠纷发生后，往往无法找到当时的经办人，经纪机构也经常借此把责任归于某个已离职的经纪人员身上，导致一些关键事实无法查清，影响纠纷的处理。同时，因房地产经纪机构对经纪人员管理不到位，致使经纪人违规操作，也会给交易双方造成损失。

（二）防范规避经纪纠纷的措施

房地产经纪纠纷是房地产经纪行业运行的社会成本。大量的房地产经纪纠纷不仅会降低社会的整体福利，还会影响房地产经纪行业自身的运行效率和发展前景。因此，有效规避房地产经纪纠纷是房地产经纪行业管理的重要内容。虽然提高房地产经纪人员的职业道德，加强房地产经纪机构的自身管理才是避免房地产经纪纠纷的根本途径，但是，通过行业管理部门的引导和监督来规避房地产经纪纠纷也是一个不容忽视的重要手段。目前，我国房地产经纪行业主管部门主要可以通过以下手段来规避房地产经纪纠纷：

1. 制订推行示范合同文本

房地产经纪行业目前之所以存在以上种种纠纷，首先是由于房地产经纪人员和委托人缺乏必要的法律意识；其次，一些房地产经纪人员和委托人未掌握订立和履行合同的规则也是一个重要的影响因素；第三，房地产经纪人员受商业环境和交易陋习影响，在执业活动中有意无意不遵守合同规则，甚至缺乏诚信，只谋求经济利益的不良经营作风是不容忽视的重要影响因素。为了维护合同当事人的合法权利，减少合同纠纷，除了督促房地产经纪人员在职业活动中加强自律，遵守合同规则外，多数地方的政府或者行业组织还制定了符合合同规则的示范合同文本，并加以推广。

示范合同文本可以发挥多重作用：

第一，示范合同文本的推广，既不干涉经纪活动的正常运行，又可以将合法的合同规则通过公开的途径进行示范，鼓励、督促合同当事人自觉把握自己的权利义务关系；

第二，示范合同文本的推广，有利于合同当事人通过比较，改变交易陋习和不自觉地违法、违规、违约行为；

第三，示范合同文本的推广，可以保护社会的弱势群体，避免受到违反合同规则的恶意行为的损害；

第四，示范合同文本也是政府管理机构与行业组织公开进行宣传，维护消费者利益、行业形象和政府的政策导向的有效手段。

加强对房地产经纪合同的监督管理。目前，房地产经纪机构中使用自行制作的合同文本占有很大的比例。为了方便重复使用，很多房地产经纪机构将这种合同制作成固定格式的合同文本。一些地方房地产行政主管部门要求房地产经纪机构将这种固定格式的经纪合同提交房地产行政管理部门审查，这就是一种对合同的监督管理。

2. 制订服务流程和服务标准，明确服务要求和内容

房地产经纪行业的服务标准是房地产经纪人员为委托人提供劳务服务的行为准则，也是房地产经纪人员表现诚实信用的依据，又是房地产经纪人应当履行的合同义务。制定符合市场条件、行为准则、房地产经纪人员和委托人利益的服务标准，是保障房地产经纪人员与委托人的权益、维护市场交易规范的必要手段，有利于提高房地产经纪行业的服务水平，树立良好的企业与行业形象。由于服务活动内容的不确定性，制定完全统一的服务标准不切合市场的实际，但制定服务要求和内容趋于一致性的基本标准还是可行的。房地产经纪机构可以根据基本标准并根据自身资源条件、经营成本等方面的情况，附加具有特色的企业服务标准作为经营的手段和方式为委托人服务。目前，有些地方的行业组织已经制定并发布了房地产经纪服务标准。

3. 加强房地产经纪服务收费管理

2014 年 6 月 13 日，国家发展改革委、住房城乡建设部联合印发《关于放开房地产咨询收费和下放房地产经纪收费管理的通知》（发改价格〔2014〕1289号），下放房地产经纪服务收费定价权限，由省级人民政府价格、住房城乡建设行政主管部门管理，各地可根据当地市场发育实际情况，决定实行政府指导价管理或市场调节价。2014 年 12 月 17 日，国家发展改革委印发《关于放开部分服务价格意见的通知》（发改价格〔2014〕2755 号），规定"房地产经纪人接受委托，进行居间代理服务收取的佣金"实行市场调节价。

放开房地产经纪服务收费，不等于取消了收费管理，房地产经纪服务还要实行明码标价制度。《房地产经纪管理办法》第十八条规定：房地产经纪服务实行明码标价制度。房地产经纪机构应当遵守价格法律、法规和规章规定，在经营场所醒目位置标明房地产经纪服务项目、服务内容、收费标准以及相关房地产价格和信息。房地产经纪机构不得收取任何未予标明的费用；不得利用虚假或者使人误解的标价内容和标价方式进行价格欺诈；一项服务可以分解为多个项目和标准的，应当明确标示每一个项目和标准，不得混合标价、捆绑标价。此外，在房地产经纪活动中，禁止房地产经纪机构、房地产经纪人员通过隐瞒房地产交易价格等方式，获取佣金以外的收益。

4. 加强房地产经纪行业信用管理

为规范房地产经纪机构和经纪人行为，房地产监督、管理机构及行业协会可以构建客观、公平、公正、及时的房地产经纪机构诚信评价与经纪人个人诚信评价体系，加强对市场的检查与监管，定期将违规操作的机构、个人和相关案例向社会公布，将房地产经纪机构的不良行为和负面形象记入信用系统，对于有不良信用的企业相应规定一些从业的限制。通过行业诚信体系建设，提升房地产经纪人的职业道德水平和专业水平能力，塑造良好的职业形象，提高行业的社会公信力。在赢得社会尊重的同时，增强自我约束机制，增强职业责任感。

5. 加大行业管理的行政处罚力度，提高房地产经纪机构不规范操作的违规成本

面对经纪机构从业人员大量的不规范及违法行为，房地产经纪机构的监管部门应加大对房地产经纪行业的整顿治理，完善中介工作流程和动态监管，加大行政处罚力度，对存在过错较为严重的企业适时给予通报、限期整改或罚款，提高相关房地产经纪机构违法、违规的成本与代价，提高其严格按法律法规进行经营活动的自觉性。

6. 增强房地产经纪人员的守法意识

房地产经纪人员整体素质不高，法律法规素养较差，表现在具体工作中就是在签订合同、审核合同、谈判交易条件、控制交易风险时不够专业。因此，应当鼓励房地产经纪机构加强房地产经纪人员的法律法规培训，甚至聘请专业的法律工作者参与房地产经纪活动，特别是合同审核，为交易当事人提供必要法律帮助，保障交易安全。

7. 定期组织培训和考核，提高经纪机构和人员业务素质

负责监管房地产中介机构的行政部门定期组织培训和考核，提高经纪从业人员对执业规范、交易规定、工作流程、工作职责等内容的了解，及时传达有关房

地产中介行为操作规范的法律法规和相关案例，通报具有违规行为的经纪机构和业务人员以及采取的处罚措施，以起到警诫作用，从而提高经纪从业人员的业务和法律素质，树立整个行业及人员的诚信意识。

（三）对违规房地产经纪行为的处罚

建设（房地产）主管部门、价格主管部门可以采取约谈、记入信用档案、媒体曝光等措施对房地产经纪机构和房地产经纪人员进行监督管理。约谈是对存在违法违规行为的房地产经纪机构、房地产经纪人员进行谈话，告知其违法违规行为事实，听取其陈述、申辩，要求其予以改正、引以为戒。记入信用档案是把在监督管理过程中发现房地产经纪机构、房地产经纪人员的违法违规行为作为不良信用记录记入其信用档案，向社会公众曝光。媒体曝光是指对经查证属实的房地产经纪机构、房地产经纪人员的违法违规行为通报媒体，通过媒体公示给社会大众。约谈、记入信用档案、媒体曝光等措施是对房地产经纪违法违规行为进行处理的重要手段，是在行政处罚之外的有效监管手段；对于现场巡查、合同抽查、投诉受理等方式发现的违法、违规问题，各级建设（房地产）主管部门、价格主管部门除采取责令改正、行政处罚等措施外，可综合运用约谈、记入信用档案、媒体曝光等措施对房地产经纪机构和房地产经纪人员进行监管。

第三节　我国房地产经纪行业自律管理

一、房地产经纪行业组织的性质和组织形式

房地产经纪行业组织一般指房地产经纪行业学（协）会，是房地产经纪机构和房地产经纪人员的自律性组织，单位性质是社团法人。房地产经纪行业组织通常由房地产经纪机构和房地产经纪人员发起设立，通过制定章程和社团登记来确定自己的管理职责范围，并以此约束行业内房地产经纪机构和房地产经纪人员的执业行为。房地产经纪行业组织所制定的章程应符合有关法律、法规和规章的规定。在法律、法规或政府行政管理部门明确授权的情况下，房地产经纪行业组织可履行应由政府管理部门履行的管理职责，如：将情况汇总、反映给该部门，并可做适当的分析评价，甚至提出参考性处理意见。

房地产经纪行业组织分为全国性行业组织和地方性行业组织。中国房地产估价师与房地产经纪人学会是目前中国唯一合法的全国性房地产经纪行业组织，地方性行业组织可分为省、自治区、直辖市及设区市设立的房地产经纪行业组织。北京房地产中介行业协会、上海房地产经纪行业协会、重庆市国土资源房屋评估

和经纪协会、大连市房地产经纪人协会等属于地方性房地产经纪行业组织。中国房地产估价师与房地产经纪人学会通过和各地方房地产经纪行业组织交流协作，实施对全国房地产经纪行业的自律管理。

房地产经纪人员一经取得房地产经纪人职业资格或房地产经纪人协理职业资格，即可申请成为行业组织会员，享有章程赋予的权利，履行章程规定的义务。房地产经纪人员一经加入房地产经纪组织即表示其自愿接受房地产经纪组织的约束，因此房地产经纪组织章程对参加组织的房地产经纪机构和房地产经纪人员具有强制约束力。

房地产经纪行业组织作为政府与市场、社会之间的桥梁纽带，是社会治理的重要力量，在政府管理、企业运营和个人执业中发挥着不可替代的作用。相对政府部门和企业组织，行业组织在专业、信息、人才、机制等方面具有独特优势，能做企业想做却做不了、政府要做却无精力做的事。

二、房地产经纪行业组织的自律管理职责

房地产经纪行业组织行使自律管理职责的依据有两个，一个是章程，另外一个是房地产经纪执业规范。房地产经纪行业组织根据章程，或经政府房地产管理部门授权，履行下列职责：

（1）保障房地产经纪会员依法执业，维护会员合法权益；

（2）组织开展房地产经纪理论、方法及其应用的研究、讨论、交流和考察；

（3）拟订并推行房地产经纪执业规范；

（4）协助行政主管部门组织实施房地产经纪人员资格考试；

（5）接受政府部门委托办理房地产经纪人员职业资格登记；

（6）开展房地产经纪业务培训，对房地产经纪人进行继续教育，推动知识更新；

（7）建立房地产经纪人员和房地产经纪机构信用档案，开展房地产经纪资信评价；

（8）进行房地产经纪人员职业道德和执业纪律教育、监督和检查；

（9）调解房地产经纪人员之间在执业活动中发生的纠纷；

（10）按照章程规定对房地产经纪人员给予奖励或处分，提供房地产经纪咨询和技术服务；

（11）编辑出版房地产经纪刊物、著作，建立有关网站，开展行业宣传；

（12）代表本行业开展对外交往、交流活动，参加相关国际组织；

（13）向政府有关部门反映会员的意见、建议和要求，维护会员的合法权益，支持会员依法执业；

（14）办理法律、法规规定和行政主管部门委托或授权的其他有关工作。

制定和推行自律性的执业规范或者执业规则是房地产经纪行业组织实施行业管理的重要手段。执业规则是房地产行业组织根据业内人员的共同意志和行业管理需要制定的，它是平等民事主体之间的一种约定或者共识。虽然执业规则属于公约范畴，但它不同于一般的乡规民约。它与乡规民约最重要的区别是，它是依据法律、法规和规章制定的。执业规则与一般乡规民约的另一个重要区别是，执业规则的产生履行了一定的程序，即通过行业组织理事会审议而形成的自律性的规范要求和运作准则。因此，经法定程序，执业规则可升格为国家的法律法规和规章条例，具有广泛的群众性和民主性，集中体现了业内机构和人员的共同意志。

房地产经纪执业规则对房地产经纪机构和人员具有普遍约束力，主要表现在：违反规则执业，对他人的合法权益造成侵害的，一要受到行政管理部门处罚，甚至法律的制裁；二要受到行业组织的通报批评，将不良行为记入信用档案。当然，对违规执业的行为仅仅具有通报批评的约束手段是远远不够的。在一些发达国家，房地产经纪行业组织对严重违反行业规则的机构或个人，可以通过开除其会员资格或者取消职业资格的方式，使其无法继续从事房地产经纪活动。但目前我国行业组织的地位和职能需要加强，房地产经纪执业规则对房地产经纪执业行为的规范和约束作用也有待进一步发挥。今后，随着房地产行业组织地位的提高，其职责和功能得到充分发挥，房地产经纪执业规则的约束力也将进一步增强。

三、我国的房地产经纪行业自律管理体系

中国房地产估价师与房地产经纪人学会是我国房地产估价和经纪行业全国性的自律组织，主要由从事房地产估价和经纪活动的专业人士和专业机构组成，依法对房地产估价和经纪行业进行自律管理。

中国房地产估价师与房地产经纪人学会简称为中房学，英文名称为 China Institute of Real Estate Appraisers and Agents，英文名称缩写为 CIREA，其前身是成立于 1994 年 8 月的中国房地产估价师学会，2004 年 7 月，经原建设部同意、民政部批准，变更为现名。2009 年和 2010 年，中国房地产估价师与房地产经纪人学会被民政部授予首批 4A 级全国性行业协会商会、全国先进社会组织，并被住房和城乡建设部评为 2008 年度决算工作先进单位；2015 年被确定为房地产经纪专业人员职业资格考试和登记的组织实施单位。

中国房地产估价师与房地产经纪人学会的主要宗旨是遵守宪法、法律、法规和国家政策，遵守社会道德风尚，团结和组织从事房地产估价和经纪活动的专业人士、机构及有关单位，开展房地产估价和经纪研究、交流、教育和宣传活动，接受政府部门委托拟订并推行房地产估价和经纪执业标准、规则，加强自律管理及国际交往与合作，不断提高房地产估价和经纪专业人员及机构的服务水平，反映其诉求，维护其合法权益，促进房地产估价和经纪行业规范、健康、持续发展。

在住房和城乡建设部的指导下，中国房地产估价师与房地产经纪人学会以2004年建设部转变房地产经纪人职业资格登记管理方式为契机，经过几年的不懈努力，探索建立了以房地产经纪专业人员职业资格登记管理制度为核心，以诚信建设为基础，以规则制定、制度设计为特征的房地产经纪行业自律管理框架体系，该体系主要包括以下几个方面：

一是承担房地产经纪人员职业资格考试、登记、继续教育。房地产经纪人员职业资格考试，不仅是进入房地产经纪行业的"敲门砖"，更是普及有关房地产经纪的法律、制度、政策和业务知识的有效手段，宣传行业的窗口。职业资格制度建立之初，中国房地产估价师学会（中国房地产估价师与房地产经纪人学会前身）就参与考试相关工作，2004年转变房地产经纪人登记（注册）管理方式之后，中国房地产估价师与房地产经纪人学会将房地产经纪人员职业资格登记（注册）与房地产经纪行业自律管理有机结合起来，职业资格登记（注册）管理制度已经成为行业自律管理的核心。2015年，中国房地产估价师与房地产经纪人学会具体承担房地产经纪专业人员职业资格的评价与管理工作。2017年，中国房地产估价师与房地产经纪人学会制定并印发了《房地产经纪专业人员职业资格证书登记服务办法》和《房地产经纪专业人员继续教育办法》。

二是确立房地产经纪执业规则。2006年10月份发布的《房地产经纪执业规则》，是中国房地产估价师与房地产经纪人学会对房地产经纪机构和房地产经纪人自律管理的重要依据，是指导房地产经纪行为的基本准则。《房地产经纪执业规则》是指导房地产经纪人员和机构从事房地产经纪活动的基本行为准则。2013年1月18日，经广泛深入调查研究，认真总结房地产经纪行业自律管理经验，并充分征求意见，对2006年发布的《房地产经纪执业规则》进行了修改。修改后的《房地产经纪执业规则》重新发布，并自2013年3月1日起施行。

三是推广房地产经纪业务合同文本。2006年10月，中国房地产估价师与房地产经纪人学会发布《房地产经纪业务合同推荐文本》，包括《房屋出售委托协议》、《房屋出租委托协议》、《房屋承购委托协议》、《房屋承租委托协议》。2017

年 6 月，对合同进行修订，重新发布《房地产经纪服务合同推荐文本》（中房学〔2017〕5 号）。修订后的合同文本包括房地产经纪服务合同（房屋出售）、房地产经纪服务合同（房屋购买）、房地产经纪服务合同（房屋出租）、房地产经纪服务合同（房屋承租）4 个合同。同年，中国房地产估价师与房地产经纪人学会配套发布了《房屋状况说明书推荐文本》（中房学〔2017〕1 号），《房屋状况说明书推荐文本》包括房屋状况说明书（房屋租赁）、房屋状况说明书（房屋买卖）两个文本。

四是发布房地产交易风险提示。房地产交易风险提示不仅提示房地产交易当事人预防上当受骗，还可以约束房地产经纪机构、房地产经纪人员的执业行为。2007 年，中国房地产估价师与房地产经纪人学会已经针对交易方式带来的风险问题，发布了房地产交易风险提示第一号。2014 年，针对一些地方发生了房地产经纪公司侵占、挪用交易资金，甚至卷款潜逃的事件，发布了房地产交易风险提示第二号，提醒广大房地产交易者，要审慎选择中介公司、认真查看所购房屋、谨慎支付交易资金、规范交易合同签订。

五是逐步建立房地产经纪学科理论体系。由于房地产经纪行业发展起步较晚，对房地产经纪的研究还不深入，房地产经纪活动中的诸多问题有待弄清。为此，中国房地产估价师与房地产经纪人学会将通过发布《房地产经纪基本术语》、《房地产经纪业务流程和服务标准》，推进房地产经纪行业研究。

六是建立并公示登记房地产经纪人和房地产经纪机构信用档案。2006 年，中国房地产估价师与房地产经纪人学会开通了房地产经纪信用档案，信用档案不但为社会公众提供一个公开查询、选择房地产经纪机构和房地产经纪人的途径，而且构建了一个房地产经纪行业弘扬诚信守法、曝光不良行为的平台。信用档案的建立和公示有助于建立房地产经纪行业的守信褒奖、失信惩戒的机制。

七是开展房地产经纪资信评价活动。2006 年，中国房地产估价师与房地产经纪人学会进行了首次优秀房地产经纪机构、优秀房地产经纪人的评选，评选出了 114 家全国优秀房地产经纪机构和 70 名全国优秀房地产经纪人，自此拉开了房地产经纪资信评价的序幕。中国房地产估价师与房地产经纪人学会将定期开展房地产经纪资信评价活动，向社会公布评价结果，引导房地产经纪行业规范、健康、持续发展。

八是通报房地产经纪违法违规案件。针对一些违法违规典型案例，中国房地产估价师与房地产经纪人学会建立违法违规案件通报制度，对具有代表性的违法违规案件及时予以通报。2006 年 10 月，为配合全国整顿房地产交易秩序，建设诚信规范的房地产经纪行业，中国房地产估价师与房地产经纪人学会从 2004～

2006 年司法机关依法查处的房地产经纪行业违法、违规案例中，挑选出了 12 个比较典型的案例进行了通报。

　　九是发起房地产经纪行业诚信经营倡议活动。2013 年 12 月 17 日，中国房地产估价师与房地产经纪人学会连同 35 家知名房地产经纪机构，在京发起房地产经纪行业"诚信经营阳光服务"倡议活动。本次活动中，35 家知名房地产经纪机构向全国房地产经纪行业发出倡议，郑重做出六项承诺：房源信息真实可信、公开服务收费标准、保护客户个人信息、依法依规承接业务、及时受理投诉纠纷、规范经营服务场所。明确提出不发布虚假房源信息、不吃差价，不泄漏委托人的个人信息，不为交易受限的房屋提供经纪服务，不承接"群租"业务，不强制代办贷款、代办登记和担保，不占道经营。还号召有条件的经纪机构结合自身特点，推出"先行赔付"等便民利民措施。2016 年 6 月 16 日，中国房地产估价师与房地产经纪人学会和 9 家房地产中介机构——21 世纪中国不动产、链家、伟业我爱我家、中原地产、房天下、世联行、麦田房产、信义房屋、合富置业在京发起诚信服务承诺活动，针对消费者反映强烈的问题，郑重作出十大承诺，包括：发布真实房源信息，从业人员实名服务，服务项目明码标价，不侵占挪用交易资金，不哄抬房价，不炒买炒卖房地产，不违规提供金融服务，不泄露客户信息，及时处理投诉纠纷，营造行业良好环境。

复 习 思 考 题

1. 试述房地产经纪行业管理的内涵、特征与作用。
2. 目前我国房地产经纪行业的法律、法规依据有哪些？
3. 房地产经纪行业管理有哪些基本模式？
4. 房地产经纪行业管理的基本框架包括哪些内容？
5. 我国房地产经纪行业行政管理的主要部门和内容有哪些？
6. 房地产经纪纠纷主要有哪些类型？如何规避？
7. 房地产经纪行业监管的方式和措施有哪些？
8. 房地产经纪行业组织的性质是什么？它通过哪些方式来实施行业管理？

附录一

房地产经纪专业人员职业资格
证书登记服务办法

第一章　总　　则

第一条　为了落实房地产经纪专业人员职业资格证书登记服务制度，规范房地产经纪专业人员职业资格证书管理，根据《房地产经纪专业人员职业资格制度暂行规定》（人社部发〔2015〕47号），制定本办法。

第二条　房地产经纪专业人员职业资格证书实行登记服务制度。取得房地产经纪专业人员职业资格证书的人员，按照本办法进行登记，应当自觉接受中国房地产估价师与房地产经纪人学会（以下称中房学）的自律管理和社会公众的监督。

第三条　中房学负责全国房地产经纪专业人员职业资格证书登记服务的具体工作，接受国务院住房城乡建设行政管理部门、人力资源社会保障行政管理部门的指导和监督。

地方房地产经纪行业组织等单位（以下称地方登记服务机构）接受中房学委托，协同做好本行政区域内房地产经纪专业人员职业资格证书登记服务工作。

第四条　中房学建立全国房地产经纪专业人员信用档案，将登记情况等信息通过信用档案及时向社会公布，提供社会查询，接受社会监督。

第五条　房地产经纪专业人员登记证书（以下称登记证书）是房地产经纪专业人员从事房地产经纪活动的有效证件，执行房地产经纪业务时应当主动向委托人出示。

第二章　登　记　办　理

第六条　房地产经纪专业人员职业资格证书登记服务工作（以下称登记服务

工作）包括初始登记、延续登记、变更登记，以及登记注销和登记取消。

初始登记、延续登记的有效期为 3 年，有效期起始之日为登记结果公告之日。初始登记、延续登记有效期间的变更登记，不改变初始登记、延续登记的有效期。

第七条　中房学建立全国房地产经纪专业人员职业资格证书登记服务系统（以下称登记服务系统）。登记服务工作实行在登记服务系统上办理。

申请登记的房地产经纪专业人员（以下称申请人）通过登记服务系统提交登记申请材料，查询登记进度和登记结果，打印登记证书。

中房学、地方登记服务机构通过登记服务系统办理登记服务工作。

第八条　申请人应当具备下列条件：

（一）取得房地产经纪专业人员职业资格证书；

（二）受聘于在住房城乡建设（房地产）主管部门备案的房地产经纪机构（含分支机构，以下称受聘机构）；

（三）达到中房学规定的继续教育合格标准；

（四）最近 3 年内未被登记取消；

（五）无法律法规或者相关规定不予登记的情形。

第九条　登记服务工作按照下列程序办理：

（一）申请人通过登记服务系统提交登记申请材料；

（二）地方登记服务机构自申请人提交登记申请之日起 5 个工作日内提出受理意见，逾期未受理的，视为同意受理；

（三）中房学自收到地方登记服务机构受理意见起 10 个工作日内公告登记结果。

予以登记的，申请人自登记结果公告之日起可通过登记服务系统打印登记证书。

不予登记的，申请人可通过登记服务系统查询不予登记的原因。

第十条　申请人应当对其提交的登记申请材料的真实性、完整性、合法性和有效性负责，不得隐瞒真实情况或者提供虚假材料。

登记申请材料的原件由申请人妥善保管，以备接受检查。中房学、地方登记服务机构认为有必要的，可要求申请人提供登记申请材料的原件接受检查。

第三章　初　始　登　记

第十一条　申请人取得房地产经纪专业人员职业资格证书后首次申请登记，

或者登记注销、登记取消后重新申请登记的，应当申请初始登记。

第十二条　申请初始登记的，应当提交下列登记申请材料：

（一）初始登记申请表影印件；

（二）房地产经纪专业人员职业资格证书影印件和身份证件影印件；

（三）与受聘机构的劳动关系证明影印件；

（四）受聘机构营业执照影印件和备案证明影印件。

取得房地产经纪专业人员职业资格证书超过 3 年申请初始登记的，申请之日前 3 年内应当达到中房学规定的继续教育合格标准。

第四章　延　续　登　记

第十三条　登记有效期届满继续从事房地产经纪活动的，应当于登记有效期届满前 90 日内申请延续登记。

登记有效期届满后申请登记的，按照延续登记办理。

第十四条　申请延续登记的，应当提交下列登记申请材料：

（一）延续登记申请表影印件；

（二）与受聘机构的劳动关系证明影印件；

（三）受聘机构营业执照影印件和备案证明影印件。

申请人应当在延续登记申请之日前 3 年内达到中房学规定的继续教育合格标准。

申请延续登记并同时变更受聘机构的，还应当提供与原受聘机构解除劳动关系的证明影印件或者原受聘机构依法终止的相关证明影印件。

第五章　变　更　登　记

第十五条　在登记有效期间有下列情形之一的，应当申请变更登记：

（一）变更受聘机构；

（二）受聘机构名称变更；

（三）申请人姓名或者身份证件号码变更。

第十六条　申请变更受聘机构的，应当提交下列登记申请材料：

（一）变更登记申请表影印件；

（二）与原受聘机构解除劳动关系的证明影印件或者原受聘机构依法终止的相关证明影印件；

（三）与新受聘机构的劳动关系证明影印件；

（四）新受聘机构营业执照影印件和备案证明影印件。

第十七条   申请变更受聘机构名称的，应当提交下列登记申请材料：

（一）变更登记申请表影印件；

（二）工商行政管理部门出具的受聘机构名称变更核准通知书和名称变更后的营业执照影印件；

（三）受聘机构名称变更后的备案证明影印件。

第十八条   申请变更姓名或者身份证件号码的，应当提交下列登记申请材料：

（一）变更登记申请表影印件；

（二）公安机关出具的相关证明影印件；

（三）姓名或者身份证件号码变更后的身份证件影印件。

第六章   登记注销和登记取消

第十九条   有下列情形之一的，本人或者有关单位应当申请登记注销：

（一）已与受聘机构解除劳动合同且无新受聘机构的；

（二）受聘机构的备案证明过期且不备案的；

（三）受聘机构依法终止且无新受聘机构的；

（四）中房学规定的其他情形。

第二十条   有下列情形之一的，中房学予以登记取消，记入信用档案并向社会公示：

（一）以欺骗、贿赂等不正当手段获准登记的；

（二）涂改、转让、出租、出借登记证书的；

（三）受到刑事处罚的；

（四）法律法规及中房学规定应当予以登记取消的其他情形。

第二十一条   有本办法第二十条所列情形之一的，地方登记服务机构、有关单位和个人应当及时报告中房学，经查实后，予以登记取消；情节严重的，收回其职业资格证书。

第二十二条   登记取消的，中房学向社会公告其登记证书作废。

第二十三条   房地产经纪专业人员死亡、不具有完全民事行为能力或者登记有效期届满未申请延续登记的，其登记证书失效。

第七章 附 则

第二十四条 根据《房地产经纪人员职业资格制度暂行规定》（人发〔2001〕128 号）取得房地产经纪人执业资格证书的人员，按照本办法办理登记。

第二十五条 通过资格互认取得房地产经纪专业人员职业资格的，根据资格互认协议，按照对等、互惠原则，参照本办法办理登记。

第二十六条 登记服务机构在登记服务工作中，应当严格遵守国家和本行业的各项管理规定以及行业组织章程。

第二十七条 本办法自 2017 年 7 月 1 日起施行。

附录二

房地产经纪专业人员继续教育办法

第一条 为了不断提高房地产经纪专业人员的职业素质和业务能力，加强房地产经纪专业人员继续教育的组织管理，根据《房地产经纪专业人员职业资格制度暂行规定》（人社部发〔2015〕47号）、《专业技术人员继续教育规定》（人社部令第25号）等有关规定，制定本办法。

第二条 本办法所称房地产经纪专业人员，是指取得房地产经纪专业人员职业资格证书的人员，包括房地产经纪人协理、房地产经纪人和高级房地产经纪人。

第三条 房地产经纪专业人员应当参加继续教育，不断更新专业知识，提高职业素质和业务能力，以适应岗位需要和职业发展的要求。

房地产经纪机构应当保障房地产经纪专业人员参加继续教育的权利，有责任督促、支持本机构的房地产经纪专业人员参加继续教育。

第四条 中国房地产估价师与房地产经纪人学会（以下称中房学）负责房地产经纪专业人员继续教育工作的统筹规划、管理协调、组织实施工作。

经中房学授权的省、自治区、直辖市或者设区的市房地产经纪行业组织（以下称地方继续教育实施单位），根据本办法的规定负责本行政区域内房地产经纪专业人员继续教育的实施工作。

经中房学授权的房地产经纪机构负责本机构房地产经纪专业人员的继续教育实施工作。

第五条 房地产经纪专业人员参加继续教育的时间，每年累计不少于60学时。其中，中房学组织实施20学时（以下称全国学时）；地方继续教育实施单位组织实施20学时（以下称地方学时）；其余20学时（以下称自选学时）由中房学授权的房地产经纪机构实施或者由房地产经纪专业人员以本办法规定的其他方式取得。

第六条 继续教育学时可以通过下列方式取得：

（一）参加网络继续教育；

（二）参加继续教育面授培训；

（三）参加房地产行政主管部门或者房地产经纪行业组织主办的房地产经纪相关研讨会、经验交流会、专业论坛、座谈会、行业调研、行业检查，以及境内外考察、境外培训等活动，或者在活动上发表文章；

（四）担任中房学或者地方继续教育实施单位举办的继续教育培训班、专业论坛或专题讲座演讲人；

（五）在房地产行政主管部门或者房地产经纪行业组织主办的刊物、网站、编写的著作上发表房地产经纪相关文章，或者参与其组织的著作、材料编写；

（六）承担房地产行政主管部门或者房地产经纪行业组织立项的房地产经纪相关科研项目，并取得研究成果；

（七）向房地产行政主管部门或者房地产经纪行业组织提交房地产经纪行业发展、制度建设等建议被采纳或者认可；

（八）参加全国房地产经纪专业人员职业资格考试大纲、用书编写以及命题、审题等工作；

（九）公开出版或者发表房地产经纪相关著作或者文章；

（十）在高等院校房地产相关专业进修学习并取得相关证书；

（十一）参加中房学授权的房地产经纪机构组织的内部培训；

（十二）中房学或者地方继续教育实施单位认可的其他方式。

上述方式中第（八）、（九）、（十）种方式计入全国学时。其余方式中，由中房学认可的，计入全国学时；由地方继续教育实施单位认可的，计入地方学时。上述方式均可计入自选学时。全国学时、地方学时和自选学时不重复计算。

第七条　继续教育学时按照下列标准计算：

（一）参加网络继续教育、继续教育面授培训的，按照实际接受继续教育的时间计算，至少45分钟为一个学时；担任继续教育培训班、专业论坛或专题讲座演讲人的，按照实际授课、演讲时间的4倍确认学时。

（二）下列方式按照每人每次20学时计算：

1. 参加房地产经纪相关研讨会、经验交流会、专业论坛、座谈会、行业调研、行业检查以及境内外考察、境外培训；

2. 发表房地产经纪相关文章（限前5名作者）；

3. 编写房地产经纪相关著作、材料（限前10名编写人员）；

4. 完成房地产经纪相关科研项目（限前10名完成人）；

5. 提交房地产经纪行业发展、制度建设等建议被采纳或者认可（限前5名建议人）；

6. 参加全国房地产经纪专业人员职业资格考试大纲、用书编写以及命题、审题等工作；

7. 在高等院校房地产相关专业进修学习并取得相关证书。

第八条 地方继续教育实施单位应当根据本行政区域内需要参加继续教育面授培训的人数，合理控制继续教育培训班规模及安排培训班数量，保证培训效果和质量，科学制定年度继续教育培训计划并及时公布培训班举办时间、地点、内容，供房地产经纪专业人员查询和选择参加。

第九条 地方继续教育实施单位应当于每年 12 月 31 日前向中房学报送本年度继续教育培训工作总结和下年度继续教育培训计划。

年度继续教育培训计划应当包括培训方式、内容、对象、时间、地点、费用等内容。

第十条 继续教育培训内容应当具有先进性、针对性和实用性，主要包括：

（一）房地产经纪专业人员的职业道德和社会责任、行业责任；

（二）房地产经纪相关法律、法规、政策、标准和合同示范或者推荐文本；

（三）国内外房地产经纪行业发展情况；

（四）房地产经纪业务中的热点、难点和案例分析，新技术的应用；

（五）房地产市场、金融、税收、建筑、不动产登记等相关知识；

（六）从事房地产经纪业务所需要的其他专业知识。

第十一条 继续教育教师一般应当具有高级专业技术职务或者取得房地产经纪人职业资格 5 年以上，具有良好的职业道德、较高的理论水平、较丰富的实践经验。

地方继续教育实施单位应当根据每个培训班的培训对象和内容选派有胜任能力的教师授课，要求其提供授课讲义或者较详细的授课大纲。

第十二条 具备下列条件的房地产经纪机构，可以向中房学申请自选学时的继续教育培训资格：

（一）具有一定规模且在住房城乡建设（房地产）主管部门备案；

（二）具有一定数量的房地产经纪专业人员；

（三）具有健全的内部培训制度和科学的培训计划；

（四）能够提供符合培训要求的师资、场地和设施。

具有继续教育培训资格的房地产经纪机构应当于每年 12 月 31 日前向中房学报送本年度继续教育培训工作总结和下年度继续教育培训计划。

第十三条 地方继续教育实施单位、具有继续教育培训资格的房地产经纪机构、年度继续教育培训计划、继续教育学时信息等通过中国房地产经纪人网（网址：www. agents. org. cn）公布和查询。

第十四条　房地产经纪专业人员有下列行为之一的，取消相应的继续教育学时；情节严重的，记入其信用档案：

（一）提供虚假证明材料骗取继续教育学时；

（二）由他人代替参加继续教育培训；

（三）严重违反继续教育培训纪律。

第十五条　地方继续教育实施单位应当严格遵守本办法和继续教育有关规定，不得乱办班、乱收费、乱发证，继续教育培训不得以营利为目的，应当及时总结培训经验，不断提高培训效果和质量。

第十六条　中房学执业会员免费参加由中房学组织实施的继续教育活动。

第十七条　中房学对地方继续教育实施单位和具有继续教育培训资格的房地产经纪机构组织实施继续教育的情况进行监督、检查。监督、检查的内容包括：

（一）本办法及继续教育有关规定的执行情况；

（二）继续教育教师选聘、培训内容安排、培训收费等；

（三）学员考勤记录、培训考核标准、培训效果和质量等。

对不按照本办法组织继续教育、不能保证继续教育培训质量或者有其他违规行为的地方继续教育实施单位和房地产经纪机构，中房学可视情况予以撤换，或者取消其继续教育培训资格。

第十八条　根据原《房地产经纪人员职业资格制度暂行规定》（人发〔2001〕128号）取得房地产经纪人执业资格证书的人员，按照本办法参加继续教育。

第十九条　本办法自2017年7月1日起施行。

附录三

房地产经纪服务合同推荐文本

合同编号：＿＿＿＿＿＿＿＿＿＿

房地产经纪服务合同
（房屋出售）

中国房地产估价师与房地产经纪人学会　推荐
2017 年 6 月

说　　明

1. 为保护房屋出售委托人合法权益，规范房地产经纪服务行为，中国房地产估价师与房地产经纪人学会制定本合同文本，供房地产经纪机构与房屋出售委托人签订经纪服务合同参考使用。

2. 签订本合同前，房地产经纪机构应向房屋出售委托人出示自己的营业执照和备案证明。房屋出售委托人或其代理人应向房地产经纪机构出示自己的有效身份证明原件，以及不动产权证书或房屋所有权证原件或其他房屋来源证明原件，并提供复印件。房屋出售委托人的代理人办理房屋出售事宜的，应提供合法的授权委托书；房屋属于有限责任公司、股份有限公司所有的，应提供公司章程、公司的权力机构审议同意出售房屋的合法书面文件；房屋属于共有的，应提供房屋共有权人同意出售房屋的书面证明。

3. 签订本合同前，房地产经纪机构应向房屋出售委托人说明本合同内容，并书面告知以下事项：①应由房屋出售委托人协助的事宜、提供的资料；②委托出售房屋的市场参考价格；③房屋买卖的一般程序及房屋出售可能存在的风险；④房屋买卖涉及的税费；⑤经纪服务内容和完成标准；⑥经纪服务收费标准、支付方式；⑦房屋出售委托人和房地产经纪机构认为需要告知的其他事项。

4. 签订本合同前，房屋出售委托人应仔细阅读本合同条款，特别是其中有选择性、补充性、修改性的内容。本合同【　】中选择内容、空格部位填写及需要删除或添加的其他内容，合同双方应协商确定。【　】中选择内容，以划√方式选定；对于实际情况未发生或合同双方不作约定的，应在空格部位打×，以示删除。

5. 合同双方应遵循自愿、公平、诚信原则订立本合同，任何一方不得将自己的意志强加给对方。为体现合同双方自愿原则，本合同有关条款后留有空白行，供合同双方自行约定或补充约定。合同生效后，未被修改的文本打印或印刷文字视为合同双方同意内容。

房屋出售经纪服务合同

房屋出售委托人（甲方）：_____

【身份证号】【护照号】【营业执照注册号】【统一社会信用代码】【_____】：

_____

【住址】【住所】：_____

联系电话：_____

代理人：_____

【身份证号】【护照号】【_____】：_____

住址：_____

联系电话：_____

房地产经纪机构（乙方）：_____

【法定代表人】【执行合伙人】：_____

【营业执照注册号】【统一社会信用代码】：_____

房地产经纪机构备案证明编号：_____

住所：_____

联系电话：_____

根据《中华人民共和国合同法》《中华人民共和国城市房地产管理法》《房地产经纪管理办法》等法律法规，甲乙双方遵循自愿、公平、诚信原则，经协商，就甲方委托乙方提供房屋出售经纪服务达成如下合同条款。

第一条　房屋基本状况

委托出售的房屋（以下称房屋）【不动产权证书号】【房屋所有权证号】【_____】：_____；

房屋坐落：_____；

规划用途：【住宅】【商业】【办公】【_____】；

房屋权利凭证记载【建筑面积】【套内建筑面积】【_____】：____平方米；

户型：__室__厅__厨__卫；朝向：_____；

所在楼层：_____层；地上总层数：_____层；电梯：【有】【无】。

第二条　委托挂牌价格

甲方要求房屋出售的挂牌【总价为_____万元（大写_____万元）】
【单价为_____元/平方米（大写_____元/平方米）】。

甲方如果调整挂牌价格，应及时通知乙方。

第三条 经纪服务内容

乙方为甲方提供的房屋出售经纪服务内容包括：

（一）提供相关房地产信息咨询；

（二）办理房屋的房源核验，编制房屋状况说明书；

（三）发布房屋的房源信息，寻找意向购买人；

（四）接待意向购买人咨询和实地查看房屋；

（五）协助甲方与房屋购买人签订房屋买卖合同；

（六）其他：_____。

第四条 服务期限和完成标准

经纪服务期限【自___年___月___日起至___年___月___日止】【自本
合同签订之日起至甲方与房屋购买人签订房屋买卖合同之日止】【_____】。

乙方为甲方提供经纪服务的完成标准为：【在经纪服务期限内，甲方与乙方
引见的房屋购买人签订房屋买卖合同】【_____】。

第五条 委托权限

（一）在经纪服务期限内，甲方【放弃】【保留】自己出售及委托其他机构出
售房屋的权利。（注：如果勾选【放弃】，则房屋在经纪服务期限内即使不是由乙
方出售，甲方仍可能须向乙方支付经纪服务费用。因此，当勾选【放弃】时，甲
方应谨慎考虑，并关注本合同第八条的违约责任。）

（二）甲方【同意】【不同意】在经纪服务期限内将房屋的钥匙交乙方保管，
供乙方接待意向购买人实地查看房屋时使用。

第六条 经纪服务费用

（一）乙方达到本合同第四条约定的经纪服务完成标准的，经纪服务费用
【全由甲方】【全由房屋购买方】【由甲方与房屋购买方分别】支付。

（二）由甲方支付的经纪服务费用，按【房屋成交总价的___%计收】【房屋
成交总价分档计收，分别为：_____】【_____】。支付方式为
下列第___种（注：只可选其中一种）：

1. 一次性支付，自乙方达到本合同第四条约定的经纪服务完成标准之日起
日内，支付经纪服务费用。

2. 分期支付，具体为：_____。

3. 其他方式：_____。

（三）如果因乙方过错导致房屋买卖合同无法履行的，则甲方无需向乙方支付经纪服务费用。如果甲方已支付的，则乙方应在收到甲方书面退还要求之日起10个工作日内将经纪服务费用退还甲方。

（四）其他：_____。

乙方收到经纪服务费用后，应向甲方开具正式发票。

第七条　资料提供和退还

甲方应向乙方提供完成本合同第三条约定的经纪服务内容所需要的相关有效身份证明、不动产权属证书等资料，乙方应向甲方开具规范的收件清单，对甲方提供的资料应妥善保管并负保密义务，除法律法规另有规定外，不得提供给其他任何第三方。乙方完成经纪服务内容后，除归档留存的复印件外，其余的资料应及时退还甲方。

第八条　违约责任

（一）乙方违约责任

1. 乙方在为甲方提供经纪服务过程中应勤勉尽责，维护甲方的合法权益，如果有隐瞒、虚构信息或与他人恶意串通等损害甲方利益的，甲方有权单方解除本合同，乙方应退还甲方已支付的相关款项。如果由此给甲方造成损失的，乙方应承担赔偿责任。

2. 乙方应对经纪活动中知悉的甲方个人隐私和商业秘密予以保密，如果有不当泄露甲方个人隐私或商业秘密的，甲方有权单方解除本合同。如果由此给甲方造成损失的，乙方应承担赔偿责任。

3. 乙方遗失甲方提供的资料原件，给甲方造成损失的，乙方应依法给予甲方经济补偿。

4. 其他：_____。

（二）甲方违约责任

1. 甲方故意隐瞒影响房屋交易的重大事项，或提供虚假的房屋状况和相关资料，乙方有权单方解除本合同。如果由此给乙方造成损失的，甲方应承担赔偿责任。

2. 甲方自行与乙方引见的意向购买人签订房屋买卖合同的，应按照【本合同第六条约定的经纪服务费用标准】【_____】向乙方支付经纪服务费用。

3. 甲方放弃自己出售及委托其他机构出售房屋的权利，在本合同约定的经纪服务期限内自行或通过其他机构与第三人签订房屋买卖合同的，应按照【本合同第六条约定的经纪服务费用标准】【_____】向乙方支付经纪服务费用。

4. 其他：_____ 。

（三）逾期支付责任

甲方与乙方之间有付款义务而延迟履行的，应按照逾期天数乘以应付款项的万分之五计算违约金支付给对方，但违约金数额最高不超过应付款总额。

第九条 合同变更和解除

变更本合同条款的，经甲乙双方协商一致，可达成补充协议。补充协议为本合同的组成部分，与本合同具有同等效力，如果有冲突，以补充协议为准。

甲乙双方应严格履行本合同，经甲乙双方协商一致，可签署书面协议解除本合同。如果任何一方单方解除本合同，应书面通知对方。因解除本合同给对方造成损失的，除不可归责于己方的事由和本合同另有约定外，应赔偿对方损失。

第十条 争议处理

因履行本合同发生争议，甲乙双方协商解决。协商不成的，可由当地房地产经纪行业组织调解。不接受调解或调解不成的，【提交_____仲裁委员会仲裁】【依法向房屋所在地人民法院起诉】【_____ 】。

第十一条 合同生效

本合同一式____ 份，其中甲方____ 份、乙方____ 份，具有同等效力。

本合同自甲乙双方签订之日起生效。

甲方（签章）：_____甲方代理人（签章）：_____

乙方（签章）：_____

房地产经纪人/协理（签名）：_____ 证书编号：_____

房地产经纪人/协理（签名）：_____ 证书编号：_____

联系电话：_____

签订日期：_____ 年____月____日

附　　件

1. 房屋所有权人及其代理人（有代理人的）的有效身份证明复印件。

2. 房屋的不动产权证书或房屋所有权证或其他房屋来源证明复印件。

3. 房屋所有权人出具的合法的授权委托书（代理人办理房屋出售事宜的）。

4. 公司章程、公司的权力机构审议同意出售房屋的合法书面文件（房屋属于有限责任公司、股份有限公司所有的）。

5. 房屋共有权人同意出售房屋的书面证明（房屋属于共有的）。

6. 房屋承租人放弃房屋优先购买权的书面声明、房屋租赁合同（房屋已出租的）。

附录四

房地产经纪服务合同推荐文本

合同编号：＿＿＿＿＿＿＿＿＿

房地产经纪服务合同
（房屋购买）

中国房地产估价师与房地产经纪人学会　推荐

2017 年 6 月

说　　明

1. 为保护房屋购买委托人合法权益，规范房地产经纪服务行为，中国房地产估价师与房地产经纪人学会制定本合同文本，供房地产经纪机构与房屋购买委托人签订经纪服务合同参考使用。

2. 签订本合同前，房地产经纪机构应向房屋购买委托人出示自己的营业执照和备案证明。房屋购买委托人或其代理人应向房地产经纪机构出示自己的有效身份证明原件，并提供复印件。房屋购买委托人的代理人办理房屋购买事宜的，应提供合法的授权委托书。

3. 签订本合同前，房地产经纪机构应向房屋购买委托人说明本合同内容，并书面告知以下事项：①应由房屋购买委托人协助的事宜、提供的资料；②房屋买卖的一般程序及房屋购买可能存在的风险；③房屋买卖涉及的税费；④经纪服务内容和完成标准；⑤经纪服务收费标准、支付方式；⑥房屋购买委托人和房地产经纪机构认为需要告知的其他事项。

4. 签订本合同前，房屋购买委托人应仔细阅读本合同条款，特别是其中有选择性、补充性、修改性的内容。本合同【　】中选择内容、空格部位填写及需要删除或添加的其他内容，合同双方应协商确定。【　】中选择内容，以划√方式选定；对于实际情况未发生或合同双方不作约定的，应在空格部位打×，以示删除。

5. 合同双方应遵循自愿、公平、诚信原则订立本合同，任何一方不得将自己的意志强加给对方。为体现合同双方自愿原则，本合同有关条款后留有空白行，供合同双方自行约定或补充约定。合同生效后，未被修改的文本打印或印刷文字视为合同双方同意内容。

房屋购买经纪服务合同

房屋购买委托人（甲方）：＿＿＿＿＿＿＿＿＿＿＿＿＿＿＿＿

【身份证号】【护照号】【营业执照注册号】【统一社会信用代码】【＿＿＿】：

＿＿＿＿＿＿＿＿＿＿＿＿＿＿＿＿＿＿＿＿＿＿＿＿＿

【住址】【住所】：＿＿＿＿＿＿＿＿＿＿＿＿＿＿＿＿＿＿

联系电话：＿＿＿＿＿＿＿＿＿＿＿＿＿＿＿＿＿＿＿＿＿＿

代理人：＿＿＿＿＿＿＿＿＿＿＿＿＿＿＿＿＿＿＿＿＿＿＿

【身份证号】【护照号】【＿＿＿＿＿＿】：＿＿＿＿＿＿＿＿＿

住址：＿＿＿＿＿＿＿＿＿＿＿＿＿＿＿＿＿＿＿＿＿＿＿＿

联系电话：＿＿＿＿＿＿＿＿＿＿＿＿＿＿＿＿＿＿＿＿＿＿

房地产经纪机构（乙方）：＿＿＿＿＿＿＿＿＿＿＿＿＿＿＿＿

【法定代表人】【执行合伙人】：＿＿＿＿＿＿＿＿＿＿＿＿＿

【营业执照注册号】【统一社会信用代码】：＿＿＿＿＿＿＿＿

房地产经纪机构备案证明编号：＿＿＿＿＿＿＿＿＿＿＿＿＿＿

住所：＿＿＿＿＿＿＿＿＿＿＿＿＿＿＿＿＿＿＿＿＿＿＿＿

联系电话：＿＿＿＿＿＿＿＿＿＿＿＿＿＿＿＿＿＿＿＿＿＿

根据《中华人民共和国合同法》《中华人民共和国城市房地产管理法》《房地产经纪管理办法》等法律法规，甲乙双方遵循自愿、公平、诚信原则，经协商，就甲方委托乙方提供房屋购买经纪服务达成如下合同条款。

第一条　房屋需求基本信息

规划用途：【住宅】【商业】【办公】【＿＿＿＿＿＿＿】；

所在区域：＿＿＿＿＿＿＿＿＿＿＿＿＿＿＿＿＿＿＿＿；

建筑面积：＿＿＿＿平方米至＿＿＿＿平方米；

户型：＿室＿厅＿厨＿卫；朝向：【南北通透】【不要全朝北】【不限】

【＿＿＿＿＿＿＿】；

电梯：【有】【无】【不限】；

价格范围：【总价＿＿＿＿万元至＿＿＿＿万元】；

【单价＿＿＿＿元/平方米至＿＿＿＿元/平方米】；

付款方式：【全款支付】【商业贷款】【公积金贷款】【组合贷款】；

其他要求：＿＿＿＿＿＿＿＿＿＿＿＿＿＿＿＿＿＿＿＿＿＿＿＿＿＿。

甲方如果变更房屋需求信息，应及时通知乙方。

第二条　经纪服务内容

乙方为甲方提供的房屋购买经纪服务内容包括：

（一）提供相关房地产信息咨询；

（二）寻找符合甲方要求的房屋和带领甲方实地查看；

（三）协助甲方查验房屋出售人身份证明和房屋产权状况；

（四）协助甲方办理购房资格核验；

（五）协助甲方与房屋出售人签订房屋买卖合同；

（六）其他：＿＿＿＿＿＿＿＿＿＿＿＿＿＿＿＿＿＿＿＿＿＿＿。

第三条　服务期限和完成标准

经纪服务期限【自＿＿年＿＿月＿＿日起至＿＿年＿＿月＿＿日止】【自本合同签订之日起至甲方与房屋出售人签订房屋买卖合同之日止】【＿＿＿＿＿＿＿＿】。

乙方为甲方提供经纪服务的完成标准为：【在经纪服务期限内，甲方与乙方引见的房屋出售人签订房屋买卖合同】【＿＿＿＿＿＿＿＿＿＿＿＿＿＿】。

第四条　经纪服务费用

（一）乙方达到本合同第三条约定的经纪服务完成标准的，经纪服务费用【全由甲方】【全由房屋出售方】【由甲方和房屋出售方分别】支付。

（二）由甲方支付的经纪服务费用，按【房屋成交总价的＿＿％计收】【房屋成交总价分档计收，分别为：＿＿＿＿＿＿＿】【＿＿＿＿＿＿＿】。支付方式为下列第＿＿种（注：只可选其中一种）：

　　1．一次性支付，自乙方达到本合同第三条约定的经纪服务完成标准之日起日内，支付经纪服务费用。

　　2．分期支付，具体为：＿＿＿＿＿＿＿＿＿＿＿＿＿＿＿＿＿。

　　3．其他方式：＿＿＿＿＿＿＿＿＿＿＿＿＿＿＿＿＿＿＿＿＿。

（三）如果因乙方过错导致房屋买卖合同无法履行的，则甲方无需向乙方支付经纪服务费用。如果甲方已支付的，则乙方应在收到甲方书面退还要求之日起10个工作日内将经纪服务费用退还甲方。

（四）其他：＿＿＿＿＿＿＿＿＿＿＿＿＿＿＿＿＿＿＿＿＿＿＿。

乙方收到经纪服务费用后，应向甲方开具正式发票。

第五条　资料提供和退还

甲方应向乙方提供完成本合同第二条约定的经纪服务内容所需要的相关有效身份证明等资料，乙方应向甲方开具规范的收件清单，对甲方提供的资料应妥善保管并负保密义务，除法律法规另有规定外，不得提供给其他任何第三方。乙方完成经纪服务内容后，除归档留存的复印件外，其余的资料应及时退还甲方。

第六条　违约责任

（一）乙方违约责任

1. 乙方在为甲方提供经纪服务过程中应勤勉尽责，维护甲方的合法权益，如果有隐瞒、虚构信息或与他人恶意串通等损害甲方利益的，甲方有权单方解除本合同，乙方应退还甲方已支付的相关款项。如果由此给甲方造成损失的，乙方应承担赔偿责任。

2. 乙方应对经纪活动中知悉的甲方个人隐私和商业秘密予以保密，如果有不当泄露甲方个人隐私或商业秘密的，甲方有权单方解除本合同。如果由此给甲方造成损失的，乙方应承担赔偿责任。

3. 乙方遗失甲方提供的资料原件，给甲方造成损失的，乙方应依法给予甲方经济补偿。

4. 其他：_____。

（二）甲方违约责任

1. 甲方故意隐瞒影响房屋交易的重大事项，或提供虚假的证明等相关资料，乙方有权单方解除本合同。如果由此给乙方造成损失的，甲方应承担赔偿责任。

2. 甲方自行与乙方引见的房屋出售人签订房屋买卖合同的，应按照【本合同第四条约定的经纪服务费用标准】【_____】向乙方支付经纪服务费用。

3. 甲方泄露由乙方提供的房屋出售人资料，给乙方、房屋出售人造成损失的，应依法承担赔偿责任；

4. 其他：_____。

（三）逾期支付责任

甲方与乙方之间有付款义务而延迟履行的，应按照逾期天数乘以应付款项的万分之五计算违约金支付给对方，但违约金数额最高不超过应付款总额。

第七条　合同变更和解除

变更本合同条款的，经甲乙双方协商一致，可达成补充协议。补充协议为本合同的组成部分，与本合同具有同等效力，如果有冲突，以补充协议为准。

甲乙双方应严格履行本合同，经甲乙双方协商一致，可签署书面协议解除本合同。如果任何一方单方解除本合同，应书面通知对方。因解除本合同给对方造成损失的，除不可归责于己方的事由和本合同另有约定外，应赔偿对方损失。

第八条　争议处理

因履行本合同发生争议，甲乙双方协商解决。协商不成的，可由当地房地产

经纪行业组织调解。不接受调解或调解不成的,【提交_____仲裁委员会仲裁】
【依法向房屋所在地人民法院起诉】【_____】。

第九条 合同生效

本合同一式____ 份,其中甲方____ 份、乙方____ 份,具有同等效力。

本合同自甲乙双方签订之日起生效。

甲方(签章):_____甲方代理人(签章):_____

乙方(签章):_____

房地产经纪人/协理(签名):_____ 证书编号:_____

房地产经纪人/协理(签名):_____ 证书编号:_____

联系电话:_____

签订日期:_____ 年___月___日

附　　件

房屋购买人及其代理人（有代理人的）的有效身份证明复印件。

附录五

房地产经纪服务合同推荐文本

合同编号：_____

房地产经纪服务合同
（房屋出租）

中国房地产估价师与房地产经纪人学会　推荐
2017 年 6 月

说　明

1. 为保护房屋出租委托人合法权益，规范房地产经纪服务行为，中国房地产估价师与房地产经纪人学会制定本合同文本，供房地产经纪机构与房屋出租委托人签订经纪服务合同参考使用。

2. 签订本合同前，房地产经纪机构应向房屋出租委托人出示自己的营业执照和备案证明。房屋出租委托人或其代理人应向房地产经纪机构出示自己的有效身份证明原件，以及不动产权证书或房屋所有权证原件或其他房屋来源证明原件，并提供复印件。房屋出租委托人的代理人办理房屋出租事宜的，应提供合法的授权委托书；房屋属于共有的，应提供房屋共有权人同意出租房屋的书面证明；房屋转租的，应提供房屋所有权人同意转租房屋的书面证明。

3. 签订本合同前，房地产经纪机构应向房屋出租委托人说明本合同内容，并书面告知以下事项：①应由房屋出租委托人协助的事宜、提供的资料；②委托出租房屋的市场参考租金；③房屋租赁的一般程序及房屋出租可能存在的风险；④房屋租赁涉及的税费；⑤经纪服务内容和完成标准；⑥经纪服务收费标准、支付方式；⑦房屋出租委托人和房地产经纪机构认为需要告知的其他事项。

4. 签订本合同前，房屋出租委托人应仔细阅读本合同条款，特别是其中有选择性、补充性、修改性的内容。本合同【　】中选择内容、空格部位填写及需要删除或添加的其他内容，合同双方应协商确定。【　】中选择内容，以划√方式选定；对于实际情况未发生或合同双方不作约定的，应在空格部位打×，以示删除。

5. 合同双方应遵循自愿、公平、诚信原则订立本合同，任何一方不得将自己的意志强加给对方。为体现合同双方自愿原则，本合同相关条款后留有空白行，供合同双方自行约定或补充约定。合同生效后，未被修改的文本打印或印刷文字视为合同双方同意内容。

房屋出租经纪服务合同

　　房屋出租委托人（甲方）：＿＿＿＿＿＿＿＿＿＿＿＿＿＿＿

【身份证号】【护照号】【营业执照注册号】【统一社会信用代码】【＿＿】：

＿＿＿＿＿＿＿＿＿＿＿＿＿＿＿＿＿＿＿＿＿＿＿＿＿＿＿

【住址】【住所】：＿＿＿＿＿＿＿＿＿＿＿＿＿＿＿＿＿＿＿＿

联系电话：＿＿＿＿＿＿＿＿＿＿＿＿＿＿＿＿＿＿＿＿＿＿＿

代理人：＿＿＿＿＿＿＿＿＿＿＿＿＿＿＿＿＿＿＿＿＿＿＿＿

【身份证号】【护照号】【＿＿＿＿＿＿】：＿＿＿＿＿＿＿＿＿

住址：＿＿＿＿＿＿＿＿＿＿＿＿＿＿＿＿＿＿＿＿＿＿＿＿＿

联系电话：＿＿＿＿＿＿＿＿＿＿＿＿＿＿＿＿＿＿＿＿＿＿＿

房地产经纪机构（乙方）：＿＿＿＿＿＿＿＿＿＿＿＿＿＿＿＿

【法定代表人】【执行合伙人】：＿＿＿＿＿＿＿＿＿＿＿＿＿

【营业执照注册号】【统一社会信用代码】：＿＿＿＿＿＿＿＿＿

房地产经纪机构备案证明编号：＿＿＿＿＿＿＿＿＿＿＿＿＿＿

住所：＿＿＿＿＿＿＿＿＿＿＿＿＿＿＿＿＿＿＿＿＿＿＿＿＿

联系电话：＿＿＿＿＿＿＿＿＿＿＿＿＿＿＿＿＿＿

　　根据《中华人民共和国合同法》《中华人民共和国城市房地产管理法》《房地产经纪管理办法》等法律法规，甲乙双方遵循自愿、公平、诚信原则，经协商，就甲方委托乙方提供房屋出租经纪服务达成如下合同条款。

第一条　房屋基本状况

　　委托出租的房屋（以下称房屋）【不动产权证书号】【房屋所有权证号】【＿＿＿＿】：＿＿＿＿＿＿＿＿＿＿＿＿；

房屋坐落：＿＿＿＿＿＿＿＿＿＿＿＿＿＿＿＿＿＿＿＿；

规划用途：【住宅】【商业】【办公】【＿＿＿＿＿＿】；

房屋权利凭证记载【建筑面积】【套内建筑面积】【＿＿】：＿＿平方米；

户型：＿室＿厅＿厨＿卫；朝向：＿＿＿＿＿＿＿＿＿＿＿＿＿；

所在楼层：＿＿＿＿＿＿层；地上总层数：＿＿＿＿＿层；电梯：【有】【无】。

第二条　房屋出租基本要求

（一）租金和押金

甲方要求房屋出租的挂牌租金为【＿＿＿元/月（大写＿＿＿＿＿＿元/月）】
【＿＿＿＿＿＿＿＿】。租金按【月】【＿＿＿＿＿＿】支付，押金为【＿＿个月
租金】【＿＿＿＿＿＿＿＿＿＿＿】。

（二）租赁期限

房屋租赁期限：【不限】【最短＿＿年】【最长＿＿年】【＿＿年至＿＿年】
【＿＿＿＿＿＿＿＿＿＿】；房屋最早交付日期：＿＿年＿＿月＿＿日。

（三）出租形式

房屋出租形式：【整套出租】【按间出租】【不限】。

房屋用于居住的，居住人数最多不得超过＿＿＿人。

（四）其他要求：＿＿＿＿＿＿＿＿＿＿＿＿＿＿＿＿＿＿＿＿＿＿。

甲方如果变更房屋出租要求信息，应及时通知乙方。

第三条　经纪服务内容

乙方为甲方提供的房屋出租经纪服务内容包括：

（一）提供相关房地产信息咨询；

（二）编制房屋状况说明书；

（三）发布房屋的房源信息，寻找意向承租人；

（四）接待意向承租人咨询和实地查看房屋；

（五）协助甲方与房屋承租人签订房屋租赁合同；

（六）协助甲方与房屋承租人交接房屋；

（七）其他：＿＿＿＿＿＿＿＿＿＿＿＿＿＿＿＿＿＿＿＿＿。

第四条　服务期限和完成标准

经纪服务期限【自＿＿年＿＿月＿＿日起至＿＿年＿＿月＿＿日止】【自本
合同签订之日起至甲方与房屋承租人签订房屋租赁合同之日止】【＿＿＿＿＿＿】。

乙方为甲方提供经纪服务的完成标准为：【在经纪服务期限内，甲方与乙方
引见的房屋承租人签订房屋租赁合同】【＿＿＿＿＿＿＿＿＿＿＿＿＿＿＿＿】。

第五条　委托权限

（一）在经纪服务期限内，甲方【放弃】【保留】自己出租及委托其他机构出
租房屋的权利。（注：如果勾选【放弃】，则房屋在经纪服务期限内即使不是由乙方出租，
甲方仍可能须向乙方支付经纪服务费用。因此，当勾选【放弃】时，甲方应谨慎考虑，并关
注本合同第八条的违约责任。）

（二）甲方【同意】【不同意】在经纪服务期限内将房屋的钥匙交乙方保管，
供乙方接待意向承租人实地查看房屋时使用。

第六条　经纪服务费用

（一）乙方达到本合同第四条约定的经纪服务完成标准的，经纪服务费用【全由甲方】【全由房屋承租方】【由甲方和房屋承租方分别】支付。

（二）由甲方支付的经纪服务费用，标准为【____个月租金】【_____　】。支付方式为下列第____种（注：只可选其中一种）：

1. 自【乙方达到本合同第四条约定的经纪服务完成标准之日起____日内】【甲方与房屋承租人完成房屋交接手续之日起____日内】，一次性支付经纪服务费用。

2. 其他方式：_____ 。

（三）如果因乙方过错导致房屋租赁合同无法履行的，则甲方无需向乙方支付经纪服务费用。如果甲方已支付的，则乙方应在收到甲方书面退还要求之日起10个工作日内将经纪服务费用退还甲方。

（四）其他：_____ 。

乙方收到经纪服务费用后，应向甲方开具正式发票。

第七条　资料提供和退还

甲方应向乙方提供完成本合同第三条约定的经纪服务内容所需要的相关有效身份证明、不动产权属证书等资料，乙方应向甲方开具规范的收件清单，对甲方提供的资料应妥善保管并负保密义务，除法律法规另有规定外，不得提供给其他任何第三方。乙方完成经纪服务内容后，除归档留存的复印件外，其余的资料应及时退还甲方。

第八条　违约责任

（一）乙方违约责任

1. 乙方在为甲方提供经纪服务过程中应勤勉尽责，维护甲方的合法权益，如果有隐瞒、虚构信息或与他人恶意串通等损害甲方利益的，甲方有权单方解除本合同，乙方应退还甲方已支付的相关款项。如果由此给甲方造成损失的，乙方应承担赔偿责任。

2. 乙方应对经纪活动中知悉的甲方个人隐私和商业秘密予以保密，如果有不当泄露甲方个人隐私或商业秘密的，甲方有权单方解除本合同。如果由此给甲方造成损失的，乙方应承担赔偿责任。

3. 乙方遗失甲方提供的资料原件，给甲方造成损失的，乙方应依法给予甲方经济补偿。

4. 其他：_____ 。

（二）甲方违约责任

1. 甲方故意隐瞒影响房屋交易的重大事项，或提供虚假的房屋状况和相关资料，乙方有权单方解除本合同。如果由此给乙方造成损失的，甲方应承担赔偿责任。

2. 甲方自行与乙方引见的意向承租人签订房屋租赁合同的，应按照【本合同第六条约定的经纪服务费用标准】【_____】向乙方支付经纪服务费用。

3. 甲方放弃自己出租及委托其他机构出租房屋的权利，在本合同约定的经纪服务期限内自行或通过其他机构与第三人签订房屋租赁合同的，应按照【本合同第六条约定的经纪服务费用标准】【_____】向乙方支付经纪服务费用。

4. 其他：_____ 。

（三）逾期支付责任

甲方与乙方之间有付款义务而延迟履行的，应按照逾期天数乘以应付款项的万分之五计算违约金支付给对方，但违约金数额最高不超过应付款总额。

第九条 合同变更和解除

变更本合同条款的，经甲乙双方协商一致，可达成补充协议。补充协议为本合同的组成部分，与本合同具有同等效力，如果有冲突，以补充协议为准。

甲乙双方应严格履行本合同，经甲乙双方协商一致，可签署书面协议解除本合同。如果任何一方单方解除本合同，应书面通知对方。因解除本合同给对方造成损失的，除不可归责于己方的事由和本合同另有约定外，应赔偿对方损失。

第十条 争议处理

因履行本合同发生争议，甲乙双方协商解决。协商不成的，可由当地房地产经纪行业组织调解。不接受调解或调解不成的，【提交_____仲裁委员会仲裁】【依法向房屋所在地人民法院起诉】【_____】。

第十一条 合同生效

本合同一式____ 份，其中甲方____ 份、乙方____ 份，具有同等效力。

本合同自甲乙双方签订之日起生效。

甲方（签章）：_____甲方代理人（签章）：_____
乙方（签章）：_____

房地产经纪人/协理（签名）：_____ 证书编号：_____
房地产经纪人/协理（签名）：_____ 证书编号：_____
联系电话：_____

签订日期：____ 年___月___日

附   件

1. 房屋所有权人及其代理人（有代理人的）的有效身份证明复印件。
2. 房屋的不动产权证书或房屋所有权证或其他房屋来源证明复印件。
3. 房屋所有权人出具的合法的授权委托书（代理人办理房屋出租事宜的）。
4. 房屋共有权人同意出租房屋的书面证明（房屋属于共有的）。
5. 房屋所有权人同意转租房屋的证明（房屋转租的）。

附录六

房地产经纪服务合同推荐文本

合同编号：＿＿＿＿＿＿＿＿＿

房地产经纪服务合同
（房屋承租）

中国房地产估价师与房地产经纪人学会　推荐
2017 年 6 月

说　　明

1. 为保护房屋承租委托人合法权益，规范房地产经纪服务行为，中国房地产估价师与房地产经纪人学会制定本合同文本，供房地产经纪机构与房屋承租委托人签订经纪服务合同参考使用。

2. 签订本合同前，房地产经纪机构应向房屋承租委托人出示自己的营业执照和备案证明。房屋承租委托人或其代理人应向房地产经纪机构出示自己的有效身份证明原件，并提供复印件。房屋承租委托人的代理人办理房屋承租事宜的，应提供合法的授权委托书。

3. 签订本合同前，房地产经纪机构应向房屋承租委托人说明本合同内容，并书面告知以下事项：①应由房屋承租委托人协助的事宜、提供的资料；②房屋租赁的一般程序及房屋承租可能存在的风险；③房屋租赁涉及的税费；④经纪服务内容和完成标准；⑤经纪服务收费标准、支付方式；⑥房屋承租委托人和房地产经纪机构认为需要告知的其他事项。

4. 签订本合同前，房屋承租委托人应仔细阅读本合同条款，特别是其中有选择性、补充性、修改性的内容。本合同【　】中选择内容、空格部位填写及需要删除或添加的其他内容，合同双方应协商确定。【　】中选择内容，以划√方式选定；对于实际情况未发生或合同双方不作约定的，应在空格部位打×，以示删除。

5. 合同双方应遵循自愿、公平、诚信原则订立本合同，任何一方不得将自己的意志强加给对方。为体现合同双方自愿原则，本合同相关条款后留有空白行，供合同双方自行约定或补充约定。合同生效后，未被修改的文本打印或印刷文字视为合同双方同意内容。

房屋承租经纪服务合同

房屋承租委托人（甲方）：_____

【身份证号】【护照号】【营业执照注册号】【统一社会信用代码】【_____】：

_____

【住址】【住所】：_____

联系电话：_____

代理人：_____

【身份证号】【护照号】【_____】：_____

住址：_____

联系电话：_____

房地产经纪机构（乙方）：_____

【法定代表人】【执行合伙人】：_____

【营业执照注册号】【统一社会信用代码】：_____

房地产经纪机构备案证明编号：_____

住所：_____

联系电话：_____

根据《中华人民共和国合同法》《中华人民共和国城市房地产管理法》《房地产经纪管理办法》等法律法规，甲乙双方遵循自愿、公平、诚信原则，经协商，就甲方委托乙方提供房屋承租经纪服务达成如下合同条款。

第一条　房屋需求基本信息

规划用途：【住宅】【商业】【办公】【_____】；

所在区域：_____；

建筑面积：_____平方米至_____平方米；

户型：__室__厅__厨__卫；

朝向：【南北通透】【不要全朝北】【不限】【_____】；

电梯：【有】【无】【不限】；

租金范围：【_____元/月至_____元/月】【_____】；

租赁期限：【____年】【____】；最晚入住日期：____年____月____日；

承租形式：【整套承租】【合租】【不限】；

其他要求：_____。

甲方如果变更房屋需求信息，应及时通知乙方。

第二条 经纪服务内容

乙方为甲方提供的房屋承租经纪服务内容包括：

（一）提供相关房地产信息咨询；

（二）寻找符合甲方要求的房屋和带领甲方实地查看；

（三）协助甲方与房屋出租人签订房屋租赁合同；

（四）协助甲方与房屋出租人交接房屋；

（五）其他：_____。

第三条 服务期限和完成标准

经纪服务期限【自___年___月___日起至___年___月___日止】【自本合同签订之日起至甲方与房屋出租人签订房屋租赁合同之日止】【_____】。

乙方为甲方提供经纪服务的完成标准为：【在经纪服务期限内，甲方与乙方引见的房屋出租人签订房屋租赁合同】【_____】。

第四条 经纪服务费用

（一）乙方达到本合同第三条约定的经纪服务完成标准的，经纪服务费用【全由甲方】【全由房屋出租方】【由甲方和房屋出租方分别】支付。

（二）由甲方支付的经纪服务费用，标准为【___个月租金】【_____】。支付方式为下列第____种（注：只可选其中一种）：

1. 自【乙方达到本合同第三条约定的经纪服务完成标准之日起__日内】【甲方与房屋出租人完成房屋交接手续之日起__日内】，一次性支付经纪服务费用。

2. 其他方式：_____。

（三）如果因乙方过错导致房屋租赁合同无法履行的，则甲方无需向乙方支付经纪服务费用。如果甲方已支付的，则乙方应在收到甲方书面退还要求之日起10个工作日内将经纪服务费用退还甲方。

（四）其他：_____。

乙方收到服务费用后，应向甲方开具正式发票。

第五条 资料提供和退还

甲方应向乙方提供完成本合同第二条约定的经纪服务内容所需要的相关有效身份证明等资料，乙方应向甲方开具规范的收件清单，对甲方提供的资料应妥善保管并负保密义务，除法律法规另有规定外，不得提供给其他任何第三方。乙方完成经纪服务内容后，除归档留存的复印件外，其余的资料应及时退还甲方。

第六条　违约责任

（一）乙方违约责任

1. 乙方在为甲方提供经纪服务过程中应勤勉尽责，维护甲方的合法权益，如果有隐瞒、虚构信息或与他人恶意串通等损害甲方利益的，甲方有权单方解除本合同，乙方应退还甲方已支付的相关款项。如果由此给甲方造成损失的，乙方应承担赔偿责任。

2. 乙方应对经纪活动中知悉的甲方个人隐私和商业秘密予以保密，如果有不当泄露甲方个人隐私或商业秘密的，甲方有权单方解除本合同。如果由此给甲方造成损失的，乙方应承担赔偿责任。

3. 乙方遗失甲方提供的资料原件，给甲方造成损失的，乙方应依法给予甲方经济补偿。

4. 其他：_____。

（二）甲方违约责任

1. 甲方故意隐瞒影响房屋交易的重大事项，或提供虚假的证明等相关资料，乙方有权单方解除本合同。如果由此给乙方造成损失的，甲方应承担赔偿责任。

2. 甲方自行与乙方引见的房屋出租人签订房屋租赁合同的，应按照【本合同第四条约定的经纪服务费用标准】【_____】向乙方支付经纪服务费用。

3. 甲方泄露由乙方提供的房屋出租人资料，给乙方、房屋出租人造成损失的，应依法承担赔偿责任。

4. 其他：_____。

（三）逾期支付责任

甲方与乙方之间有付款义务而延迟履行的，应按照逾期天数乘以应付款项的万分之五计算违约金支付给对方，但违约金数额最高不超过应付款总额。

第七条　合同变更和解除

变更本合同条款的，经甲乙双方协商一致，可达成补充协议。补充协议为本合同的组成部分，与本合同具有同等效力，如果有冲突，以补充协议为准。

甲乙双方应严格履行本合同，经甲乙双方协商一致，可签署书面协议解除本合同。如果任何一方单方解除本合同，应书面通知对方。因解除本合同给对方造成损失的，除不可归责于己方的事由和本合同另有约定外，应赔偿对方损失。

第八条　争议处理

因履行本合同发生争议，甲乙双方协商解决。协商不成的，可由当地房地产经纪行业组织调解。不接受调解或调解不成的，【提交_____仲裁委员会仲裁】

【依法向房屋所在地人民法院起诉】【_____】。

第九条　合同生效

本合同一式＿＿＿份，其中甲方＿＿＿份、乙方＿＿＿份，具有同等效力。

本合同自甲乙双方签订之日起生效。

甲方（签章）：_____甲方代理人（签章）：_____

乙方（签章）：_____

房地产经纪人/协理（签名）：_____　证书编号：_____

房地产经纪人/协理（签名）：_____　证书编号：_____

联系电话：_____

签订日期：＿＿＿＿年＿＿月＿＿日

附　　件

房屋承租人及其代理人（有代理人的）的有效身份证明复印件。

后　　记

本书是《房地产经纪概论》的延续。自 2002 年首次举行全国房地产经纪人执业资格考试起，《房地产经纪概论》一直作为"房地产经纪概论"科目的考试用书，历经多次修订，前后出版了七版。2016 年，根据中国房地产估价师与房地产经纪人学会的总体安排，原"房地产经纪概论"科目调整为"房地产经纪职业导论"，相应的考试用书也调整为《房地产经纪职业导论》。本书是在《房地产经纪职业导论》2016 年版的基础上进行修订的成果。本次修订主要包括以下方面：

第一，根据相关制度和政策的调整，修改了一些重要概念的表述，如不动产权证（原房地产权证）、不动产登记（原房地产登记）等；

第二，补充、更新了相关法规政策、国家标准的内容。如《房地产经纪专业人员职业资格证书登记服务办法》、《房地产经纪专业人员继续教育办法》、《国民经济行业分类》等；

第三，补充、更新了房地产经纪行业发展的状况及出现的新模式、新方法；

第四，进一步规范了主要概念和文字表述，如房地产经纪行业、房地产法务咨询等；

第五，以附录形式添加了《房地产经纪专业人员职业资格证书登记服务办法》、《房地产经纪专业人员继续教育办法》和《房地产经纪服务合同推荐文本》。

本次修订是主编张永岳、崔裴、副主编黄英、赵庆祥共同努力的成果。从2002 年至 2018 年，张永岳、崔裴、黄英、赵庆祥、王霞、关涛、陈兰青、顾志敏、孙斌艺、王盛、孟星、郑帅等陆续参加了本书的编写、修订工作，在此一并表示最衷心的感谢！

衷心感谢中国房地产估价师与房地产经纪人学会持续多年来为本书的反复修订提供了强有力的支持！衷心感谢多年来为本书提供素材、资料的相关房地产经纪机构和房地产经纪专业人员以及各地方房地产经纪行业组织！衷心感谢曹伊清、孙峤、李珊珊、张文婷四位专家在认真审阅本次修订稿后提出了进一步完善的一系列具体意见！经本书主编研究，这些意见绝大部分已得到采纳并予以落实。衷心感谢袁媛女士协助进行了本次修订稿的校对工作！

张永岳、崔裴、黄英、赵庆祥

2018 年 3 月 30 日